Kontaktadresse nach EU-Produktsicherheitsverordnung:
produktsicherheit@droemer-knaur.de

W0070248

Im Knaur Taschenbuch Verlag sind bereits
folgende Bücher des Autors erschienen:
Heirate niemals einen Udo
Schnacksel nie mit einem Axel

Über den Autor:
Clemens Beöthy arbeitet seit 16 Jahren als Single- und Paarcoach. Einzeln und in Gruppen macht er bindungswillige Singles fit für Flirt und Date. Darüber hinaus veranstaltet er regelmäßig größere Kennenlern-Events. Seit dem Erscheinen seiner beiden ersten Bücher ist Clemens Beöthy ein gefragter Interviewpartner in Presse, Funk und Fernsehen. Mit seiner Familie lebt der Autor bei Gießen.

CLEMENS BEÖTHY

AMOR IST EIN ARSCHLOCH

Wie die Liebe wieder öfter
ins Schwarze trifft

Besuchen Sie uns im Internet:
www.knaur.de

Originalausgabe Februar 2013
Knaur Taschenbuch
© 2013 Knaur Taschenbuch
Ein Imprint der Verlagsgruppe Droemer
Knaur GmbH & Co. KG, München
Alle Rechte vorbehalten. Das Werk darf – auch teilweise –
nur mit Genehmigung des Verlags wiedergegeben werden.
Redaktion: Ariane Novel
Umschlaggestaltung: ZERO Werbeagentur, München
Umschlagabbildung: FinePic®, München
Satz: Adobe InDesign im Verlag
Printed in Germany
ISBN 978-3-426-78562-1

4   6   5   3

Inhalt

I.
Die richtige Jagdstrategie

2.
Vom Suchen und Finden der Liebe

3.
Das perfekte Date

4.
Mister Bombastic am Haken halten

EINLEITUNG

Amor ist ein Arschloch«, wetterte kürzlich Anja aus einer meiner Single-Gruppen in einer Mischung aus Wut und Verzweiflung über ihr unfreiwilliges Single-Dasein von nunmehr über vier Jahren, als wir über das Thema »Warum die Liebe immer seltener ins Schwarze trifft« diskutierten. Tatsächlich scheint irgendjemand dem göttlichen Knaben das Zielwasser versteckt zu haben, denn noch nie produzierte er so viele kapitale Fehlschüsse wie heute.

Gründe dafür gibt es zuhauf: Die Piazza der einsamen Herzen ist von einem Höchstmaß an Unverbindlichkeit geprägt, weil viele Partnersuchende nicht mehr imstande sind, eine Entscheidung zwischen der absoluten Freiheit des Single-Daseins und der relativen Freiheit einer Zweisamkeit zu treffen. Gefangen in den Klauen der Ambivalenz, neigt sich die Waagschale dauerhaft weder zur einen noch zur anderen Seite. Oft führt aber auch Furcht vor Nähe zu halbherzigen Kontakten, die dann wieder abgebrochen werden, sobald die andere Seite in Schlagdistanz kommt und die Gefahr von Verletzungen wächst.

Daneben sind die Erwartungen an das passende Pendant ins Astronomische gestiegen. Die bessere Hälfte soll Glücksbringer, Rückhalt und moralische Lichtgestalt in Personalunion sein. Gleichzeitig sinkt die Bereitschaft der Einzeltierchen, selbst Entsprechendes in die Zweisamkeit einzubringen, zusehends; Investitionsbereitschaft und Frustrationstoleranz haben bereits jetzt einen historischen Tiefstand erreicht. Besonders evident wird die Diskrepanz zwischen gewünschtem und eigenem Verhalten beim Thema Wahrhaftigkeit. Für nahezu hundert Prozent aller Singles stellt Ehrlichkeit eine Conditio sine qua non seitens des potenziellen Herzblatts dar, während laut verschiedenen Umfragen weit über 50 Prozent von ihnen im Internet mit Falschangaben »glänzen«. Und sollte ich den Erzählungen meiner Singles Glauben schenken, liegt diese Zahl dort sogar noch erheblich höher. Auf freier Wildbahn dürfte die Quote der Nachfahren Baron Münchhausens kaum erfreulicher ausfallen, obwohl natürlich die Anonymität der Online-Partnersuche zur Schaffung einer Scheinidentität geradezu einlädt.

Auch für die zu beobachtende Verrohung der Sitten bei der Pirsch nach dem Herzblatt trägt das World Wide Web zumindest eine Mitverantwortung. Beleidigungen und verbale Ferkeleien, die von Angesicht zu Angesicht eher verkniffen werden, sind im Netz an der Tagesordnung. Eine »handfeste« Ohrfeige als Reaktion darauf schmerzt eben mehr als eine virtuelle. Unzählige Lonely Hearts weigern sich inzwischen, die Übergriffe länger zu erdulden, und treten deshalb den ultimativen Rückzug in ihr Single-Schneckenhaus an. Die Zahl der endfrustrierten Einspänner dürfte langsam eine siebenstellige Dimension annehmen.

Noch ein weiteres Problem wirft speziell die Partnersuche per Mausklick auf, indem sie die Solitäre förmlich mit Kontaktvorschlägen überschüttet. Das erweckt in ihnen die Illusion unendlicher Möglichkeiten, wodurch der einzelne Kontakt erheblich an Wert verliert und häufig sehr leichtfertig weggeklickt wird. In Vergessenheit gerät dabei leicht, dass auf Online-Partnerbörsen nicht nur das Angebot groß ist, sondern auch die Konkurrenz. Daneben verlieren die Einspänner häufig den Wald vor lauter Bäumen aus den Augen angesichts des Wusts an Medien der Entsingelung. Immer neue Möglichkeiten verleiten sie dazu, mal dies und mal das zu probieren, anstatt den Fokus auf ein erfolgversprechendes Vehikel zu legen. In dieser Hinsicht verzetteln sich die einsamen Herzen genauso wie bei der Vielzahl ihrer Web-Bekanntschaften.

Kommt es zum persönlichen Beschnuppern zwischen den Geschlechtern, begegnen sich oft verschiedene Welten: Männer, die von Tuten und Blasen keine Ahnung haben, so dass sie jedes Fettnäpfchen mitnehmen, und Frauen, die ratgebergeschult die Hohe Schule des Datings aus dem Effeff beherrschen. Da sind Desaster geradezu vorprogrammiert.

Doch selbst wenn das Stelldichein vielversprechend verläuft, ist die Sache keineswegs schon in trockenen Tüchern. Vielleicht meldet sich eine Seite einfach nicht mehr, weil sie kalte Füße bekommen hat, inzwischen ein »lukrativerer« Kandidat auf der Bildfläche beziehungsweise auf dem Bildschirm erschienen ist, oder es grüßt einfach wieder die Unverbindlichkeit. Geht die Geschichte hingegen weiter bis ins Schlafzimmer, wäre hernach »nur noch« die unbedeutende Frage zu klären, ob das Paar es bei dem einmaligen Ringelpiez belassen möchte oder mehr daraus werden soll.

Die Palette der unterschiedlichen Beziehungsmodelle ist heute schier unbegrenzt und reicht von »gelegentlichen Treffs« bis hin zur Ehe. Jedes kann zudem noch individuell ausgestaltet werden, etwa hinsichtlich intimen Exklusivitätsanspruchs im Gegensatz zu promisken Formen der Zweisamkeit. Ticken hier die Frischverliebten unterschiedlich, was eher schon die Regel als die Ausnahme darstellt, kann die verzweifelte Suche nach einer Kompromisslösung die unvermeidliche Trennung allenfalls hinauszögern, niemals aber verhindern. Last, but not least fehlt der partnerschaftlichen Annäherung oft die unerträgliche Leichtigkeit des Seins. Gegenseitiges Misstrauen oder gar Geschlechterhass aufgrund negativer Vorerfahrungen prägt die Szenerie. Zudem achten sowohl Mann als auch Frau fast schon zwanghaft darauf, in der sich anbahnenden Zweisamkeit nicht zu kurz beziehungsweise unter die Räder des jeweils anderen zu kommen.

Wie die Störanfälligkeit zwischengeschlechtlicher Fühlungnahme vom ersten Blickkontakt bis hin zu den ersten wackeligen Schritten zweisamer Vertrautheit vermindert werden kann, so dass die Liebe wieder öfter ins Schwarze trifft, vermittelt dieser kleine Ratgeber. Grundlage dafür bilden über 16 Jahre Erfahrung als Single-Coach, Paarberater sowie Leiter eines Single-Clubs mit wöchentlichen themenzentrierten Gesprächsabenden und regelmäßigen Kennenlern-Events. Knapp 5000 Alleinstehende fast aller Alters- sowie Berufsgruppen habe ich inzwischen bei ihrer Partnersuche gecoacht. Etwa 1000 von ihnen fanden direkt in meinem Single-Kreis ihr Liebesglück. Mein Erfahrungshintergrund ist republikweit einzigartig, so dass die von mir gemachten Aussagen weitgehend als repräsentativ für den Mainstream sowohl der weiblichen als auch der männlichen Singles angesehen werden können.

Adressatinnen dieses Buches sind Frauen, die ich als Gralshüterinnen der partnerschaftlichen Weisheit ansehe. Ihnen obliegt es auch, das Wissen der Welt über Flirt und Date an interessierte Vertreter der Männerwelt weiterzugeben, so wie ich selbst den überwiegenden Teil meiner Erkenntnisse auf diesem Gebiet der holden Weiblichkeit verdanke.

Viel Spaß bei der Lektüre!

I.

Die richtige Jagdstrategie

Befreien Sie sich von Ihren Altlasten

Meine erste große Liebe lernte ich mit 18 kennen, und obwohl die Beziehung nur gut ein Jahr lang hielt, trauerte ich ihr fast ebenso lange nach. Alle Kontakte, die ich dazwischen mit anderen jungen Frauen hatte, muss ich im Nachhinein unter dem Motto verbuchen: »Ich war jung und brauchte den Sex.« Tiefer emotional einlassen konnte ich mich auf keine meiner weiblichen Bekanntschaften, weil ich sie immer mit meiner Ex verglich. Mein Blick war damals eindeutig noch mehr in die Vergangenheit als in die Gegenwart gerichtet. Eines wunderschönen Sommermorgens aber erwachte ich, setzte meine Füße vors Bett, und just in diesem Moment gab mir jede Zelle meines Körpers die Rückmeldung: »Jetzt bist du so weit, du hast es geschafft.« Tatsächlich markierte dieser Tag das Ende meiner Leidenszeit. Ich konnte wieder völlig unbefangen auf das andere Geschlecht zugehen.

Was will ich Ihnen mit dieser Geschichte sagen? Eine neue Liebe ist definitiv erst dann tragfähig, wenn Sie Ihre alte emotional abgeschlossen haben. Bevor Sie nicht ein ähnliches Aha-Erlebnis zu verbuchen haben wie ich an jenem Sommermorgen, wird jeder Beziehungsversuch kläglich scheitern. Das lässt sich sehr gut durch ein Bild erklären: Anatomisch gesehen, kann kein Mensch gleichzeitig nach vorne und nach hinten blicken, sprich, die zurückliegende Zweisamkeit verarbeiten und ausreichend emotionale Energie in die gerade entstehende investieren. Wechselt sich Ihr Fokus ab, wird einmal der Abbau Ihrer Altlasten völlig stagnieren, während Sie andernfalls Ihrer frischen Verbindung völlig das Wasser abgraben.

Besonders die Damen in meinen Single-Gruppen fragen mich häufig, wie lange es dauert, die Schatten der Vergangenheit loszuwerden. Meine »klare« Antwort lautet stets: »Das kommt darauf an.« Und zwar auf die Verarbeitungsmechanismen, die bei jedem Menschen unterschiedlich stark ausgebildet sind. Das bedeutet, der eine hat das »Milva-Naturell«, ist hart im Nehmen und vergisst sehr schnell, während einen anderen schon ein Windhauch für Jahre außer Gefecht setzt. Einen zweiten ganz entscheidenden Faktor stellt natürlich die Tiefe der erlittenen Verletzungen in der vergangenen Verbindung oder durch die Trennung dar. Last, but not least spielen die Qualität und Intensität einer möglichen therapeutischen Begleitung eine Hauptrolle. Von gelegentlich kolportierten Formeln à la »Trauerzeit« ist gleich Beziehungszeit oder zumindest ein Viertel davon, halte ich hingegen gar nichts. Würde ja heißen, wenn Sie sich mit 42 gerade aus einer 24-jährigen Partnerschaft gelöst haben, müssten Sie nun ein Single-Dasein von entweder 24 oder sechs Jahren fristen. Fakt ist, dass es Ihnen nach einer so ausgedehnten Phase des Alleinlebens enorm schwerfallen würde, wieder mit allen Konsequenzen das Abenteuer Liebe zu wagen, weil Sie sich inzwischen wunderbar in Ihrem Single-Dasein eingerichtet oder sich zumindest trefflich damit arrangiert hätten. Umgekehrt könnten »kurzzeitige Heilsversprechen« ungeachtet aller persönlichen Befindlichkeiten zu einer trügerischen Sicherheit führen, schon wieder reif für die Prinzenjagd zu sein. Das größte Problem solcher Rechenbeispiele besteht darin, dass sie nicht berücksichtigen, wie unterschiedlich Menschen ticken; die Fachchinesen nennen das »interindividuelle Differenzen«. Ich selbst kann Ihnen allenfalls einen Erfahrungswert aus meiner Berufspraxis für die Verarbeitung einer schmerzhaften oder gar traumatischen Trennung angeben, der für Frauen bei zwei bis drei und für Männer bei einem bis zwei Jahren liegt. Wie weit Sie mit der Bewältigung Ihrer vergangenen Beziehung(en) sind, kann Ihnen am besten Ihr Unterbewusstsein in Gestalt Ihrer

Träume rückmelden. Stellen Sie Ihrem Unterbewusstsein jeden Abend, bevor Sie einschlafen, die Frage, ob Sie schon bereit sind für eine neue Zweisamkeit, bis Sie die Antwort träumen. Sicher war es bei mir an jenem Morgen der Befreiung vor fast 30 Jahren ähnlich abgelaufen, nur wusste ich als junger Bursche noch nicht, wie und warum.

Machen Sie sich zu einem Geschenk

In einem Beziehungsratgeber habe ich einmal sinngemäß gelesen, dass eine glückliche Zweisamkeit entstehe, indem sich zwei glückliche Menschen zusammentun, um sich noch glücklicher zu machen. Ich würde das ein wenig abschwächen in »zufriedene Menschen«, weil vielen zufriedenen, aber beziehungsorientierten Singles gerade die Liebe als i-Tüpfelchen zum Glücklichsein fehlt. Im Umkehrschluss heißt das aber auch, dass individuelle Unzufriedenheit die Grundlage für partnerschaftliches Unglück darstellt.

Bevor Sie also auf die Pirsch nach Mr. Right gehen, sollten Sie sich mit der Frage auseinandersetzen, ob Sie mit sich und Ihrem Leben im Reinen sind.

Zu einem Geschenk für Ihren zukünftigen Herzbuben werden Sie vermutlich, wenn Sie ...

- ein intaktes soziales Umfeld aufweisen können, mit dem die Bilanz von Geben und Nehmen einigermaßen ausgeglichen ist,
- einer Arbeit nachgehen, die Ihnen Freude, Gestaltungsspielraum und Genugtuung verschafft,
- über eine gute Gesundheit verfügen,

- sich materiell in einer gesicherten Position befinden,
- für schwächere Mitmenschen eine Stütze sein können,
- ein ausgefülltes Privatleben führen,
- sich selbst lieben oder zumindest mögen,
- in einem gesunden Wohnumfeld leben,
- (fast) jeden Morgen aufwachen und sich auf den vor Ihnen liegenden Tag freuen,
- meist lächelnd durchs Leben gehen,
- Träume, Wünsche und Visionen haben,
- in Ihrer Mitte sind.

Natürlich können Sie die Liste beliebig um Zufriedenheitskriterien erweitern, die Ihnen wichtig sind, oder einzelne für Sie unwichtige davon streichen. Merken Sie aber dann, dass es bei Ihnen in einigen Bereichen hapert, so sollten Sie dort versuchen, günstigere Bedingungen zu schaffen, bevor Sie sich auf Prinzenjagd begeben.

Als Christina, 37, in meine Beratung kam, war sie todunglücklich mit ihrem Job als Verkäuferin, in dem sie sich maßlos unterfordert fühlte und von ihren Kolleginnen geschnitten wurde. Zudem herrschte in ihrer Haushaltskasse chronisch Ebbe, weil sie über ihre Verhältnisse lebte. Zu ihren Eltern hatte sie nach einem Erbschaftsstreit schon seit Jahren keinen Kontakt mehr, worunter sie zunehmend litt. Trotz oder gerade wegen ihrer Probleme suchte Christina verzweifelt eine starke Schulter zum Anlehnen. Alle Männer, die sie kennenlernte, traten aber wieder den Rückzug an, sobald sie ihnen ihre Leidensgeschichte erzählte.

Ich versuchte, Christina deutlich zu machen, dass sich jeder potenzielle Herzbube von der Hypothek, die sie in ihre Beziehungen einbrachte, erdrückt fühlte und sie nicht von einem wildfremden Menschen erwarten konnte, sie mit zu schultern.

Sie verstand, entwickelte einen Finanzplan, schaffte es, sich mit ihren Eltern zu versöhnen, und fand nach unzähligen Bewerbungen einen Arbeitsplatz im Marketing-Bereich, der mehr ihren Fähigkeiten entsprach. Just dort fiel sie einem attraktiven Kollegen wegen ihrer nun positiven Ausstrahlung ins Auge. Der Rest ist Geschichte. Immer wenn mir Christina heute in der Stadt mit ihren beiden süßen Kindern und ihrem Ehemann im Schlepptau begegnet, strahlt sie vor Glück. Und ich freue mich wie ein kleiner Junge über ihre Erfolgsgeschichte.

Prüfen Sie Ihre Motivationslage

Wenn Kerstin, 43, ausgeht, »versteckt« sie sich meist in der hintersten Kneipenecke und strahlt zudem nur wenig Paarungsbereitschaft aus. Von potenziellen Herzbuben angesprochen wird sie eigentlich nur, wenn sie deutlich einen zu viel im Tee haben, was für sie mehr als frustrierend ist. Nüchterne Kandidaten meiden sie, weil sie glauben, sie habe kein Interesse an einer Partnerschaft. Damit liegen sie gar nicht einmal verkehrt. Zumindest genießt das Suchen und Finden der Liebe auf ihrer Prioritätenliste keinen allzu hohen Stellenwert. Davor rangieren ihre Haustiere, Unternehmungen mit Freundinnen, berufliches Fortkommen, ausgedehnte Fernreisen und ihre Laienschauspielgruppe. Ob ein männliches Gegenstück überhaupt noch Platz in ihrem eigentlich ausgefüllten Leben hat, darüber ist sie sich keineswegs im Klaren. Nur manchmal, an den verflixten Single-Wochenenden, an denen das Telefon einfach nicht klingeln will und sie die Uhr ticken hört, wünscht sie sich einen Prinzen auf ihr Schloss. Dann fährt sie ihren Laptop hoch, um als Gast auf diversen Internet-Partnerbörsen herumzusurfen. Für eine gebührenpflichtige Premiummitgliedschaft war bisher der Leidensdruck, wenn man bei ihr überhaupt davon sprechen kann, noch nicht groß genug. Ab montags ist der Spuk ohnehin vorüber. Die hektische Betriebsamkeit der Arbeitswoche lässt sie das einsame Wochenende und ihre halbherzigen Kontaktversuche per Mausklick schnell wieder vergessen.

Wenn Sie ähnlich halbherzig wie Kerstin Ausschau nach Mr. Right halten, weil Ihnen andere Dinge wichtiger sind als Zweisamkeit, sollten Sie sich vielleicht die Frage stellen, ob momentan überhaupt der richtige Zeitpunkt dafür ist. Nach dem Gesetz der Resonanz werden Sie ansonsten überwiegend »Junggesellen« anziehen, die ebenfalls mit angezogener Handbremse auf der Piazza der einsamen Herzen unterwegs sind; und so kommt eine mögliche Beziehung nie richtig in Fahrt. Die »Überzeugungstäter« indes zeigen Ihnen die kalte Schulter. Sie streben A-Priorität in der Zweisamkeit an und übernehmen bei entsprechender Selbstachtung keinesfalls die Rolle eines besseren Lückenbüßers.

Begeben Sie sich also, um amouröses Geplänkel zu vermeiden, besser erst auf Prinzenjagd, wenn Ihnen Ihre innere Stimme sagt, dass Sie nun bereit sind, dem Königssohn den Platz an der Sonne in Ihrem Leben zu reservieren.

Schütteln Sie Bremsklötze bei der Prinzenjagd ab

Sybille, 32, eine junge, aufstrebende Bankerin, lernte vor einigen Jahren in einer meiner Single-Gruppen den pfiffigen Endvierziger Horst kennen, der als Dreher arbeitete. Trotz des großen Altersunterschieds bildeten die beiden ein süßes Pärchen. Als aber Sybilles Eltern Wind von der Liaison bekamen, setzten sie alle Hebel in Bewegung, um die Frischverliebten wieder auseinanderzubringen. Horst erschien ihnen nämlich nicht standesgemäß für ihre Tochter, und zudem wünschten sie sich noch Enkelchen, während Horsts Familienplanung als Vater zweier fast erwachsener Kinder aus erster Ehe bereits abgeschlossen war. Die Sache gipfelte darin, dass mich Sybilles Vater eines Morgens empört anrief und mir drohte, mich wegen Kuppelei anzuzeigen, sofern ich nicht gegen die Verbindung intervenierte.

Natürlich ließ ich mich auf keinerlei Diskussion mit ihm ein, geschweige denn, dachte ich auch nur im Traum daran, seiner Forderung nachzukommen. Trotzdem glückte Sybilles Eltern schlussendlich die Mission Beziehungsmord, obwohl anfangs der Romeo-und-Julia-Effekt das Paar noch enger zusammenschweißte. Ausschlaggebend waren am Ende angebliche Selbstmorddrohungen von Sybilles depressiver Mutter, mit denen ihr Vater sie massiv psychisch unter Druck setzte.

In dem wundervollen britischen Episodenfilm »Tatsächlich … Liebe« von Richard Curtis ist es der psychisch kranke Bruder, Michael, der Sarah durch seine permanenten Anrufe das Date mit ihrer großen Liebe Karl verdirbt.

Die größten Spielverderber für den Paarungstanz des »schwachen« Geschlechts sind meiner Erfahrung nach jedoch nicht die »lieben Verwandten«, sondern vermeintliche Freundinnen. Nicht selten lösen sich in meinem Single-Kreis hoffnungsvolle zwischengeschlechtliche Kontakte in Wohlgefallen auf, weil eine Schattenfrau im Hintergrund ihre Intrigen spinnt. Der Grund dafür ist im besten Falle noch die verständliche Angst, die Ausgehkumpeline zu verlieren, und im schlimmsten schiere Eifersucht.

- Ihnen einzureden versucht, dass alle Männer Schweine seien, und ständig mit entsprechenden Horrorgeschichten aufwarten kann.

- Ihnen jede Ihrer aktuellen Männerbekanntschaften madigmacht.

- beim Ausgehen mit Ihnen bewusst Locations meidet, in denen sich viele interessante Single-Männer tummeln, oder selbige unter fadenscheinigen Begründungen schnell wieder verlassen möchte.

- immer gerade dann einen Migräneanfall bekommt und dringend nach Hause muss, wenn Sie gerade heftig mit einem Mann zu flirten beginnen.

- versucht, Ihnen Ihre neue Bekanntschaft abspenstig zu machen, obwohl sie vielleicht noch nicht einmal wirkliches Interesse an ihr hat.

- sie ihre Krallen ausfährt beziehungsweise abstoßende Verhaltensweisen an den Tag legt, sobald sich Ihnen ein männliches Wesen nähert.

Wenn Ihnen die Freundschaft wichtig ist und Sie nicht gleich zur Ultima Ratio ihrer Aufkündigung greifen möchten, sollten Sie zumindest ein klärendes Gespräch mit der anderen Seite suchen, um gemeinsam mögliche Handlungsalternativen Ihrerseits zu diskutieren.

Finden Sie das richtige Medium
der Entsingelung

Vor einigen Monaten erzählte mir Wiebke, eine 41-jährige Coaching-Klientin, frustriert von ihren Erfahrungen beim Speed-Dating. Kein Einziger ihrer männlichen Gesprächspartner hatte nach dem Abend gegenüber den Veranstaltern Interesse bekundet, sie wiederzusehen. Das wunderte mich ehrlich gesagt nur wenig, weil Wiebke zum einen wahrlich nicht der Typ war, der vor Charme sprühte, und zum anderen mit einem Mauerblümchen-Image zu kämpfen hatte. Eine gewisse Maulfaulheit tat noch ihr Übriges. Alles absolute K.-o.-Kriterien bei der Fleischbeschau am laufenden Band. Diplomatisch führte ich Wiebke vor Augen, dass dieses Vehikel der Entsingelung einfach ungeeignet für sie sei. Stattdessen legte ich ihr nahe, regelmäßig einen Gesprächszirkel für Singles zu besuchen, weil ich glaubte, dass sie dort auf Dauer durch ihre liebenswerte Art und Teamfähigkeit das »starke« Geschlecht überzeugen könnte. Der Plan funktionierte. Schon nach wenigen »Talkrunden« begann ein etwas jüngerer Ingenieur ganz heftig um Wiebke zu werben, und die beiden wurden ein Paar.

Wenn Sie auf der Suche nach dem passenden Kontaktanbahnungsmedium für sich sind, sollten Sie eine Liste mit Ihren flirtrelevanten Skills (Fähigkeiten) – zum Beispiel Offenheit, Humor oder Schlagfertigkeit – erstellen. Diese können Sie dann mit denen vergleichen, die die gängigen Möglichkeiten der Entsingelung von Ihnen verlangen. Je größer die Übereinstimmung zwischen Ihrem Angebot an Skills und deren Gefragtheit in einem bestimmten Medium ist, desto größer sind Ihre Erfolgsaussichten bei dessen Nutzung.

Das nachfolgende Anforderungsprofil der gängigsten Verpaarungskatalysatoren bietet Ihnen die Vergleichsgrundlage:

Internet:
- »Lust am Fabulieren«
- ansprechender, witziger Schreibstil
- Fähigkeit, per Tastatur Emotionen zu erzeugen
- gute Grammatik und Orthographie
- regelmäßiger Internet-Zugang
- PC-Grundkenntnisse
- Beherrschung des spezifischen Netzjargons sowie der Netikette
- kreative Ideen, um das eigene Profil hervorzuheben
- günstige optische Präsentation per hochgeladenem(n) Foto(s)
- Bereitschaft, sich anonymen Kontakten zu öffnen
- gesunde Skepsis und Vorsicht
- dickes Fell gegen verbale Verletzungen und intime Anzüglichkeiten
- Ausdauer
- gewisse Fremdsprachenkenntnisse bei Auslandskontakten

Single-Reise:
- Integrationsfähigkeit in eine Gruppe
- Kontaktfreude
- Flirtigkeit
- Einsatzfreude bei eventuell zu verrichtenden Arbeiten
- psychische Belastbarkeit bei Spannungen mit anderen Teilnehmern/-innen
- kulturelles und/oder sportliches Interesse
- Ideen für gemeinsame Unternehmungen jenseits des offiziellen Programms
- recht hohe finanzielle Investitionsbereitschaft

- Stimmungsstabilität
- gute Laune
- Reise- und Abenteuerlust
- Flexibilität

Speed-Dating:
- überdurchschnittliche optische Attraktivität
- positive Ausstrahlung
- unbändige Kommunikationsfreude
- Fähigkeit zuzuhören
- Überzeugungskraft
- gutes Selbstbewusstsein
- rasche Auffassungsgabe
- Schlagfertigkeit
- Flexibilität, sich blitzschnell auf einen neuen Gesprächspartner einzustellen
- physische und psychische Ausdauer
- Bereitschaft, unangenehme Kontakte auszuhalten
- grundsätzliche Neugierde auf andere Menschen

Kuppel-Event:
- Bühnentauglichkeit
- deftiger Humor
- Schlagfertigkeit
- Schmerzfreiheit gegenüber geistigen Tiefschlägen und Blamagen
- Bereitschaft, sich öffentlich als Single zu outen
- exhibitionistisch-narzisstische Grundtendenz
- keine Furcht vor körperlicher Berührung bis hin zu Grapschen
- niedrige Erwartungen an den Herzbuben
- Erfahrung im Umgang mit Betrunkenen

- Mitmachmentalität
- Entscheidungsfreude
- Fähigkeit, Autonomie abzugeben

Klassische Partnervermittlung (PV):
- Zeit, sich über verschiedene Anbieter und ihre Konditionen zu informieren
- Bereitschaft, der Vermittlung selbst intimste Details von sich preiszugeben
- exakte Formulierung der eigenen Partner(schafts)wünsche
- Ehrlichkeit
- Kooperationsfähigkeit
- Akzeptanz bestimmter Verhaltensregeln beim angebahnten Dating
- Vertrauen in die seriöse Arbeitsweise der professionellen Kuppler
- Anpassung an einen vorgegebenen Vermittlungsrhythmus
- gewisse Flexibilität hinsichtlich der eigenen Vorstellungen
- verlässliche Rückmeldungen an das Institut über den Status von Kontakten
- adäquater finanzieller Background zur Erstattung des gewöhnlich vierstelligen Agenturhonorars
- gutes Standing bei eventuellen Konflikten mit der PV

Kontaktanzeige:
- Fähigkeit, kurze, knackige Texte zu verfassen
- bildhafte Sprache
- Humor
- realistische Selbsteinschätzung und Erwartungen
- Mut zur Veröffentlichung der Annonce
- Bereitschaft, in Offertenschreiben ein Stück weit die Hose herunterzulassen

- Vertrautheit mit der Anzeigensprache (Abkürzungen, codierte Redwendungen)
- zwischen den Zeilen lesen können
- »Feeling« für die passende Zeitung oder Zeitschrift
- Wissen um die günstigsten Jahreszeiten (Frühling, Herbst) für die Insertion
- Zeit und Gelegenheit zum regelmäßigen Studium der Rubrik »Bekanntschaften«
- hohe Frustrationstoleranz bei unbeantworteten Briefen und Date-Super-GAUs

Single-Treff:
- Lust auf Gedankenaustausch und gemeinsames Tun mit Gleichgesinnten
- Teamfähigkeit
- Kontaktfreude
- Motivation für die regelmäßige Teilnahme
- Unverkrampftheit gemäß dem Motto: »Alles kann, nichts muss«
- Bereitschaft, eigene Ideen und Vorschläge einzubringen
- Akzeptieren der Leitungspersonen
- Konformität gegenüber den Regeln des Treffs
- gute Laune
- Hilfsbereitschaft
- Pünktlichkeit
- Konfliktfähigkeit

Nach einer 20-jährigen Ehe voller Demütigungen und Abwertungen durch ihren Mann leidet Anne, 44, eine in vielerlei Hinsicht ausgesprochen attraktive Frau, unter schwersten Minderwertigkeitskomplexen. Als Folge davon gerät sie ständig an Typen, deren Niveau schon nicht mehr überirdisch gemessen werden kann. Wann immer sie mit ihnen irgendwo aufläuft, ist Fremdschämen angesagt.

Völlig diametral tickt Tina, 53. Sie findet keinen Mann, weil sie sich für eine der besten Sopranstimmen des Universums hält und noch immer auf den mindestens weltbekannten Heldentenor mit wehenden blonden Locken wartet. Wäre sie ein paar Jährchen jünger, hätte Dieter Bohlen sicher einen Höllenspaß daran, sie vor seinem Jurytisch zu schlachten, ähnelt ihr Gesang doch in Wirklichkeit eher dem Wehklagen einer angeschossenen Dohle als dem eines angehenden Superstars. Grundsätzlich ist allerdings zu betonen, dass Frauen im Gegensatz zu Männern immer noch eher dazu neigen, sich selbst zu unterschätzen, wobei allerdings der Trend gegenwärtig eindeutig in die andere Richtung geht.

Sowohl Anne als auch Tina bleibt dauerhaftes Liebesglück verwährt. Bei der einen scheitern sämtliche Beziehungsversuche aufgrund ihrer zu niedrigen, bei der anderen aufgrund ihrer unrealistisch hohen Ansprüche.

Wenn es Ihnen ähnlich schwerfällt, sich selbst tatsachennah einzuschätzen, wie den beiden Damen und Sie vielleicht schon öfter entsprechende Rückmeldungen aus Ihrem sozialen Umfeld bekommen haben, dann könnten einige »bewährte« Möglichkeiten des Realitätschecks für Sie hilfreich sein:

Coaching:
Ein erfahrener Coach arbeitet mit Ihnen innerhalb von nur wenigen Stunden Ihre Stärken und Schwächen heraus. Er wird Ihnen auch helfen, Bereiche aufzuspüren, in denen Sie sich möglicherweise über- oder unterschätzen. Am Ende des Prozesses sollten Sie in der Lage sein, ein Partnerprofil auf Augenhöhe zu erstellen.

Feedback durch den »innersten Zirkel«:
Bitten Sie einige gute Freundinnen, von denen Sie wissen, dass sie kein Blatt vor den Mund nehmen, Ihnen eine ehrliche Rückmeldung darüber zu geben, ob Ihre Erwartungen an den zukünftigen Herzbuben einigermaßen mit dem korrelieren, was Sie zu bieten haben. Versprechen Sie der »Jury«, dass Sie ihr das Urteil, egal, wie es ausfällt, keinesfalls krummnehmen werden. Versprechen Sie ihr im Gegenteil ein leckeres Abendessen.

Wie hoch ist Ihre Attraktivität? Ermitteln Sie Ihren »Marktwert«

Ich habe einen Test entwickelt, mit dem Sie herausfinden können, wie hoch Ihre eigene Attraktivität ist. In meinen Single-Gruppen erfreut er sich großer Beliebtheit. Daher hoffe ich, dass auch Sie Spaß daran haben und davon profitieren werden.
Geben Sie sich bei den folgenden Kriterien jeweils eine Note von 1 bis 6, und tragen Sie sie in das leere Kästchen ein. Wie in der Schule bedeutet die Note 1, dass Sie das Kriterium ausgezeichnet, also »sehr gut«, erfüllen. 2 bedeutet »gut«, 3 »befriedigend«, 4 »ausreichend«, 5 »mangelhaft«, 6 »ungenügend«. Ad-

dieren Sie am Ende alle Ihre Einzelnoten, und teilen Sie die Summe schließlich durch 100. Sie erhalten dann die Durchschnittsnote bezüglich Ihrer Attraktivität beziehungsweise Ihres Marktwertes.

Fühlen Sie sich aus irgendwelchen Gründen bei einzelnen Kriterien nicht in der Lage, sich zu beurteilen, so machen Sie einen Strich in das Kästchen dahinter. Dann dürfen Sie Ihre Gesamtpunktzahl allerdings nicht mehr durch 100, sondern nur noch durch die Anzahl der bewerteten Kriterien teilen (Fehlen z. B. drei Noten, so durch 97). Lesen Sie zum besseren Verständnis der Kriterien gegebenenfalls auch die Fußnoten.

1. Bildung ☐
2. Intelligenz ☐
3. Einkommen ☐
4. Aussehen ☐
5. Charakterfestigkeit ☐
6. intaktes Elternhaus ☐
7. Freiheit von Altlasten ☐
8. soziale Kompetenz ☐
9. Selbstbewusstsein ☐
10. vielseitige Interessen ☐
11. Investitionsbereitschaft ☐
12. Selbständigkeit ☐
13. Gepflegtheit ☐
14. Charme ☐
15. Humor / Esprit ☐
16. Ehrlichkeit ☐
17. Bindungsfähigkeit ☐
18. Kompromissbereitschaft ☐
19. Unternehmungslust ☐
20. Verantwortungsbewusstsein ☐

21. Spontaneität	☐
22. beruflicher Status	☐
23. finanzielle Unabhängigkeit	☐
24. Gesundheit	☐
25. Einfühlungsvermögen	☐
26. Natürlichkeit	☐
27. verbale Kommunikationsfähigkeit / Redegewandtheit	☐
28. Stil / Geschmack	☐
29. häusliche Fähigkeiten	☐
30. Kreativität	☐
31. Manieren	☐
32. Umgang mit Geld[1]	☐
33. sexuelle Ansprechbarkeit	☐
34. Gesundheitsbewusstsein	☐
35. Bindungswunsch	☐
36. Verlässlichkeit	☐
37. Treue	☐
38. Optimismus	☐
39. Tiefgründigkeit	☐
40. Lebhaftigkeit	☐
41. Konfliktfähigkeit	☐
42. Qualitäten als Liebhaber / -in	☐
43. gesunde Selbstkritik[2]	☐
44. Herzlichkeit	☐
45. Vertrauenswürdigkeit	☐
46. Fähigkeit zu vertrauen	☐
47. Selbstironie	☐
48. Selbstdisziplin	☐

---

1 Die Fähigkeit, mit Geld umzugehen, also wirtschaften zu können.
2 Maßvoll, nicht selbstzerfleischend.

49. Fleiß ☐

50. Lebenssinn ☐

51. Aufmerksamkeit[3] ☐

52. Ausstrahlung ☐

53. Emotionalität[4] ☐

54. soziales Umfeld ☐

55. Abgrenzungsfähigkeit ☐

56. Entwicklungsfähigkeit ☐

57. Offenheit ☐

58. Liebesfähigkeit ☐

59. Wohnsituation ☐

60. Zufriedenheit ☐

61. Selbstliebe, -akzeptanz ☐

62. Toleranz ☐

63. Genussfähigkeit ☐

64. Fähigkeit zum Zuhören ☐

65. Wohlwollen ☐

66. Ausgewogenheit von Nähe
    und Distanz ☐

67. Versöhnungsbereitschaft ☐

68. Stimme ☐

69. Zärtlichkeit ☐

70. Zeit[5] ☐

71. Geduld ☐

72. Dankbarkeit ☐

73. Respekt ☐

74. Loyalität[6] ☐

---

3 Hier ist nicht nur Aufmerksamkeit dem Partner / der Partnerin gegenüber gemeint, sondern auch im Bezug auf den Zustand der Partnerschaft.

4 Gefühlsbetontheit

5 Zeit für die Beziehung haben.

6 Die Bereitschaft, zum Partner zu stehen.

75. Frustrationstoleranz[7] ☐

76. ernste Absichten[8] ☐

77. Partnerschaftserfahrung ☐

78. Aussprache ☐

79. Ungebundenheit[9] ☐

80. Sportlichkeit ☐

81. Neugierde ☐

82. Unbeschwertheit ☐

83. Flexibilität ☐

84. Körperhaltung ☐

85. Mut zu Neuem ☐

86. nonverbale Kommunikations-
    fähigkeit (Gestik / Mimik) ☐

87. Entscheidungsfreude ☐

88. Hilfsbereitschaft ☐

89. Begeisterungsfähigkeit ☐

90. Gesprächsbereitschaft ☐

91. Strukturiertheit ☐

92. Lebensziele ☐

93. handwerkliche Fähigkeiten ☐

94. Beständigkeit ☐

95. Auftreten ☐

96. Beziehungsfähigkeit ☐

97. Ausgeglichenheit ☐

98. Harmoniebedürfnis[10] ☐

99. Taktgefühl ☐

100. Großzügigkeit ☐

---

7 Die Fähigkeit, Schwierigkeiten und Enttäuschungen auszuhalten.
8 Es mit dem Partner / der Partnerin und dem Thema Partnerschaft »ernst meinen«.
9 Hier ist der Single-Status gemeint.
10 Maßvoll, nicht Friede, Freude, Eierkuchen.

Um abchecken zu können, ob Ihre Ergebnisse in etwa auf einer wirklichkeitsnahen Grundlage basieren, sollten Sie sich diesbezüglich unbedingt Feedback aus Ihrem persönlichen Umfeld einholen. Ideal wäre dazu eine Person, die Sie so gut kennt, dass sie in der Lage ist, Ihnen bei allen Kriterien des Tests eine Note im Sinne einer Fremdbeurteilung zu geben. Weicht die Gesamtnote der Fremdbeurteilung stark (um mehr als eine Note) von der Selbstbeurteilung ab, ob positiv oder negativ, so könnte eine merkliche bis massive Selbstunterschätzung beziehungsweise Selbstüberschätzung vorliegen. Sollten Sie Misstrauen gegenüber der Fremdbeurteilung haben und doch glauben, die eigene entspreche eher der Realität, dann suchen Sie sich weitere Personen, die Sie anhand des Tests bewerten. Das ist sowieso sinnvoll, denn je mehr Fremdbewertungen Sie erhalten, desto fundierter wird das Feedback. Bestätigt sich das Ergebnis der ersten Fremdbewertung weitgehend, sollten Sie sich langsam mit dem Gedanken anfreunden, dass Ihre Einschätzung des eigenen Marktwertes verzerrt ist.

In meinen Single-Gruppen reicht es den einigermaßen selbstkritischen Mitgliedern meist schon als Korrektiv, wenn sie die Einzelergebnisse der übrigen Teilnehmer/-innen hören. Haben sich zum Beispiel deutlich hübschere Teilnehmer/-innen bezüglich ihres Aussehens schlechter benotet als sie selbst, so schwant ihnen, dass sie bei diesem Kriterium wohl doch eher ins Land der Wünsche und Träume abgedriftet sind. Vorausgesetzt natürlich, die anderen lagen mit ihrer Einschätzung »richtig«.

Binden Sie sich beizeiten wieder

Vor geraumer Zeit besuchte Regina, 46, zum ersten Mal eine meiner Single-Gruppen mit dem erklärten Ziel, nach ihrer gescheiterten Ehe wieder eine Beziehung aufzubauen. Allerdings lag die Trennung von ihrem Mann damals schon über acht Jahre zurück. Richtig heimisch wurde Regina in der Gruppe nie, was vor allem daran lag, dass sie bei den »wilden« Flirtaktivitäten der übrigen Mitglieder immer nur als Zuschauerin fungierte. Sie selbst sandte der Männerwelt eher die Botschaft: »Rühr mich nicht an.« Ihre ohnehin spärlichen Redebeiträge wirkten spröde, und körpersprachlich signalisierte sie Desinteresse bis hin zu Genervtheit. Meine Versuche, sie ein wenig aus der Reserve zu locken, gingen beinahe allesamt schief. Auch außerhalb der Gruppe gelang es mir nicht, entscheidend an sie heranzukommen. Nach etwa zehn Monaten, die für sie ein reines Durchhalten gewesen sein mussten, meldete sie sich telefonisch bei mir ab.

Zu meiner großen Überraschung aber wurde Regina fünf Jahre später zur Wiederholungstäterin, wie ich Gruppenrückkehrer spaßeshalber nenne.

Inzwischen sind acht Wochen seit ihrem Comeback vergangen, und ich muss leider sagen: Die Geschichte wiederholt sich. Regina ist um keinen Deut offener geworden; im Gegenteil, die weiteren Jahre in ihrem Single-Schneckenhaus haben sie noch verbohrter gemacht.

Fraglos brauchen Sie Zeit, eine schmerzvolle oder gar traumatische Trennung nach einer Langzeitbeziehung zu verarbeiten. So dürfte es Ihnen im Trauerjahr, überflutet von Trauerhormonen, nur schwerlich gelingen, wieder eine tragfähige Zweisamkeit aufzubauen.

Andererseits gibt es aber auch eine kritische Phase, in der Ihnen die partnerschaftliche Neuorientierung gelingen sollte, und zwar im vierten Jahr Ihres Single-Daseins. Bleiben Sie weit darüber hinaus allein, haben Sie sich vermutlich ähnlich wie Regina schon zu sehr mit Ihrem Solistenschicksal arrangiert. Innerlich bauen Sie immer mehr Hindernisse gegenüber der Liebe auf:

- Sie sind nicht mehr dazu bereit, für eine Partnerschaft gravierende Kompromisse einzugehen, etwa Einschränkungen in Ihrem Freizeitverhalten in Kauf zu nehmen oder sich vom anderen »verbiegen« zu lassen.
- Sie haben sich dem Traumprinzenschema verschrieben nach dem Motto: »Wenn ich schon wieder einen Mann in mein Leben lasse, dann muss alles hundertprozentig passen.« Damit schützen Sie sich unbewusst vor Zweisamkeit, da niemand diese Ansprüche erfüllen kann.
- Ihr Terminkalender ist so voll, dass darin keine feste Bindung mehr Platz hat. Höchstens eine Affäre können Sie noch einschieben.
- Sie sind froh, dass Sie inzwischen einigermaßen ausgeglichen sind. Durch das »ganz normale Chaos der Liebe« befürchten Sie, diesen Status wieder einzubüßen.
- Einen psychischen Totalcrash durch eine schlimme Trennung oder etwa einen Rosenkrieg glauben Sie nicht mehr verkraften zu können.
- Da Ihr Körper inzwischen um einige Jahre gealtert ist, haben Sie die Befürchtung, ein potenzieller Herzbube könnte Sie deshalb unattraktiv finden. Außerdem zweifeln Sie daran, dass es nach so langer Abstinenz mit dem Sex noch klappt.
- Sie sehen zunehmend nur noch die unglücklichen Paare, und zu Ihrer Lieblingslektüre gehört die jährliche Scheidungsstatistik.

- Mal gewinnen die Argumente für Partnerschaft, mal die Argumente gegen Partnerschaft die Oberhand, so dass Sie nicht konsequent Ausschau nach Mister Right halten.
- Bei Ihren Bindungsversuchen agieren Sie halbherzig und kreieren damit Geplänkel oder »bestenfalls« On-off-Geschichten.
- Ihre Bereitschaft, sich einem neuen Partner zu öffnen, geht aus Furcht vor Verletzungen gegen null.
- Beziehung sollte für Sie nicht mehr damit verbunden sein, viel zu investieren und Verantwortung zu übernehmen.
- Allein schon der Gedanke, dass wieder ständig ein Mann um Sie herumtanzt, erdrückt Sie.
- Sie haben ein Kind oder Haustier in den Stand einer Art Ersatzpartner erhoben, wodurch der Platz an Ihrer Seite schon besetzt ist. Für diese Rollenverteilung finden Sie ganz viele »gute« Argumente.

Hinter den meisten dieser Hemmnisse stecken tiefe Ängste. Wenn mich eine Frau, die bereits zum Hardcore-Single mutiert ist, fragt, wie sie doch wieder den Pfad der Zweisamkeit betreten kann, empfehle ich ihr eine Art systematische Sensibilisierung. Das heißt, sie tastet sich schrittweise an das Objekt ihrer Angst, nämlich die feste Partnerschaft, heran, von regelmäßigen gemeinsamen Unternehmungen mit dem starken Geschlecht über eine Affäre bis hin zu einer Wochenendbeziehung.

Überprüfen Sie Ihre No-Gos

Jeanette, 44, Simultandolmetscherin:
»Mein Ex-Mann war Kettenraucher. Irgendwann konnte ich die ewig verqualmte Bude nicht mehr ertragen und habe ihn vor die Tür gesetzt. Ich glaube auch, dass das ständige Passivrauchen nicht spurlos an unseren Kindern vorübergegangen ist. Besonders unser Ältester leidet noch heute unter massiven Atemwegsbeschwerden. Daher würde ich mich nie mehr mit einem Nikotinsklaven einlassen.«

Annabel, 37, Reitlehrerin:
»Glatzköpfe sind absolut No-Gos für mich. Ich liebe es, meinem Partner beim Kuscheln mit der Hand durch die Haare zu streichen. Ach, und Bierbäuche finde ich total abturnend. Ich weiß, das klingt oberflächlich, weil es nur um die Optik geht, aber ich kann einfach nicht raus aus meiner Haut.«

Sissy, 32, Reiseverkehrskauffrau:
»Wenn ich in der Woche um halb sechs aufstehe, bin ich sofort topfit und zu kleinen Albernheiten aufgelegt. Einen Morgenmuffel könnte ich da an meiner Seite überhaupt nicht gebrauchen. Ich glaube, wir würden uns gegenseitig tierisch auf den Senkel gehen, aber wahrscheinlich ich ihm noch mehr als er mir.«

Charlotte, 28, Redakteurin:
»Handy-am-Gürtel- und Sandalen-mit-Socken-Träger« haben bei mir null Chance. Ich arbeite bei einem jungen Radiosender, wo viele hippe Leute rumlaufen. So eine Modesünde auf zwei Beinen würde ich mich überhaupt nicht trauen, denen vorzustellen. Fremdschämen für meinen Freund brauche ich ungefähr so sehr wie einen Stromausfall bei ›Sex and the City‹.«

Welche No-Gos haben Sie beim Suchen und Finden der Liebe? Lehnen Sie strikt eine Zweisamkeit mit »Papa Walton« ab, wo Sie sich dereinst bewusst gegen Kinder entschieden haben? Geht für Sie ein Mann gar nicht, der noch bei Muttern lebt? Hassen Sie Arroganz und Unordentlichkeit? Liegt eine Körpergröße von unter 1,80 Meter außerhalb Ihres Beuteschemas? Bringen Sie Dampfplauderer auf die Palme? Nehmen Sie gleich die Beine in die Hand, wenn Ihnen ein Kandidat erzählt, dass er Schulden hat? Turnen Sie bestimmte Dialekte oder schlechte Manieren total ab?

Ich lasse die Mitglieder in meinen Single-Gruppen bisweilen ihre No-Gos schriftlich niederlegen. Wenn ihre Liste länger wird als die allgemeine Erklärung der Menschenrechte, biete ich ihnen spaßeshalber einen »Rollator-Vertrag« an, weil sie mit so vielen Ausschlusskriterien bis ins hohe Alter »unbemannt« beziehungsweise »unbefraut« blieben. Anhand von prozentualen Verlustraten an potenziellen Partnern, die jedes No-Go nach sich zieht, mache ich meinen Lonely Hearts schnell deutlich, dass so am Ende kaum noch jemand für sie übrig bleibt. Allein schon mit der Disqualifikation von Rauchern zum Beispiel verlieren weibliche Singles ein Drittel ihrer männlichen Pendants als Paarungskandidaten.

In einem zweiten Arbeitsschritt bitte ich anschließend die Solitäre, die einzelnen No-Gos ihrer Liste in drei Gruppen zu unterteilen:

1. Absolute No-Gos
2. Verhandelbare No-Gos
3. Lässliche No-Gos

Fast immer befinden sich unter den absoluten Ausschlusskriterien Alkoholismus, Gewalttätigkeit, sexuelle Abartigkeit, äußere

Verwahrlosung, Sozialschmarotzertum, Psychopathie, chronische Untreue und Verlogenheit.

Das sind wirklich Punkte, über die ich mit meinen Singles überhaupt nicht diskutieren würde, weil sie für mich ebenfalls völlig inakzeptabel sind.

Schon ein wenig anders sieht es bei den »verhandelbaren« No-Gos aus. Dazu gehören etwa Übergewicht, Schulden, Nesthockerei, Unpünktlichkeit, gewöhnungsbedürftiger Kleidungsstil, Rauchen, Sportfanatismus, Arbeitslosigkeit. Bei einigen der »Störfaktoren« können Partnersuchende eventuell heiter darüberstehen, oder zumindest sind sie seitens des Gegenübers veränderbar. Schulden lassen sich ebenso wie Gewicht und Rauchen reduzieren, während Arbeitslosigkeit und Nesthockerei kein Lebensschicksal darstellen müssen. Nachdem ihnen das klargeworden ist, beginnen die Mitglieder meiner Single-Gruppen einen Teil der »verhandelbaren« No-Gos von ihrer Liste zu streichen. Dadurch wird sie meist schon ein wenig übersichtlicher, womit die Chance auf Entsingelung langsam wieder zu steigen beginnt.

Ziemlich wenig Verständnis bringe ich den lässlichen »Killerkriterien« entgegen. In diese Kategorie würde ich unter anderem einordnen: leichtes Schnarchen, »diskrete« Tattoos, Eitelkeit, gelegentlicher Alkoholkonsum, Dialekt, Vereinsaktivität, moderates religiöses Engagement, Schichtarbeit. Singles, die hier nicht zu- und abtun können, sollten sich meiner Meinung nach fragen, ob ihre Grenzen der Toleranz tatsächlich weit genug gefasst sind. Wenn meine Singles erfolgreich ihre No-Gos überdenken und so manche von ihnen über Bord werfen, geht der Kelch des Endlos-Vertrages in meinen Gruppen meist endgültig an ihnen vorüber.

Vielleicht gelingt es ja auch Ihnen, anhand der drei »Häufchen« die Spreu vom Weizen Ihrer No-Gos zu trennen.

FOKUSSIEREN SIE SICH AUF EIN
KENNENLERN-MEDIUM

Karina, 38, Assistentin der Geschäftsführung, hat nach einem Jahr Single-Dasein schon eine ziemliche Odyssee durch die »Instanzen« des Kennenlernens hinter sich. Angefangen hat ihre »Irrfahrt« mit einer Kontaktanzeige, dem folgten ein Ausflug ins Internet, die Mitgliedschaft in einem Single-Club und die Teilnahme an einem Speed-Dating-Abend. Dazwischen lag der Besuch zweier Single-Partys. Zurzeit ist sie noch bei einer klassischen Partnervermittlung unter Vertrag, nimmt allerdings keine Vermittlungsvorschläge mehr wahr.

Karina blieb nie lange einem Medium treu, weil sie immer schnell ein Haar in der Suppe fand. An der Kontaktanzeige nervte sie schon, dass sie mehrere Tage auf die ersten Zuschriften warten musste, und was dann insgesamt kam, war ihrer Meinung nach fast durch die Bank nur Schrott. Die drei Männer, die sie dann doch traf, hauten sie optisch nicht gerade vom Hocker. Im Internet entpuppte sich gleich der erste Kontakt als verheirateter Familienvater auf Abenteuersuche, und ein anderer Kandidat ging ihr virtuell an die Wäsche. Am Single-Club störte sie alsbald, dass sie verpflichtende Zusagen zur Teilnahme an irgendwelchen Veranstaltungen machen sollte und sie sich auch mit eher einfach gestrickten Typen auseinandersetzen musste. Speed-Dating empfand Karina als Fleischbeschau, weshalb sie nach nur einem Versuch angewidert die Segel strich. Auf den Single-Partys schnappte ihr die flirtigere Konkurrenz die anwesenden Prinzen vor der Nase weg. Außerdem gingen ihr die »billigen« Kuppelspiele der Veranstalter gehörig gegen den Strich. Auch ihre Hoffnung, Mister Right mit Hilfe einer klassischen Partnervermittlung zu finden, begrub sie schon nach zwei Versuchen. Nummer eins aus der Kartei des Instituts war ihr zu unsportlich, während sich Nummer zwei, den sie ganz interessant fand, nach dem angebahnten Rendezvous einfach nicht mehr meldete. Das kränkte sie so sehr, dass sie weitere Partnervorschläge ablehnte. Zurzeit hat sich Karina eine Date-Pause verschrieben, weil sie sich darüber klarwerden möchte, warum bei ihr Amor einfach nicht ins Schwarze treffen will.

Viele Wege führen nach Rom. Aber letztendlich müssen Sie sich doch für einen entscheiden, um nicht wie ein Blatt im Wind umhergetrieben zu werden, ohne jemals ans Ziel zu gelangen. Das gilt gleichermaßen auch für die Wege/Möglichkeiten der Entsingelung.

Echte Medienkompetenz erlangen Sie weder in einer noch in zwei Wochen, sondern frühestens nach einigen Monaten der intensiven Beschäftigung damit. Um wieder die heutige italienische Hauptstadt ins Spiel zu bringen: Auch Rom wurde nicht an einem Tage erbaut. Die Schnuppermentalität einer Karina wird indes fast immer zum Scheitern führen. Ich kann das regelmäßig in meinen Gesprächskreisen für Singles beobachten, die auf eine längerfristige Teilnahme der Mitglieder ausgelegt sind. Neulinge verhalten sich oft ausgesprochen linkisch. Sie siezen mich und die anderen Teilnehmer/-innen trotz anderslautender Vereinbarung oder treten vor Aufregung in so manches Fettnäpfchen. Nach solch einer Performance haben sie beim anschließenden Stammtisch in der Kneipe sicher noch keine große Chance, am Balztanz teilzunehmen. Die »Eintagsfliegen«-Spezies gibt dann meist schon wieder frustriert auf. Bringen die Greenhorns dagegen genug Frustrationstoleranz dafür auf, nicht gleich den »sudden success« gelandet zu haben, und besuchen die Abende regelmäßig, so können sie den ersten Eindruck häufig revidieren. Bald schon gehören sie zu den »alten Hasen«, die sich völlig (text)sicher auf dem Parkett der talkenden Lonely Hearts bewegen. Das heißt, Sie lernen, den richtigen Ton gegenüber Ihren Gesprächspartnern. Im Gleichschritt mit ihrer Integration in die Gruppe steigt auch ihr Sexappeal, denn Everybody's Darling ist natürlich begehrter als Everbody's Arschloch. Meiner Erfahrung nach führt die Kombination aus Geduld, Engagement und Medienkompetenz fast immer zum Erfolg, nicht nur in meinen Gesprächskreisen, sondern auch hinsichtlich anderer Medien der Kontaktanbahnung. Singles, die mich fragen, warum sie immer noch alleine sind, obwohl sie ähnlich wie Karina schon so ziemlich alles ausprobiert haben, pflege ich zu antworten: »Genau deshalb.«

Zeigen Sie sich selbstkritisch

Schon am Telefon hatte mir Antje, 47, Sachbearbeiterin, ihr Leid beim Suchen und Finden der Liebe geklagt. Wenn man ihr Glauben schenken wollte, mussten alle Männer, die ihr begegneten, entweder Mistkerle oder Vollidioten sein. Ihr Klagelied fand dann seine Fortsetzung, als sie zum Aufnahmegespräch in meinen Single-Kreis persönlich bei mir vorstellig wurde. Ihre Dating-Desaster waren auf den ersten Blick die Klassiker: Typen, die wegen einem Latte macchiato auf getrennte Rechnungen bestanden. Typen, die während der Unterhaltung ständig auf die Uhr schauten. Typen, die sich den ganzen Abend in Selbstbeweihräucherung ergingen. Typen, die sie mit ihren Blicken auszogen und gleich versuchten, sie ins Bett zu kriegen. Typen, die sich nach dem ersten Date trotz ihres hochheiligen Versprechens niemals mehr bei ihr meldeten.
Als ich Antje nach dem Ende ihrer Schilderungen fragte, ob sie

sich schon einmal Gedanken über mögliche eigene Anteile am Scheitern ihrer Paarungsversuche gemacht habe, sah sie mich an, als sei ich ein Alien. Offenbar war sie so verdattert über meine Frage, dass ihr, die sonst sehr gesprächig war, kurz der Redefluss stockte. Einige Wimpernschläge später entgegnete sie mir fast schon empört mit »nein«. Trotzig schob sie nach, dass die Schuld eindeutig bei den Männern liege und sie wirklich nicht wisse, was sie sich vorzuwerfen habe.

Aufgrund meiner hinlänglichen Erfahrung mit Partnersuchenden stehe ich solch einseitigen Betrachtungsweisen grundsätzlich skeptisch gegenüber. In mittlerweile über 16 Jahren als Single-Coach ist mir noch kein einziges »misslungenes« Date zu Ohren gekommen, wofür nur einer der Beteiligten allein die Verantwortung trug. Daher konnte ich mir nur schwerlich vorstellen, dass dies im Fall von Antje anders sein sollte. Ein, zwei Ideen für ihren Beitrag an den Date-Flops hatte ich auch bereits schon: Erstens redete sie teilweise ohne Punkt und Komma, und zweitens zeigte sie einen gewissen Hang zur Besserwisserei. Diese Einschätzung, die ich ihr auf eigenen Wunsch als Feedback gab, versuchte sie bezeichnenderweise aber sogleich wortreich zu widerlegen.

Nichtsdestoweniger sollte ich leider recht behalten. In ihrer Single-Gruppe warf bald der 46-jährige Programmierer Sven ein Auge auf Antje und verabredete sich mit ihr. Zufällig rief ich Sven einige Tage danach wegen einer Terminabsprache an. Bei dem Telefonat berichtete er mir auch von dem Treffen, das aus seiner Sicht gründlich in die Hose gegangen war. Antje hatte ihn während der zweieinhalb Stunden in einem Gießener Cafe kaum zu Wort kommen lassen, was aber noch nicht das Hauptproblem darstellte, weil Sven anderen gerne zuhörte. Vielmehr störte ihn massiv, dass sie fast alles, was er sagte, anzweifelte oder sogar in

Abrede stellte. Selbst auf seinem Fachgebiet, der Informatik, schien sie die Weisheit mit Löffeln gegessen zu haben. Zudem trug Antje ein so tiefes Dekolleté, dass fast Nippelalarm herrschte. Als Sven – schließlich war er auch nur ein Mann – immer wieder hinschauen musste, warf sie ihm strafende Blicke zu. Das hielt er doch für ziemlich bigott. Und zu guter Letzt verließ Antje noch für längere Zeit den Tisch, um an der Bar mit einer Bekannten zu plaudern. Sven hatte währenddessen nicht schlecht Lust, einfach zu gehen. Aber da er ein Gentleman war und weiterhin in der Gruppe mit Antje auskommen musste, brachte er die Geschichte zu einem vernünftigen Abschluss. Er wartete auf ihre Rückkehr, um dann ziemlich bald das Weite zu suchen. Nicht aber, ohne zuvor die Fronten geklärt zu haben.

Die Causa Antje ist ein typischer Fall von fehlender Selbstreflexion und Selbstkritik. Anstatt das eigene Verhalten beim Suchen und Finden der Liebe auf den Prüfstand zu stellen, geht Antje den einfacheren Weg, indem sie im Nachhinein ihre männlichen Bekanntschaften zum Sündenbock für ihre sämtlichen Dating-Debakel degradiert. Leider folgt sie damit einem Trend, den ich zumindest unter Singles beobachte. Das Zeitalter der kritischen Nabelschau auf der Piazza der einsamen Herzen scheint sich seinem Ende zu nähern.

Als ideale Frustableiter dienen der Spezies Unschuldslamm unter den Alleinstehenden auch Coaches und Partneragenturen, die sie vermeintlich schlecht beraten oder ihnen Horror-Dates vermitteln. Besonders die professionellen Kuppler können ihr aber gleichermaßen gefährlich werden, weil sie meist beide Seiten der »Medaille« kennen, was ihnen peu à peu ein objektiveres Bild von der Dating-Performance ihrer Kunden verschafft.

Als Leiter eines Single-Kreises, in dem es ständig zu Verabredungen unter den Mitgliedern kommt, genieße auch ich das Privileg, von beiden Seiten darüber berichtet zu bekommen. Daher kann ich durchaus einschätzen, was Henne und was Ei ist. Bei Antje zum Beispiel sind viele der beklagten Verhaltensweisen der Männer nicht Henne, sondern Ei. Ihre potenziellen Herzbuben schauen beim Date nicht ständig auf die Uhr, weil sie keine Manieren haben, sondern weil Antje eine One-Girl-Show abzieht, bei der sie nur als Statisten dienen. Ihre potenziellen Herzbuben ziehen sie nicht mit Blicken aus, weil sie vor Geilheit sabbern, sondern weil Antjes übermäßig freizügiges Outfit zum Hingucken provoziert. Ihre potenziellen Herzbuben bestehen nicht auf getrennte Rechnungen, weil sie aus Geizheim stammen, sondern weil Antje sie unhöflicherweise während des Rendezvous sitzenlässt, um sich mit anderen Anwesenden zu beschäftigen. Und ihre potenziellen Herzbuben verschwinden nicht auf Nimmerwiedersehen, weil ihnen der Hintern in der Hose fehlt, sich wieder zu melden, sondern weil sie Antjes »Sprechdurchfall« und Rechthaberei kein zweites Mal ertragen möchten.

Wäre Antje nur ein wenig selbstkritisch, könnte sie diese Reihenfolge von Ursache und Wirkung bei ihren Männerbekanntschaften verstehen. Gefangen in ihrem Sündenbockprinzip und in ihrer Besserwisserei, ficht aber selbst Expertenrat ihre verquere Sicht der Dating-Realität nicht an. Antjes Muster bietet fraglos auch seine Vorteile: Es befreit sie von der Notwendigkeit, an sich zu arbeiten, ist also wunderbar bequem, und sie bekommt angesichts ihres »ewigen Pechs« mit Männern ständig tröstende Streicheleinheiten von ihren Lieben. Eines jedoch bleibt ihr dadurch vermutlich verwehrt, nämlich eine tragfähige Partnerschaft.

Wenn Sie anders als Antje bereit sind, auch bei sich selbst hinzuschauen, können Ihnen folgende **Leitfragen** nützlich sein, **um mögliche Defizite in Ihrem Balzverhalten zu entlarven.** Denn wie heißt es so schön: Einsicht ist der erste Schritt zur Besserung.

- Geben Sie Ihrem Prinzen in spe beim Date genügend Raum, sich zu entfalten, oder erdrücken Sie ihn mit Ihrer Präsenz?
- Können Sie sich auf Ihr Gegenüber einlassen, oder sind Sie fahrig, weil Ihnen ständig andere Dinge durch den Kopf gehen?
- Hören Sie der anderen Seite zu, oder denken Sie, während sie spricht, schon wieder darüber nach, was Sie als Nächstes sagen werden?
- Achten Sie auf körpersprachliche Signale Ihres Dates, zum Beispiel verschränkte Arme oder Gähnen, oder ignorieren Sie sie gemeinhin?
- Begegnen Sie Ihren männlichen Bekanntschaften auf Augenhöhe, oder schauen Sie (vermeintlich) von oben auf sie herab?
- Sind Sie in der Lage, über kleine Macken und Fauxpas Ihres Date-Partners hinwegzuschauen, oder beißen Sie sich gerne daran fest?
- Respektieren Sie die persönlichen Grenzen Ihres Gegenübers, oder neigen Sie dazu, sie etwa durch sehr intime Fragen oder Aussagen zu überschreiten?
- Genießt der Kandidat beim Prinzen-Casting oberste Priorität bei Ihnen, oder rücken Sie ständig andere Personen in den Mittelpunkt?
- Haben Ihre Rendezvous grundsätzlich den Charakter eines Miteinanders, oder sind sie geprägt von Kampf und Konkurrenz?
- Gehen Sie relaxed und mit genügend Muße in Ihre Treffen, oder stehen Sie dabei ständig unter Strom?
- Tragen Sie genügend zum Gelingen Ihrer Tête-à-Têtes bei, oder lassen Sie die ganze Chose nur mehr oder weniger über sich ergehen?
- Legen Sie eine gewisse Ausdauer beim Flirten an den Tag, oder werfen Sie gleich die Flinte ins Korn, wenn Ihr Interesse nicht unmittelbar erwidert wird?

- Erkennen Sie die Aussichtslosigkeit einer Charmeoffensive rechtzeitig, oder verrennen Sie sich gelegentlich?
- Sorgen Sie nach einem vielversprechenden Date mit dafür, dass der Kontakt aufrechterhalten bleibt, oder überlassen Sie die Initiative hierfür alleine Ihrem männlichen Pendant?

TRENNEN SIE SICH VON HARTNÄCKIGEN VEREHRERN

Amira, 38, ist seit etwa drei Jahren mit Fabian, 36, befreundet. Kennengelernt hatten sich die beiden in einer professionell geleiteten Trennungsgruppe. Amira war gerade völlig unerwartet von ihrem Mann verlassen worden, während Fabian schon damals eine ganze Zeitlang durchs Leben »singelte«. Eigentlich suchte er in dem Kreis nur eine Partnerin und heulte aus reinem Mittel zum Zweck mit den einsamen Wölfen. Fabians Wahl fiel sehr schnell auf Amira, die ihm aber bald unmissverständlich klarmachte, dass für sie eine neue Beziehung zumindest in nächster Zukunft definitiv keine Option darstellte. Aus dieser Klärung entwickelte sich die Freundschaft, die noch bis heute besteht.

Eine gewiss nicht ganz einfache Freundschaft, weil Fabian regelmäßig Vorstöße unternimmt, sie in eine Partnerschaft zu transformieren, was Amira jedes Mal dazu veranlasst, ihre Grenzen neu zu ziehen. Außerdem befürchtet sie ständig, Fabian durch irgendwelche unbedachten Worte Hoffnung zu machen. Inzwischen versucht auch Amira wieder, sich zu binden, fühlt sich dabei aber im tiefsten Innern ihres Herzens schlecht. Fabian einen neuen Partner an ihrer Seite zu präsentieren würde sie fast als Verrat empfinden. Seit einiger Zeit denkt Amira ernsthaft darüber nach, die Freundschaft mit Fabian zu beenden, um die gegenseitige »Bindungsblockade« aufzulösen. Andererseits fällt es ihr schwer, sich ein Leben so ganz ohne ihn vorzustellen. Schließlich war Fabian immer für sie da gewesen, als sie der große Single-Katzenjammer befiel, und nicht zu vergessen Amiras drei Umzüge, bei der er ihr jeweils vom Anfang bis zum Ende geholfen hatte.

Eine Freundschaft zwischen Mann und Frau kann nur funktionieren, wenn beide Seiten keinerlei partnerschaftliches Interesse aneinander hegen. Wann immer ein Part in den anderen verliebt ist oder sich nachträglich in den anderen verliebt, wird die Chose schwierig, wie auch die Geschichte von Amira und Fabian zeigt. Zwar klärt das Freundespaar an irgendeinem Punkt die Verhältnisse, nichtsdestoweniger bleibt der platonische Status des Kontakts fragil. Besonders der Mann als »Zurückgewiesener« gibt sich damit kaum je zufrieden, sondern startet aufgrund seines finalen Denkens immer wieder Eroberungsfeldzüge in Richtung des Objekts seiner Begierde. Selbst wenn es vordergründig so scheint, aber das starke Geschlecht verliert nie wirklich sein eigentliches Ziel, nämlich Zweisamkeit, aus den Augen. Insofern ist die Konstellation bei Fabian und Amira typisch: Ihn übermannt regelmäßig sein Jagdtrieb, wodurch sie in eine Abwehrhaltung gedrängt wird. Sowohl Fabian als auch Amira »vergeuden« ungemein viel emotionale Energie in ihre Angriffs- beziehungsweise Abwehrschlacht. Das sind zumindest die paar Prozent, die ihnen dafür fehlen, anderweitig beim Suchen und Finden erfolgreich zu sein. Durch die scharfe Konkurrenzsituation besonders im Internet kommen nur noch die Singles wirklich zum Zuge, die eine annähernd perfekte Performance abliefern, wozu eben auch gehört, mit totaler Hingabe bei der Sache zu sein. Der Rest bekommt den Rest oder geht leer aus. Mein Lieblingsspruch in diesem Zusammenhang lautet: »Ein halbes Herz wird niemals ein ganzes gewinnen.«

Bei Amira kommt noch das Problem dazu, dass sie ständig aufpassen muss, Fabian nicht durch zweideutige Aussagen, die er nur allzu gern missversteht, zur Balzattacke zu ermuntern. Ferner ist sie nicht kaltschnäuzig genug, ihm einfach einen neuen Partner an ihrer Seite vor die Nase zu setzen. Und zu guter Letzt plagt sie wegen Fabians ausgiebigen früheren Hilfsleistungen ein schlechtes Gewissen. Sie möchte ihm »als Dank« dafür nicht weh tun, indem sie sich wieder liiert. Dadurch gerät sie in eine unbewusste Bindungsblockade.

Für Fabian indes stellt das Wechselbad aus Hoffnung und Enttäuschung eine enorme psychische Belastung dar. Obendrein dürfte er Amiras Zurückweisungen als stark kränkend, vielleicht sogar demütigend empfinden. Die Chancen, dass Amira Fabians Minnegesang doch noch erhört, sind statistisch gesehen verschwindend gering. »Zoom« wie in Klaus Lages Lied nach tausendundeiner Nacht besungen, macht es zwischen Freundespärchen nur extrem selten. Mir persönlich sind privat sowie beruflich weniger als eine Handvoll Paare begegnet, bei denen das Verlieben nach diesem Muster funktionierte. Einer meiner Schulfreunde hatte mehrere Jahre um seinen Schwarm geworben, und als die beiden dann endlich zusammenkamen, war der Zauber schon nach einigen Monaten wieder vorbei, und sie gab ihm den Laufpass.

Häufiger schon landen solche Kombinationen irgendwann gemeinsam im Bett, etwa als Verzweiflungstat aufgrund eines vorübergehenden sexuellen Notstands oder infolge einer alkoholschwangeren Party. Meist gibt es dann beim »platonischen« Part ein böses Erwachen bitterster Reue, während das partnerschaftlich orientierte Pendant die Sache nun endlich in trockenen

Tüchern wähnt. Es folgt ein klärendes Gespräch, das von Entschuldigungen einerseits und Vorwürfen andererseits geprägt ist. Danach gehört die Freundschaft entweder der Vergangenheit an, oder es herrscht zumindest erst einmal Funkstille.

Ihr Ende findet diese Form asymmetrischer Freundschaften mitunter auch, wenn die Vorstöße der »Schmachtigall« zu aggressiv und zu häufig werden. Garantiert aber beschwört sie die letzte Klappe des Dramas herauf, indem sie die Partnersuche des platonischen Teils der Zweierkonstellation (aktiv) torpediert. Zum Beispiel könnte sie …

- Unwahrheiten über die potenziellen Prinzen / Prinzessinnen in die Welt setzen.
- immer dann einen Notanruf tätigen, wenn ein Date ansteht, beziehungsweise den Freund / die Freundin so stark in Beschlag nehmen, dass ihm / ihr keine Zeit mehr für das Suchen und Finden der Liebe bleibt.
- versuchen, Mister Right / Miss Perfect beim ersten Zusammentreffen zu dissen oder wegzumobben.
- ein Eifersuchtsdrama aufführen.
- der Konkurrenz Gewalt, Repressalien, Rufmord androhen.
- Anstrengungen unternehmen, das soziale Umfeld des Buddies gegen die Kandidaten / Kandidatinnen aufzuhetzen.
- versuchen, eine Entscheidung »er / sie oder ich« herbeizuzwingen.
- der anderen Seite die Partnersuche und alle möglichen Partner madigmachen oder ihr ein schlechtes Gewissen einreden.
- androhen, die Freundschaft im Falle einer anderweitigen Bindung aufzukündigen.
- selbst wieder eine massive »Werbekampagne« starten.

Nehmen Sie sich Zeit für das Suchen und Finden der Liebe

Anke, 41, Unternehmerin:
»Ich sehne mich zwar nach einer Partnerschaft, aber ich habe einfach zu wenige Möglichkeiten, Mister Right kennenzulernen. Da ich gerade dabei bin, einen Catering-Service für größere Events aufzubauen, arbeite ich fast jeden Tag von frühmorgens bis spät in die Nacht. Und wenn ich ausnahmsweise mal ein Date habe, werde ich häufig noch von meinen Mitarbeitern wegen irgendwelcher logistischen Probleme angerufen, was für mein Gegenüber auch nicht gerade prickelnd ist.«

Martina, 48, homöopathische Ärztin
»Meine Mutter kann ihren Haushalt nicht mehr komplett alleine bewältigen. Nach meiner Sprechstunde fahre ich immer noch zu ihr, um sie zu unterstützen. An den Wochenenden nehme ich sie öfter ganz zu mir oder mache Ausflüge mit ihr, damit sie ein wenig aus ihren vier Wänden herauskommt. Und nebenbei will ja auch mein Riesenhaus noch in Ordnung gehalten werden. Das Thema Partnersuche habe ich momentan völlig hintangestellt.«

Blanka, 37, technische Angestellte:
»Ich bin alleinerziehende Mutter von drei kleinen Kindern. Mein Mann ist bei einem Autounfall ums Leben gekommen, und meine Eltern leben in Tschechien. Das heißt, ich bin für den Nachwuchs fast rund um die Uhr alleine im Einsatz. Beim Ausgehen sitze ich immer irgendwie auf heißen Kohlen, weil zu Hause etwas passieren könnte. Um im Internet jemanden zu finden, verbringe ich dort viel zu wenig Zeit. Sowieso sind online meine Kinder praktisch schon ein K.-o.-Kriterium.«

Suse, 28, Verlagsvolontärin:
»Mir speziell Zeit nehmen für die Partnersuche?! Wieso? Entweder
Amors Pfeil trifft mich oder nicht. In dieser Hinsicht verlasse ich
mich ganz auf das Schicksal.«

Schon Ihr Schuhkauf kann sich zu einer recht zeitintensiven
Angelegenheit auswachsen, obwohl eigentlich nur vier bis fünf
Kriterien bei der Auswahl eine Rolle spielen: Die Fußbeklei-
dung sollte Ihnen gefallen, bequem sein, dem aktuellen Mode-
trend entsprechen, in preislich erschwinglichen Dimensionen
liegen und vielleicht noch von Ihrem Lieblingsdesigner stammen. Beim Suchen und Finden der Liebe wird Ihr männliches
Gegenüber dagegen teilweise bewusst, teilweise unbewusst mittels eines ganzen Kriterienkatalogs auf seine Prinzentauglich-
keit hin gecheckt: Gefällt er mir? Genügt er meinen charakterlichen Maßstäben? Steht er finanziell auf eigenen Füßen? Teilt
er zumindest einen Teil meiner Interessen? Ist er frei von Altlasten? Welches Frauenbild vertritt er? Kann er dauerhaft Nähe
aushalten? Zeigt er Initiative? Kommuniziert er mit mir auf
einer gemeinsamen Wellenlänge? Eignet er sich zum Familienvater? Und, und, und!
Dieser winzige Auszug lässt Sie schon erahnen, wie viele Frösche Sie küssen und entsprechend Zeit Sie investieren müssen,
bis Sie nur annähernd den Königssohn in Ihr Schloss bekommen.
Und jetzt die schlechte Nachricht: Mit dem Fröscheküssen allein, sprich Dating, ist es noch lange nicht getan. Davor müssen
Sie noch die geeignetsten Jagdreviere für die potenziell ver-
wandlungsfähigen Amphibien aufspüren und die geeigneten
Vehikel, wie Sie sie zum Abschuss beziehungsweise Abkuss
bringen können. Nicht zu vergessen die Köder, die Sie notwen-
digerweise auszulegen haben, um die glitschigen Gesellen anzu-

locken. Und nach dem Prinzen-Casting haben Sie noch die lästige Pflicht, das ganze Heer der falschen Frösche ins Wasser zurückzuwerfen, wogegen sich manch einer der Verschmähten mit allen vier Füßen zur Wehr setzt. Gehen Sie also davon aus, dass in den nächsten Wochen, Monaten oder gar Jahren mehrere Abende pro Woche für das Vorspiel, das Nachspiel und das eigentliche Testknutschen draufgehen werden.

Als Voraussetzung dafür sollten Sie über ein nahezu unbegrenztes Zeitkontigent verfügen. Die Konkurrenz, besonders im World Wide Web, ist gigantisch. Ich wundere mich immer wieder, wie es berufstätige Frauen schaffen, bei Parship, ElitePartner und Co. oder in sozialen Netzwerken praktisch Tag und Nacht nicht nur online, sondern auch aktiv zu sein. So mal im Vorbeigehen können Sie denen kaum die Honigtöpfe streitig machen. Vor allem, weil sie auch zuvor schon die Muße hatten, die ansprechendsten Profile zu verfassen und die besten (fotogeshoppten) Bilder von sich zusammenzustellen.

Vom Zeitfaktor her ziemlich ungünstige Settings für die Pirsch nach Mister Right und den Aufbau einer Partnerschaft sind:

- Prüfungssituationen (zum Beispiel vor Staatsexamen, Diplom- oder Aufnahmeprüfungen)
- Pflege eines Elternteils oder sonstiger Familienangehöriger
- Großziehen von Kleinkindern als Alleinerziehende ohne tragendes soziales Netzwerk
- Phasen beruflicher Überbeanspruchung, Neuausrichtung, Etablierung wie etwa den Einstieg in die Selbständigkeit
- Langwierige und/oder schwerwiegende juristische Auseinandersetzungen
- Wohnungs-, Haus-, Arbeitsuche, Hausbau und Renovierung/Sanierung

- »Professionelle« Vorbereitung auf einen sportlichen Wettkampf
- Situation unmittelbar vor und unmittelbar nach einem größeren Umzug
- Mehrfachbelastungen, wenn etliche der oben genannten Faktoren zusammentreffen

Bei den meisten der Settings wie Umzug, Prüfungsvorbereitungen oder Jobsuche würde ich Ihnen eindeutig raten, nicht parallel dazu noch auf Partnersuche zu gehen, sondern damit zu warten, bis sie vorüber sind.

Schwieriger wird es schon, wenn die ungünstige zeitliche Situation über Jahre anhalten kann, weil man zum Beispiel Kinder großzieht. Dann wäre dieser Rat sogar unter Umständen kontraproduktiv, weil in einer zu ausgedehnten Single-Phase die Bindungsfähigkeit beeinträchtigt werden könnte. Mir sind bei meiner Arbeit als Single-Coach schon relativ viele alleinerziehende Mütter untergekommen, die ihre Sprösslinge nach dem Weggang oder Tod des Kindsvaters alleine großgezogen und darüber völlig den Kontakt zum anderen Geschlecht verloren hatten. Zum Teil fanden sie nie mehr den Drive zurück ins Dating-Leben. Vermutlich würde auch ein neuer Partner, der als ein aktiver Teil der Patchwork-Familie fungiert, zu einer Entlastung der »Vollzeitmama« beitragen. Daher möchte ich Ihnen, **sofern Ihr Status gegenwärtig noch Single mit Nachwuchs ist, gerne ein paar Tipps** geben, wie Sie ihn mittels geringstmöglichen Zeiteinsatzes beenden können:

- Schaffen Sie sich ein soziales Netzwerk aus alleinerziehenden Frauen, die sich gegenseitig ermöglichen, auf Prinzenpirsch zu gehen, indem sie die Kinder reihum beaufsichtigen.
- Stellen Sie Ihre Antennen am Arbeitsplatz auf Empfang.

Flirten und dabei gleichzeitig noch Geld verdienen, was kann es Besseres geben? Außerdem wissen die männlichen Kollegen, die sich für Sie interessieren, schon von vorneherein, dass Sie nur im Paket zu haben sind. Nachteil: Sie müssen dafür in Kauf nehmen, dass es unter Umständen unangenehm wird, wenn die Mission Büroliebe scheitert.

- Laden Sie Freundinnen und Freunde regelmäßig zu sich nach Hause ein, und bitten Sie sie, interessante Single-Männer aus ihrem Bekanntenkreis oder ihrer Verwandtschaft mitzubringen. Vorteil: Die Kandidaten lernen gleich völlig unverbindlich Ihre Kinder kennen, und Sie können ihre Reaktion auf sie beziehungsweise ihren Umgang mit ihnen beobachten.

- Der Geheimtipp, um mit Wochenendpapas leicht und unverbindlich ins Gespräch zu kommen, sind Freizeitparks, Zoos, McDonald's oder Spielplätze am Samstag oder Sonntag. Sie könnten sie zum Beispiel bitten, ein lustiges Erinnerungsfoto von Ihnen zusammen mit Ihrem Nachwuchs zu schießen. Und noch leichter wird's, wenn die Sprösslinge sich »vermischen«.

- Lassen Sie bei gleicher Qualifikation nur Single-Handwerker die Renovierungs- oder Reparaturarbeiten in Ihrer Wohnung vornehmen. Dabei ergeben sich für Sie und den Prinzen »frei Haus« unzählige Flirtmöglichkeiten.

- Besuchen Sie Events, bei denen Sie innerhalb eines überschaubaren Zeitrahmens eine beträchtliche Anzahl von männlichen Solitären kennenlernen können, wie Single-Cooking oder Running Dinner. Vorteil speziell der beiden genannten Vehikel der Entsingelung: Sie treffen auf Kandidaten, die das Rüstzeug haben oder zumindest erwerben möchten, um Sie später zu bekochen.

Nutzen Sie kostenpflichtige Medien
der Entsingelung

Esther, 38, Psychiaterin:
»Mein Job ist sehr anstrengend. Wenn ich ehrlich bin, habe ich abends nicht noch große Lust, den PC anzuwerfen, um auf irgendwelchen Partnerportalen Mister Right zu suchen, geschweige denn durch Kneipen oder Discos zu ziehen. Bis dort richtig der Bär steppt, müsste ich eigentlich schon wieder im Bett liegen, weil mein Wecker um 5 Uhr klingelt. Und am Wochenende möchte ich oft einfach nur ausspannen. Infolgedessen hatte ich den Entschluss gefasst, mein Liebesglück in die Hände einer klassischen Partnervermittlung zu legen. Der Spaß kostete mich das kleine Vermögen von 5200,– Euro, und rumgekommen ist dabei gar nichts. Was mir dort an vermeintlich niveauvollen Herren angeboten wurde, finde ich auch bei ›Bauer sucht Frau‹. Ich dachte sogar zeitweise darüber nach, diese Halsabschneider zu verklagen, aber letztlich hielt mich der Peinlichkeitsfaktor davon ab. Jedenfalls würde ich als ›gebranntes Kind‹ niemals mehr Geld für die Partnersuche ausgeben.«

Amy, 41, medizinische Fußpflegerin:
»Es gibt so viele kostenlose Angebote, um einen Kerl kennenzulernen, warum sollte ich also einen Haufen Kohle dafür ausgeben? Meistens ist das doch sowieso nur Beutelschneiderei! Außerdem möchte ich mir Liebe nicht kaufen.«

Carola, 52, Sozialpädagogin:
»Also, ich finde, die Einsamkeit der Menschen auszunutzen und sich damit eine ›goldene Nase‹ zu verdienen, ist eine ziemliche Schweinerei. Wenn ich daran denke, dass viele Partnervermittler und Betreiber von Flirtportalen im Internet sich riesige Villen auf Kosten ihrer

Kunden hinstellen, kommt mir echt das Kotzen. In meiner Nachbarschaft wohnt so eine Kuppeltante, die hat einen roten Porsche, einen grünen Jaguar und einen schwarzen Geländewagen vor der Tür stehen. Die nutzt sie abwechselnd, wahrscheinlich jeweils passend zur Farbe ihrer Kostümchen.«

Es verwundert mich wenig, dass zwei der drei Damen, die zu Wort kommen, Carola und Esther, klassische Partnervermittlungen als Grund dafür anführen, kein Geld (mehr) in ihre Partnersuche investieren zu wollen. Tatsächlich habe ich von den Mitgliedern meines Single-Treffs schon die übelsten Geschichten über die Machenschaften der professionellen Matchmaker gehört. Eine ältere Dame zum Beispiel erzählte mir, eine Vermittlerin habe sie am frischen Grab ihres verstorbenen Mannes zu überreden versucht, Mitglied in ihrem Institut zu werden. Finanziell richtig ans Eingemachte ging es bei einer geistig leicht zurückgebliebenen Kundin, die einer Heiratsagentur vertrauensselig auf Heller und Pfennig die Höhe ihrer Ersparnisse mitteilte. Genau diese Summe – es waren rund 8000 Euro – wurde dann als »Beratungshonorar« fällig. Ein anderes weibliches Opfer berappte zwar »nur« 1800 Euro, erhielt dafür aber auch null Komma null Leistung, weil sich die Kuppler einfach aus dem Staub gemacht hatten.

Diese Liste der Grausamkeiten könnte ich noch unendlich fortführen, aber die angeführten Beispiele genügen bereits, um aufzuzeigen, dass Partnervermittlung hierzulande ganz im Gegensatz zum angloamerikanischen Raum alles andere als seriös ist. Ich wage zu behaupten, dass maximal fünf Prozent aller Anbieter einigermaßen sauber arbeiten. Der Rest sind Halsabschneider und Glücksritter.

Nichtsdestoweniger rechtfertigt das größtenteils kriminelle Geschäftsgebaren eines Berufsstandes nicht gleich die Verteufelung

aller kommerziellen oder semikommerziellen Vehikel der Entsingelung. Im Gegenteil würde ich Ihnen sogar eher dazu raten,
gebührenpflichtige Möglichkeiten zu nutzen, denn wie sagt der
Kölner so schön: »Wat nix kost, dat taugt nix.« Darin steckt viel
Wahres. Aus meiner langjährigen Erfahrung mit Singles kann
ich Ihnen sagen, dass das Motto »Geiz ist geil« beim Suchen und
Finden der Liebe wenig Aussicht auf Erfolg verspricht, besonders wenn Sie – das darf hier wohl vorausgesetzt werden – gewisse Ansprüche an Ihren zukünftigen Herzbuben hegen.
»Mann genügt«, dürfte gewiss nicht Ihr Beuteschema sein.
Welten liegen etwa zwischen privaten Single-Stammtischen
und professionellen Single-Clubs, was das Niveau der Besucher
beziehungsweise Mitglieder betrifft. Das hängt zum Teil damit
zusammen, dass die Stammtische oft eine im wahrsten Sinne des
Wortes Schnapsidee ihrer Initiatoren sind, nach dem Motto:
»Wir könnten ja mal eine Anzeige aufgeben.« Entsprechend
liegt ihnen gewöhnlich keinerlei Konzept zugrunde. Die Teil-
nehmer/-innen sitzen am Gründungsabend meist herum wie bestellt und nicht abgeholt, während die »Vorsitzenden« krampfhaft versuchen, dem Ganzen eine Struktur zu geben. Teils aus
Frust darüber, teils weil sie den Begriff »Stammtisch« allzu
wörtlich nehmen, kippen sich einige der Gäste mittelschwer bis
gnadenlos einen hinter die Binde. Ihre ersten Ausfallserschei-
nungen bilden dann das Aufbruchssignal für die etwas geho-
bene Klientel, spätestens aber beim zweiten oder dritten Treffen
ist sie komplett verschwunden. Erscheint irgendwann einmal
wieder ein »Hochkaräter«, so handelt es sich um einen Irrläufer.
Der Besuch eines solchen Kreises lohnt also für Sie allenfalls zur
konstituierenden Sitzung. Danach sinkt sein Niveau schnell unter das Ihres heimischen Laminatbodens.
Gut geführte professionelle Single-Clubs zeichnen sich dagegen
schon durch gewisse Auswahlkriterien ihrer Mitglieder aus.

Drogenprobleme etwa sind genauso wenig erwünscht wie unflätiges Benehmen oder gar Übergriffigkeit. Das mag zwar bei »Stammtischen« auch der Fall sein, nur besteht hier meist die Krux, dass die Initiatoren kein Hausrecht haben und eine Entfernung von »Störenfrieden« nur ungleich schwerer durchgesetzt werden kann. Gerade für Sie als Frau, die Ihr Prinzen-Casting ohne (größere) Belästigungen genießen möchte, dürfte die gezielte Vorauswahl einen unschätzbaren Vorteil darstellen.

Weiters können Sie bei den »Profis« insgesamt von einer besseren Organisation sowie höheren Durchführungswahrscheinlichkeit der geplanten Unternehmungen ausgehen. Was nützt es Ihnen andererseits, wenn zwar die Veranstaltungen der Single-Stammtische nichts kosten, dafür aber ständig wegen Mangels an Teilnehmern/-innen ins Wasser fallen? Mister Right kann Ihnen so jedenfalls dort kaum je über den Weg laufen.

Bei kostenlosen und -pflichtigen Partnerbörsen im World Wide Web hat zwar jeder Anbieter »Hausrecht«, nur handhaben es vermutlich die Zahlportale strenger. Verstoßen hier Kunden/-innen massiv gegen die Netikette, etwa in Form von Beleidigungen oder sexuellen Übergriffen, so liegt es bei Beschwerden der Opfer im ureigensten Interesse der Betreiber, sie zu sperren. Ansonsten drohen den betroffenen Unternehmen neben einem Imageverlust auch wirtschaftliche Einbußen durch den Exodus der seriösen User. Durch ein höheres Ausschlussrisiko, verbunden mit dem Verlust der bereits bezahlten Beiträge, werden sich indes die »Wildsäue« zweimal überlegen, ob sie tatsächlich einem Zahlportal beitreten oder bereits als Mitglied dort die Sau auch herauslassen sollten.

Bezüglich Print-Anzeigen rate ich Ihnen, Geld in die Hand zu nehmen, indem Sie selbst inserieren, anstatt als Offertenschreiberin zu agieren, weil so Sie (!!!) die Auswahl haben und nicht »nur« eine von womöglich Dutzenden Zuschriften sind. Zudem können Sie in der eigenen Annonce ganz klar Ihre (!!!) Partner- und Partnerschaftswünsche zum Ausdruck bringen.

Innerhalb der kostenpflichtigen Medien der Partnersuche hängen Ihre Erfolgsaussichten auch sicher damit zusammen, welchen finanziellen Einsatz Sie dafür erbringen. Von einem »Ein Euro-Stammtisch« – das ist ein gängiger Obolus pro Abend – können Sie nicht so viel erwarten wie von einem kommerziellen Single-Club, bei dem eine stattliche Aufnahmegebühr sowie ein mindestens zweistelliger Jahresbeitrag fällig werden. Ebenso steigen die Leistungen kostenpflichtiger Partnerportale im Internet mit der Höhe ihrer »Honorare«. Und im wahrsten Sinne des Wortes sparsame Kontaktanzeigen-Zweizeiler dürften wohl auf erheblich weniger Resonanz stoßen als ein »kapitaler« Zwölfzeiler. Ausnahmen bestätigen bei alldem natürlich wieder die Regel. Das heißt, es besteht kein absoluter Automatismus, dass teurer auch besser ist.

Ganz abwegig finde ich Amys Argument, »Cashflow« bei der Partnersuche bedeute, sich Liebe kaufen zu wollen. Geld dient hier meiner Auffassung nach nicht dazu, sich Liebe zu kaufen, was ohnehin unmöglich ist, sondern sich mehr und bessere Möglichkeiten zu eröffnen.

Noch weniger nachvollziehen kann ich Carolas Kritik am Geschäft mit der Einsamkeit. Was würden Sie als Single dazu sagen, wenn es plötzlich kein Speed-Dating, kein Running-Dinner, kein Single-Cooking, keine Internet-Vermittlung, keine Single-Partys und Single-Reisen mehr gäbe, um nur einige gebührenpflichtige Möglichkeiten der Entsingelung zu nennen? Konsequent zu Ende gedacht, müssten dann auch alle Bordelle geschlossen werden, was vermutlich die Vergewaltigungsrate dramatisch in die Höhe schießen ließe. Und selbst über kommerzielle Filme zum Thema Partnersuche wie Bridget Jones und »Sex and the City« dürften Sie nicht mehr lachen. Das wäre doch wirklich mehr als schade!

Lieben Sie die Männer

Meike, 37, Tierpflegerin, besitzt wohl die größte Sammlung an männerfeindlichen Texten, Karikaturen und Witzen des gesamten Universums. Ihre Einzelstücke schickt sie nur allzu gerne als E-Mail-Anhang durch die unendlichen Weiten des Internets. Ob sie die Empfänger damit amüsiert oder einfach nur nervt, tangiert sie eher peripher. In ihrer Single-Gruppe liebt es Meike, das »starke« Geschlecht in launiger Manier durch den Kakao zu ziehen. Da sie als Faktotum gilt und inzwischen so etwas wie Narrenfreiheit genießt, kann ihr niemand wirklich böse sein. Ein Mann hat sich aber bisher dann noch nicht in amouröser Absicht an sie herangewagt.

Barbara, 51, Jugendrichterin, nimmt aus diversen Tanzlokalen regelmäßig Männer mit zu sich nach Hause, um sie zu vernaschen. Wenn sich ihre intimen Gespielen dann am nächsten Morgen auf Nimmerwiedersehen aus dem Staub machen möchten, hält sie ihnen in epischer Breite vor, dass sie sie nur für ein Bettabenteuer ausgenutzt hätten. Nicht selten münden ihre Strafpredigten auch in wüsten Beschimpfungen.

Ira, 46, Lohnbuchhalterin, ist, wo sie geht und steht, auf Krawall mit der Herrenwelt gebürstet. Nur ein falsches Wort von einem Mann, und sie gerät völlig aus dem Häuschen. Sogar an ihrem Chef reibt sie sich ständig, indem sie alles besser weiß. In ihrer Single-Gruppe holt sie sich durch ihre konfrontative Art gegenüber dem anderen Geschlecht regelmäßig eine blutige Nase. Gleichzeitig jammert sie darüber, dass sie schon fünf Jahre allein ist.

Anabell, 34, Boutiqueninhaberin, lockt beim Weggehen im Stile eines Vamps mit all ihren weiblichen Reizen Männer zu sich, die sie überhaupt nicht interessieren, um ihnen dann genüsslich einen Korb zu verpassen. Manchmal wettet sie mit ihrer besten Freundin, wem das an einem Abend öfter gelingt.

Auf die Frage einer Frau in einem Brief an ihn, wie sie einen Mann finden könnte, antwortete einst der systemische Psychotherapeut und Autor Bert Hellinger lapidar: »Liebe die Männer, dann wird dich einer finden.« Die größten Wahrheiten sind oft die einfachsten; das ist auch hier wieder so. Leider werden sie von Pseudo-Beziehungsexperten wie dem Schweizer Unternehmer Roman Maria Koidl in seinem männerverteufelnden Buch »Scheißkerle« nur allzu gerne unterminiert, um weibliche Leser zu ködern. Davon abgesehen, dass er damit die holde Weiblichkeit in die emanzipatorische Steinzeit zurückwirft – Frauen en gros als reine Beziehungsspielbälle und Opferlämmer der Männer gab es zuletzt vielleicht noch in den fünfziger Jahren des letzten Jahrhunderts –, treibt er einen tiefen Keil zwischen die Geschlechter. Wenig hilfreich, um als Brückenbauer zwischen Adam und Eva zu fungieren, sind gewiss auch Liedtitel, die Männer als Schweine titulieren und selbst Ausnahmen davon negieren. Wobei »Die Ärzte« mit ihrem launigen Geträller im Gegensatz zu dem Machwerk von Koidl aber glücklicherweise nicht den Anspruch erheben, ernst genommen zu werden. Insgesamt ist in den Medien derzeit eine starke Tendenz zu beobachten, die Spezies XY als bindungsphobische Beziehungskrüppel, Widerlinge und Dating-Deppen darzustellen.

Auf fruchtbaren Boden stoßen die Brandstifter des Geschlechterhasses aber natürlich nur, wenn die weiblichen Zielobjekte ihrer Manipulationsversuche schon negative bis traumatische Erfahrungen mit dem anderen Geschlecht gemacht haben. Eine glücklich verheiratete Ehefrau würde dadurch gewiss nicht zur Amokläuferin gegen die holde Männlichkeit.

Bei Meike aus den Fallgeschichten ist der Hintergrund ihrer zwar lustig verpackten, aber dennoch deutlich erkennbaren Ressentiments gegenüber Männern ihre geschiedene Ehe mit einem Alkoholiker, der sie regelmäßig körperlich misshandelte und vergewaltigte. Offenbar hatte bis dato weder die Zeit noch eine Therapie auch nur annähernd all ihre dadurch geschlagenen seelischen Wunden geheilt. Ihre »Kampagne« gegen die Herrenwelt – Ausdruck von Meikes Bindungsängsten – dient unbewusst dazu, sich ihre Vertreter vom Leib zu halten, und mit der humorigen Art ihrer Inszenierung überspielt sie den Frust, dass tatsächlich alle Prinzenkandidaten sie meiden.

Barbara ist lange Zeit immer wieder von Männern ausgenutzt worden, die ihr die große Liebe für ein ganzes Leben versprachen und in Wirklichkeit nur für eine Nacht meinten. Nun hat sie versucht, sich umzupolen, indem sie vermeintlich selbst nur noch auf die »schnelle Nummer« abzielt. Wenn die Männer nach dem ursprünglich avisierten One-Night-Stand wieder verschwinden wollen, wird ihr jedoch schlagartig bewusst, dass sie doch im Tiefsten ihres Herzens mehr von den Begegnungen erwartet. Aufgrund dessen erlebt sie ein innerliches Déjà-vu, indem sie sich benutzt fühlt. Das erklärt ihre Wutausbrüche gegenüber ihren intimen Gespielen.

In Iras Fall liegt ein sexueller Missbrauch durch einen Nachbarn über mehr als ein halbes Jahrzehnt hinweg vor. Er fand sein Ende nur darin, dass ihr Peiniger seinerzeit in eine andere Stadt umzog. Seitdem hat sie ein zutiefst ambivalentes Männerbild, einerseits geprägt von Abscheu, Wut und Hass und andererseits von Faszination, Attraktion und Liebe. Ihre männeraffinen Anteile verbirgt sie hinter ihren offenen Aggressionen in Richtung der Herrenwelt. Dass sie damit noch mehr Abschreckungspotenzial schafft als Meike mit ihren eher launigen Frotzeleien steht völlig außer Frage.

Anabell wurde als Kind und Jugendliche ständig von Jungs gehänselt, weil sie figürlich relativ unförmig war. Heute, da sie geradezu eine Traumfigur hat, zahlt sie den Männern ihre früheren Demütigungen durch ihren »Korbsport« bis auf den letzten Heller zurück. Wie ihre »Leidensgenossinnen« Meike, Barbara und Ira bedürfte Anabell gezielter psychotherapeutischer Unterstützung, um Versöhnung mit der Herrenwelt zu finden, geschweige denn sich ihr wieder (bedingungslos) partnerschaftlich öffnen zu können.

Zur Auseinandersetzung mit Ihrem eigenen Männerbild können Ihnen folgende Leitfragen wichtige Impulse geben. Falls Sie viele der Fragen mit »Ja« beantworten, wäre es womöglich auch sinnvoll, therapeutisch an seiner Verbesserung zu arbeiten. Ansonsten werden Sie immer wieder vor potenziellen Herzbuben davonlaufen oder sich in sie verbeißen.

1. Fällt es Ihnen schwer, eine Liste mit positiven Eigenschaften des starken Geschlechts zu erstellen, und wie viele Punkte bekommen Sie zusammen? (Machen Sie die Probe!)
2. Gibt es Männer, die Sie aufgrund schlechter Erfahrungen in der Vergangenheit hassen oder gegen die Sie zumindest tiefe Ressentiments hegen?
3. Haben Sie negative Erinnerungen an Ihren Vater und andere nahe männliche Bezugspersonen in Ihrer Kindheit und Jugend?

4. Gibt es Männer des öffentlichen Lebens, historische Gestalten inklusive, denen Sie geistig-moralischen Vorbildcharakter attestieren würden?

5. Sehen Sie in Männern grundsätzlich eine Gefahr, oder können Sie ihnen relativ unbefangen begegnen?

6. Ergötzen Sie sich an männerkritischer beziehungsweise -feindlicher Literatur?

7. Empfinden Sie regelmäßig Rachegelüste gegen bestimmte Vertreter der Herrenwelt?

8. Erwischen Sie sich immer wieder dabei, die Männer in Ihrem Umfeld ungerecht zu behandeln?

9. Ist es Ihnen wichtig, die Oberhand über Vertreter der Spezies XY zu gewinnen?

10. Spielt das Thema Kampf in Ihrem Umgang mit dem anderen Geschlecht eine zentrale Rolle?

11. Würden Sie die Aussage unterschreiben: »Alle Männer sind Schweine«?

12. Betrachten Sie die Aussagen von Männern grundsätzlich kritischer als die von Frauen?

13. Haben Sie Angst, sich einem Mann wirklich zu öffnen?

14. Geraten Sie in Diskussionen immer wieder heftig mit Männern aneinander?

15. Lästern oder klagen Ihre Freundinnen häufig über das »starke« Geschlecht?

16. Erwischen Sie sich öfter dabei, Männern alleine schon aus Prinzip zu widersprechen?

17. Bereitet es Ihnen Schwierigkeiten, Männern einen Vertrauensvorschuss entgegenzubringen?

18. Empfinden Sie Schadenfreude für die Missgeschicke von Männern?

19. Geben Sie Männern Signale, sich ihnen zu nähern, um sie dann wieder zurückzustoßen?

20. Würden Sie oft alle Männer am liebsten auf den Mond schießen oder an der tiefsten Stelle des Meeres versenken?

Gehen Sie konstruktiv mit Ihrem Single-Dasein um

Saskia, 42, technische Zeichnerin:

»Wenn ich in einer Beziehung bin, koche ich leidenschaftlich gerne für meinen Partner, oft sogar richtige Menüs. In meinen Single-Phasen bleibt die Küche meistens kalt. Mittags esse ich dann Kantinenfutter, und abends vor dem Fernseher ziehe ich mir regelmäßig meine Frustschokolade oder Chips rein. Das geht dann immer ganz schön auf die Rippen. Sobald ich wieder einen Kerl kennenlerne, ist als Erstes eine Diät fällig.«

Ariane, 34, Anwalts- und Notariatsgehilfin:

»Ich empfinde das Single-Dasein als einen Makel. Daher ziehe ich mich ohne Partner ziemlich zurück. Muss ja nicht gleich jeder sehen, dass ich mal wieder allein bin. Im stillen Kämmerlein werde ich dann noch depressiver, und an der Haustür wird der Prinz wohl auch kaum klingeln. Ich weiß inzwischen durch meine Therapie, dass ich mir dadurch selbst schade, aber bisher habe ich noch keinen Ausweg aus meinem Dilemma gefunden.«

Brigitte, 51, Exportkauffrau:

»Alkohol ist mein Sanitäter in der Single-Not. Ernsthaft, ich trinke zu viel. Besonders an diesen elendig langen Wochenenden, wenn mal wieder keine meiner Freundinnen Zeit hat, weil sie alle für ihre Kerle strammstehen müssen. Das klingt wütend; ist es auch. Aber ich fühle mich oft so verdammt einsam.«

Linda, 43, Diätassistentin:
»Ich kann als Single gar nichts richtig genießen, was mir zu zweit riesigen Spaß bereitet: kein Konzert, kein Kino, kein Kneipenbummel. Sogar die Selbstbefriedigung macht mir weniger Spaß, wenn ich keinen Partner habe. Ich frage mich ernsthaft, ob das noch normal ist oder ob ich schon ein Fall für die Couch bin.«

Noch immer betrachten sich nicht wenige Singles als minderwertig gegenüber Gebundenen und bestrafen oder kasteien sich aufgrund dessen unbewusst selbst. Die einen stopfen tonnenweise minderwertige Lebensmittel in sich hinein, wie Saskia, die anderen verschieben ihr Leben bis zur nächsten Partnerschaft, indem sie den Rückzug in ihr Single-Schneckenhaus antreten (Ariane) beziehungsweise jeder Form von Genuss abschwören (Linda). Brigitte nimmt mit ihrem Alkoholmissbrauch sogar irreversible körperliche Schäden in Kauf. Durch ihr Verhalten tun sich die betroffenen Solitäre in doppelter Hinsicht keinen Gefallen. Abgesehen davon, dass sie ihr Single-Dasein verderben, verringern sie auch ihre Chancen auf eine erneute Bindung. Frustfressen, -rauchen oder -saufen hinterlassen mittelfristig optische Spuren, was den Marktwert beträchtlich zu beeinträchtigen vermag. Zudem macht die permanente Unzufriedenheit mit dem Single-Status gewiss nicht attraktiver. Last, but not least machen sich Einspänner häufig selbst nieder, indem sie, anstatt durch Worte ihre Seele zu streicheln, reihenweise negative Affirmationen vom Stapel lassen wie:

- »Ich bin unter lauter Paaren ständig nur das fünfte Rad am Wagen.«
- »Ohne Partner fühle ich mich nur als halber Mensch.«
- »Allein macht mir nichts wirklich Freude.«
- »Mich will sowieso keiner.«

- »Ich glaube, dass ich langsam merkwürdig werde.«
- »Das Single-Dasein bringt nur Nachteile mit sich.«
- »Kein Schwein ruft mich an.«
- »Ich bin so schrecklich einsam.«
- »Die Angst, alleine alt zu werden, macht mich traurig.«
- »Es ist frustrierend, überall nur glückliche Paare zu sehen.«
- »Als Single frage ich mich manchmal, wofür ich überhaupt lebe.«
- »Mir ist es echt peinlich, dass ich schon so lange allein bin.«

Die Sätze sind ein giftiges Gemisch aus subjektiver Wahrnehmung, einseitiger Betrachtung und depressivem Denken. Natürlich sind nicht nur glückliche Pärchen unterwegs. Natürlich bietet das Single-Dasein nicht nur Nachteile. Und natürlich ist nicht nur partnerschaftliches Leben sinnvoll. Aber indem die negativen Affirmationen von den Einspännern immer wieder heruntergebetet werden, entwickeln sie sich zur Selffulfilling Prophecy. Wenn ich mich ständig mit der Frage beschäftige, ob ich schon merkwürdig bin, werde ich auch irgendwann merkwürdig, ebenso werde ich irgendwann als Single tatsächlich an nichts mehr Freude haben, wenn ich mir nur lange genug einrede, dass das Leben alleine trist und öde ist. Dass durch die destruktiven Einstellungen gegenüber dem Solistenschicksal auch wieder die eigene Attraktivität leidet, bedarf wohl kaum einer Erwähnung. Spaßbremsen, Einsiedler und Pessimisten sind einfach im Meer der einsamen Herzen nicht gefragt.

Dabei könnten Sie als Fahrerin auf der Negativschiene **die Affirmationen** leicht **in positive Bahnen lenken,** indem Sie sie umformulieren:

- »Schön, dass ich etwas mit meinen befreundeten Paaren unternehmen kann.«

- »Ich bin alleine genauso wertvoll wie gebunden.«
- »Das Single-Dasein bietet mir unzählige Möglichkeiten für Genuss.«
- »Viele Vertreter des anderen Geschlechts finden mich attraktiv.«
- »Meine kleinen Eigenarten und Marotten machen mich zu etwas Besonderem.«
- »Als Single genieße ich Vorteile, zum Beispiel bin ich niemandem Rechenschaft schuldig, mein Bad gehört komplett mir, und ich kann stundenlang ungestört mit meinen Freundinnen telefonieren.«
- »Es ist ganz schön, auch mal seine Ruhe zu haben, um sich auf sich selbst besinnen zu können.«
- »Meine Einsamkeit stellt eine Herausforderung und Chance für mich dar, neue Kontakte zu knüpfen.«
- »Wenn meine Zeit gekommen ist, werde ich mich ganz sicher wieder binden.«
- »Glückliche Paare machen mir Hoffnung, selbst eines Tages die große Liebe zu finden.«
- »Um mein Leben sinnvoll zu gestalten, brauche ich nicht unbedingt einen Partner an meiner Seite. Das kann ich genauso gut allein.«
- »Ich bin stolz darauf, schon so lange und so zufrieden auf eigenen Füßen zu stehen.«

Eine Alternative zur kognitiven Umstrukturierung, also der Umpolung Ihres Kopfkinos, stellt der **Gedankenstopp** dar, das ist eine Methode aus der Verhaltenstherapie. Sagen Sie, sobald destruktive Gedanken bezüglich Ihres Single-Daseins länger als fünf Minuten in Ihrem Sorgenkarussell zu kreisen beginnen, laut »stopp«. Machen Sie sich anschließend locker, und denken Sie bewusst an etwas Angenehmes, zum Beispiel an wunder-

volle Begegnungen und Erfahrungen in der Zeit Ihrer Partner-
losigkeit. Die ablenkende Wirkung des »Stopp« wird noch verstärkt, indem Sie sich etwa einen Gummiring um das Handge-
lenk legen, ihn spannen und dann loslassen, so dass Sie einen
leichten körperlichen Schmerz verspüren. Das laut artikulierte
»Stopp« ersetzen Sie letztendlich durch ein gedankliches, wenn
Sie über genügend Übung in der Technik verfügen.

Sind Sie in der Lage, Ihr Denken in Richtung eines konstrukti-
ven Umgangs mit Ihrem Solistenschicksal zu lenken, schlagen
Sie zwei Fliegen mit einer Klappe. Erstens wird Ihr vorüberge-
hendes Alleinsein zu einer Phase der Entwicklung, der Selbst-
findung und des Genusses. Und zweitens bereiten Sie dem Prinzen, der bereits auf dem Weg zu Ihnen ist, das Schloss.

BRINGEN SIE IN ERFAHRUNG,
WAS MÄNNER WIRKLICH WOLLEN

Pia, 37, Bauzeichnerin:
*»Ich glaube, dass Männer auf große Oberweite stehen. Unter Dop-
pel-D wirst du als Frau heute kaum noch beachtet. Das ist vielleicht
ein bisschen übertrieben, aber irgendwoher muss dieser Silikonwahn
doch kommen. Ich habe B-Cups und denke ehrlich gesagt auch schon
seit einiger Zeit darüber nach, etwas an meinen Brüsten machen zu
lassen.«*

Lola, 33, Berufsschullehrerin:
*»Eine Frau darf fast alles sein, außer intelligent und selbstbewusst.
Die meisten Typen suchen ein hübsches Dummchen, das zu ihnen
aufschaut und keine eigene Meinung hat. Wehe, du wagst es, beim*

Date einem Kerl zu widersprechen. Dann hast du gleich verloren. Aber nur um nicht einsam zu sterben, werde ich ganz bestimmt kein Frauchen. Ein bisschen Rückgrat habe ich schließlich auch noch.«

Doreen, 40, Maskenbildnerin:
»Viele Männer suchen das karierte Maiglöckchen; eine Frau, die gleichzeitig den Vamp und die brave Ehefrau gibt. Abends im Bett noch das komplette Kamasutra durchzuexerzieren, wenn du dich vorher neben den anderen häuslichen Pflichten noch im täglichen Kampf mit den Kindern aufgerieben hast, ist eben nicht so einfach. Oft falle ich in Tiefschlaf, sobald ich mich nur hinlege.«

Silvia, 48, Sozialversicherungsfachangestellte:
»Ich gerate immer wieder an Männer, die von vorne bis hinten bedient und verhätschelt werden wollen. Entweder es gibt immer noch viele Paschas, oder mir steht irgendwie auf der Stirn geschrieben ›Nutz mich aus‹. Vielleicht sollte ich bei der Partnersuche einfach mal mein Helfersyndrom zu Hause lassen.«

Zum Thema weibliche Brüste beim Suchen und Finden der Liebe ist so viel zu sagen: Im Gegensatz zu Pias Auffassung entscheiden sie nicht über Sein oder Nichtsein; vor allem nicht ihre Größe. Die absolute Mehrheit der vielen tausend Männer, die ich in meiner Berufstätigkeit zur Wunschoberweite ihrer zukünftigen Partnerin befragt habe, gaben mir die berühmte Handvoll an Busen zu Protokoll. Dass ein Vertreter des starken Geschlechts Körbchengröße Doppel-D favorisiert beziehungsweise darin sogar oberste Priorität sieht, kommt vielleicht in einem von hundert Fällen vor. Allerdings sind die Herren in meinem Single-Kreis fraglos überdurchschnittlich intelligent, und meiner Erfahrung nach sinkt die Fixierung auf ein bestimmtes optisches Merkmal fast proportional mit der Zunahme der Geisteskraft, sprich, nur ziemlich beschränkte Typen machen ihr zweisames Glück etwa von wasserstoffblonden Haaren oder einem Atomvorbau abhängig. Kluge Köpfe machen sich wohl auch eher über die Folgen des Überwuchses bei ihrer Herzdame Gedanken: ständige Rückenschmerzen und Schläuche bis zum Bauchnabel, wenn der Kampf gegen die Schwerkraft erst verloren ist. Eine andere Theorie besagt, dass besonders schwach verwurzelte Männer dem Big-Tits-Kult frönen, weil sie in den Brüsten, dem Ursymbol des Mütterlichen, einen Halt sehen. Je mehr Mamma also, desto mehr Geborgenheit. Klingt irgendwie logisch. Egal, ob einfach gestrickt oder labil, die Fans von Mega-Boobs braucht Frau nun wahrlich nicht. Wenn Sie wie Pia mit dem Gedanken spielen, der Natur plastisch operativ nachzuhelfen, sollten Sie sich ernsthaft die Frage stellen, ob Sie ausgerechnet diesen Typen gefallen möchten.

Grundsätzlich stellt es für Männer kein Problem dar – hier irrt Lola –, wenn ihnen Frauen widersprechen. Im Gegenteil, eine gewisse Unangepasstheit der holden Weiblichkeit finden sie sogar äußerst reizvoll. Nur ist es bei der Prinzenjagd taktisch unklug, die Renitenz gleich kilometerweit heraushängen zu lassen, weil der Königssohn dahinter Zickigkeit und Besserwisserei wittert. Lassen Sie den Tiger also erst aus dem Tank, wenn Sie das Objekt Ihrer Begierde schon fest am Haken haben. Dafür müssen Sie wahrlich nicht gleich Ihr Rückgrat opfern, sondern einfach nur heiter über die eine oder andere kleinere verbale Kröte Ihres Herzbuben hinwegsehen.

Ziemlich wirklichkeitsfremd ist auch Lolas Behauptung, Männer suchten nur hübsche Dummchen ohne Selbstbewusstsein als Partnerin. Die Zeiten, in denen Frauen dem »starken« Geschlecht nur zu Repräsentationszwecken dienten und ihm den

Rücken für die eigene berufliche Karriere freizuhalten hatten, sind zum Glück längst vorbei. Der moderne Mann wünscht sich eine starke und kluge Gefährtin an seiner Seite, um das Leben in einer immer komplexer werdenden Welt gemeinsam zu meistern. Dass auch heute viele Paare intellektuell noch nicht komplett in einer Liga spielen, hängt damit zusammen, dass Julia immer noch gerne ein wenig zu ihrem Romeo aufschaut; fraglos ein Relikt aus der Evolutionsgeschichte. Umgekehrt funktioniert die Konstellation gewöhnlich nur in guten Zeiten. Wird die Beziehung konfliktiv, lässt Frau Mann ihre Überlegenheit verletzend deutlich spüren und verliert jeglichen Respekt vor ihm. Für hochqualifizierte Evastöchter wie Lola stellt es natürlich ein schwerwiegendes Problem dar, noch einen Partner zu finden, der geistig mindestens auf Augenhöhe mit ihnen liegt, weil die Luft dort oben dünn ist. In der Fachsprache wird dieses Phänomen – vermutlich Ursache von Lolas Frustration – nach der früheren amerikanischen Außenministerin Condoleeza-Rice-Syndrom genannt; leider der unausweichliche Preis weiblicher Klugheit. Das Dummchen zu mimen oder sich den Verstand wegzusaufen kann ja wohl ebenso wenig die Alternative sein, wie sein Heil in einem dumpfen Toy-Boy zu suchen.

Silvia mutmaßt sicher richtig, dass sie Paschas durch ihr Mutter-Teresa-Charisma anlockt. Eigentlich gehören sie nämlich eher zu einer aussterbenden Spezies. In der U50-Generation der Männer kann wohl kaum noch einer ihrer Vertreter ernsthaft erwarten, völlig von allen haushaltlichen Pflichten freigestellt zu sein und daneben noch eine Rundumbedienung zu genießen. Gewiss sind Windelwechseln, Waschen und Co. noch immer nicht gleichmäßig auf die Geschlechter verteilt, aber die Herrenwelt beteiligt sich heute überwiegend ganz selbstverständlich daran. Im Gegenzug erwartet sie von ihren Partnerinnen, dass

- 36 % nicht richtig wüssten, was sie wollten,
- 9 % bei der Pirsch nach Mister Right Spielchen spielten,
- 27 % jegliche Kompromissbereitschaft fehlen ließen,
- 6 % physische oder verbale Grenzen überschritten,
- 14 % nur auf ihren eigenen Vorteil schauten,
- 8 % zu viel sprächen oder sogar einen Monolog hielten,
- 39 % zu großes Augenmerk auf das Aussehen von Männern legten,
- 37 % überkritisch seien,
- 23 % nur Gesprächsthemen draufhätten, die sie nicht interessierten,
- 45 % zu wenige eindeutige Flirtsignale aussendeten,
- 7 % schlechte Manieren zeigten,
- 17 % ständig nur die Konfrontation suchten,
- 39 % überhöhte Erwartungen an einen potenziellen Partner hegten.

Obwohl die Untersuchungen beileibe nicht repräsentativ sind, so zeigen sie doch einen Trend, wo Romeo Verbesserungspotenzial des Marktwertes bei Julia sieht, und decken sich auch überwiegend mit meinen eigenen Beobachtungen. Zunächst einmal, die ganz großen Dating-Desaster, indem sie Männern gleich an die Wäsche wollen, verbal Grenzen überschreiten, Fremdschämen verursachen oder gute Manieren vermissen lassen, verursachen Frauen kaum je. Kein Wert erreicht in diesem Bereich nur annähernd die Zehn-Prozent-Marke. Die Basics stimmen also im Großen und Ganzen beim »schwachen« Geschlecht. Das gilt auch für die optischen Parameter wie Figur, Frisur oder Kleidung. Hier bleibt noch nicht einmal jede fünfte Vertreterin der Spezies XX unter ihren Möglichkeiten. Vielleicht wird Sie gerade dieses Ergebnis überraschen, dachten Sie doch, es seien eher die »äußeren Werte« der holden Weiblichkeit dafür verantwortlich, wenn es mit dem Suchen und Finden der Liebe haperte. In Wirklichkeit liegt aber der Hase anderswo im Pfeffer.

Nach Meinung der männlichen Solitäre besteht das größte Manko ihrer weiblichen Pendants insgesamt gesehen in mangelnder Klarheit. Zum einen legten sie Ambivalenz hinsichtlich ihrer Wünsche beziehungsweise Absichten (36 %) an den Tag, und zum anderen signalisierten sie ihre Paarungsbereitschaft allenfalls missverständlich (45 %), wobei natürlich ersteres letzteres häufig bedingt. Seltenes Lächeln oder Lachen (31 %) kann sicher zumindest teilweise diesem Problemfeld zugeordnet werden. Der Vorwurf, dass die Single-Damen (bewusst) Spielchen spielten, wird indes nur gegen eine kleine Minderheit von 9 % erhoben. Neben dem Bereich »Klärung« besteht »femininer« Handlungsbedarf womöglich im Akzeptanzverhalten. Laut meiner Testgruppen sezieren sie 37 % aller Frauen förmlich beim Dating. Sogar noch mehr von ihnen (39 %) sind angeblich mit dem verfügbaren Männerangebot unzufrieden und hegen illusorische Erwartungen an einen zukünftigen Partner. Stellt sich allerdings für mich infolge meiner langjährigen Erfahrung die nestbeschmutzerische Frage, ob nicht meine Geschlechtsgenossen tatsächlich reichlich wenig in die zweisame Waagschale zu werfen haben und deshalb einer kritischen Betrachtung nur schwerlich standhalten können. Sofern 17 % der Frauen deshalb ständig auf Krawall gebürstet sind, ist das noch nachzuvollziehen. Andernfalls sollten sie sich Gedanken über ihre eigene Befindlichkeit und / oder ihr Männerbild machen. Einer gewissen Oberflächlichkeit dergestalt, dass sie die Optik und den materiellen Status ihres zukünftigen Herzbuben als Auswahlkriterium überbewerteten, werden 39 beziehungsweise 35 % der »Junggesellinnen« bezichtigt. Den Trend zu einer gewissen »Veräußerlichung« des Prinzen-Castings muss ich leider widerspruchslos bestätigen. Nur einen hinteren Mittelfeldplatz im Kummerkasten der Herrenwelt belegt weiblicher Egoismus. Bloß 14 % der Frauen wurde männlicherseits attestiert, dass sie auf ihren Vorteil schauten. Eine gewisse Selbstsucht spricht vielleicht auch aus der Wahl von Gesprächsthemen, die das Gegenüber nicht interessieren (22 %). Richtig aufhorchen lässt indes wieder der Liebestöter »Kompromisslosigkeit«, der gut jede vierte Frau (27 %) betrifft.

So weit die Statistik. Sie untermauert eindrucksvoll meine anfängliche Behauptung, dass die große Mehrheit der holden Weiblichkeit bereits über einen hohen Marktwert in Liebesangelegenheiten verfügt. Vielleicht tangiert Sie auch keines der angesprochenen Problemfelder Ihrer Geschlechtsgenossinnen, dann umso besser! Vielleicht aber bringt Sie der eine oder andere Aspekt zum Nachdenken insofern, als Sie darin bei sich noch Optimierungsbedarf erkennen. Jedenfalls ist es doch ganz beruhigend, wie nah Sie vermutlich als Frau schon dem Status »Miss Perfect« sind.

SPECIAL:

Du darfst so bleiben, wie du bist – wo Männer überhaupt keinen Aufrüstungsbedarf bei Frauen zur Marktwertsteigerung sehen.

Intimes Repertoire:
Entgegen aller Mythen wollen Männer sexuell nicht ständig das Kamasutra neu schreiben, sondern stehen auf Bewährtes, wie beim Lieblingsessen, das immer wieder schmeckt. Tantra- und Sadomaso-Kurse können Sie sich also getrost sparen.

Intellekt:

Geistig hat die Frau Mann längst überholt. Das stellt schon jetzt ein Problem dar, weil Frauen gerne ein wenig zu ihren Partnern aufschauen, zumindest aber nicht auf sie herabschauen möchten. Jetzt müssten eher die Männer wieder nachrüsten.

Körperpflege:

Ich habe noch nie von einem Mann gehört, dass eine Frau ungeduscht oder mit Trauerrändern unter den Fingernägeln zum Date erschienen ist. Umgekehrt war das schon häufiger der Grund für den Kontaktabbruch.

Verbale Kommunikationsfähigkeit:

Beim »schwachen Geschlecht« reicht das Sprachvermögen noch immer für den »einen geraden Satz« entweder mündlich oder schriftlich. Beim »starken« hapert es nicht selten an beidem.

Nonverbale Kommunikationsfähigkeit:

Wundervoll zu beobachten, wie befreundete Frauen in meinen Single-Gruppen durch Gestik und Mimik gemeinsam ihr Urteil über neue Männer fällen. Und die bekommen davon absolut nichts mit.

Selbstkritik:

Ein Mann glaubt auch dann noch, die leibhaftige Wiedergeburt von Adonis zu sein, wenn seine direkte Abkunft von Quasimodo längst erwiesen ist. Eine Frau muss schon mindestens die aktuelle Miss World sein, um mit ihrer Optik einigermaßen zufrieden zu sein.

Taktgefühl:
Wetten, dass Frank Elstners Glasauge niemals Gesprächsgegenstand bei den Dates mit einer seiner drei späteren Ehefrauen war? Pamela Anderson hingegen wurde sicher von Prinzenkandidaten schon öfter gefragt, ob ihre Brüste echt seien.

Empathie:
Männer verfügen zwar potenziell über genauso viel Einfühlungsvermögen wie Frauen, machen davon aber weniger Gebrauch als sie. Die holde Weiblichkeit kann etwa schon am Schreien ihres Nachwuchses erkennen, welche Bedürfnisse er hat.

BESCHREITEN SIE NEUE WEGE BEIM SUCHEN UND FINDEN DER LIEBE

Cordula, 33, Monteurin:
»Jeden Abend, wenn ich meinen Laptop ausschalte, schwöre ich mir, nie mehr im Internet auf Partnersuche zu gehen. Aber dann lasse ich mich doch immer wieder von neuen Kontaktanfragen locken. Ich weiß gar nicht, wie lange ich schon online Ausschau nach Mister Right halte, aber vier Jahre sind es bestimmt. Und wen habe ich bis jetzt kennengelernt? Verheiratete, Beziehungsgeschädigte, Depressive, Lügner, Alkoholiker, Casanovas, Bekloppte, Muttersöhnchen, also echt die absoluten Burner. Beziehungstechnisch ist auch kaum was dabei rumgekommen. Mehr als ein paar One-Night-Stands und kurze Affären war nicht.«

Rebekka, 39, selbständige Buchhändlerin:
»Eigentlich hasse ich Speed-Dating, weil ich eher ein bedächtiger Typ bin und mir diese Art von Fleischbeschau gegen den Strich geht. Aber andererseits habe ich zu wenig Freizeit, um regelmäßig Single-Treffs zu besuchen oder mir die Nächte in Diskotheken um die Ohren zu schlagen. Vielleicht sollte ich mich mal ganz in Ruhe hinsetzen und mir über neue Möglichkeiten Gedanken machen, wie ich an den Mann kommen könnte.«

Dorit, 44, Steuerfachgehilfin:
»In meiner Stammkneipe habe ich meine große Liebe kennengelernt. Irgendwie glaube ich, dass der Traumprinz dort eines Tages noch einmal durch die Tür geritten kommt, um mich mit auf sein Schloss zu nehmen. Vielleicht ist es aber auch ein wenig die Macht der Gewohnheit, dass ich an den Wochenenden fast nie woanders hingehe, obwohl das Publikum in den letzten Jahren schon ziemlich stark nachgelassen hat.«

Eingefahrene Wege bei der Pirsch nach dem Prinzen stellen eine Komfortzone dar, die zu verlassen Überwindung kostet. Besonders das Internet lädt zum dauerhaften Verweilen ein, weil zur Kontaktaufnahme mit dem anderen Geschlecht noch nicht einmal das schützende Nest verlassen werden muss und dort Körbe aufgrund der Anonymität weniger schmerzen. Mehrere Zurückweisungen in der Öffentlichkeit zu erleben führt durch den Peinlichkeitsfaktor natürlich eher dazu, die entsprechende Örtlichkeit zukünftig als Jagdrevier zu meiden. Selbst wenn ein Single im Netz noch nicht das Stadium der Schmerzfreiheit erreicht hat, wiegt wie bei Cordula der Kick ständig neuer Kontaktanfragen die Frustrationen (mehr als) auf.
Aber auch Stammlokalitäten können leicht eine Art Suchtstatus erreichen, indem sie etwa Erinnerungen an Paarungserfolge

bergen. Dorit hat in ihrer Stammkneipe dereinst Mister Right kennengelernt und hofft fast schon magisch auf Wiederholung. Dass dort kein adäquates Publikum mehr verkehrt, vermag ihre innere Gewissheit nicht anzufechten, obwohl sie inzwischen den Aspekt Gewohnheit für ihr Verharren an dem wöchentlichen Ausgehziel schon erkennt.

Rebekkas Festhalten am Entsingelungsmedium Speed-Dating hat alleine zeitliche Gründe. Der Traum, auf diesem Weg in den Hafen der Liebe einzufahren, ist bei ihr längst ausgeträumt, und zumindest denkt sie schon darüber nach, zu diesem Zweck neue Wege zu beschreiten. Das verwundert kaum, da sie im Gegensatz zu Cordula und Dorit, die aus ihren Single-Börsen- beziehungsweise Kneipenbesuchen zumindest noch einen gewissen Lustgewinn ziehen, keinerlei Freude an den Prinzen-Castings im Zehn-Minuten-Takt empfindet.

An anderer Stelle habe ich Ihnen geraten, sich auf ein Vehikel der Königssohnhatz zu fokussieren. Damit ist aber keineswegs Nibelungentreue bis zum letzten Blutstropfen, sondern vielmehr die Konzentration für eine gewisse Dauer gemeint. Wenn sich während dieser Zeit ein jagdliches Hilfsmittel als völlig unpassend oder ineffektiv erweist, sollten Sie es kurzerhand einmotten. **Um Ihr aktuell genutztes Pirschmedium dem Tanglichkeitscheck zu unterziehen, können Sie folgende Leitfragen heranziehen:**

- Bin ich wirklich davon überzeugt, dass mich das Medium beim Suchen und Finden der Liebe zum Erfolg führen kann, oder hege ich ernsthafte Zweifel daran?
- Liegt mein Fokus noch voll auf dem Medium, oder halte ich bereits nach alternativen Möglichkeiten Ausschau?
- Steht das bisher mittels des Mediums Erreichte in einem ge-

sunden Verhältnis zu der Zeit, der Energie und den finanziellen Aufwendungen, die ich dafür erbringe, oder investiere ich in ein Fass ohne Boden?

- Nutze ich das Medium, einmal abgesehen von seiner Effektivität, gerne oder eher »gezwungenermaßen«?
- Bildet Eigenmotivation die Grundlage dafür, dass ich mich dem Medium verschrieben habe, oder betreibe ich die Partnersuche darüber als Mitläuferin beziehungsweise auf Drängen Dritter?
- Hat das Medium zuletzt an Attraktivität und Wirksamkeit eingebüßt, oder bietet es noch immer dasselbe Niveau und dieselben Bindungschancen wie früher?
- Entspricht das Medium meinen Fähigkeiten, Begabungen und Neigungen, oder läuft es ihnen vielleicht sogar diametral entgegen?
- Kann ich die mediumspezifischen Frustrationserlebnisse wegstecken, oder werfen sie mich aus der Bahn?
- Lassen mich überwiegend irrationale Gründe (magisches Denken, Angst vor neuen Wegen) an dem Medium festhalten oder logisch nachvollziehbare (hohe Erfolgsstatistik, Empfehlungen anderer aufgrund eigener positiver Erfahrungen)?
- Vertraue ich dem Medium und dessen Anbietern grundsätzlich, oder befürchte ich dahinter eine fiese Abzocke?

2.
Vom Suchen und Finden der Liebe

Schauen Sie über die kleinen Flirtsünden des »starken« Geschlechts hinweg

Karin, eine Mittfünfzigerin, erzählte letztens in einer meiner Single-Gruppen, dass sie im Schwimmbad intensiven Blickkontakt mit einem attraktiven reiferen Herrn gehabt habe. Der Augenflirt setzte sich bis in die Cafeteria fort, und eine Balzoffensive stand wohl unmittelbar bevor. Dann aber bestellte sich der vermeintliche Prinz bei der Bedienung ein Weizenbier, und damit war die Messe für Karin gelesen. Sie schnappte sich ihre Badetasche und ging. Auf die gleichermaßen entsetzte wie verwunderte Frage eines anderen Gruppenmitglieds nach dem Warum antwortete sie, ein Kerl, der schon am Nachmittag trinke, komme für sie nicht in Frage, weil sie das schon mit ihrem Ex durchhabe.

Fraglos ist es nicht gerade geschickt von einem Mann, bei der Vorbereitung zum Paarungstanz Alkohol zu konsumieren, da viele Frauen in dieser Hinsicht gebrannte Kinder sind. Nichtsdestoweniger war Karins Reaktion völlig überzogen und zeigte ihre reaktive Intoleranz gegenüber »Prozentigem«.
Möglicherweise wollte sich der Herr ein wenig Mut antrinken und war ansonsten so trocken wie ein Guttempler. Oder ihm war nach langer Zeit einfach mal wieder nach einem kühlen Blonden zumute. Jedenfalls besuchte er weder meine Single-Gruppen, in denen er die »Prohibitionsempfehlung« hätte bekommen können, noch las er vermutlich Flirtratgeber, weil das Männer auf freier Wildbahn gewöhnlich einfach nicht tun. Gehen Sie also bei Ihrer Prinzenjagd davon aus, dass Ihnen überwiegend Königssöhne über den Weg laufen, die beim Kontakten von Tuten und Blasen keine Ahnung haben. Oder: mehr oder weniger unbedarft sind.

Leider findet in Fragen der Flirtkompetenz auch nicht, wie in so vielen Bereichen, ein Angleichungsprozess zwischen Männlein und Weiblein statt, sondern die Schere geht immer weiter auseinander. Infolgedessen werden meiner Erfahrung nach 90 Prozent aller Flirttodsünden und lässlichen Fauxpas vom »starken« Geschlecht begangen. Aber wo hört der lässliche Fauxpas auf, und wo fängt die unverzeihliche Todsünde an?

Lassen wir ein paar Frauen zu Wort kommen, denen durch die Tolerierung bestimmter Fehltritte ihrer neuen Bekanntschaften der Sprung ins Liebesglück gelang. Vielleicht können sie Aufschluss über die Grenzen des gerade noch Erträglichen geben und Ihnen Vorbild für die Bewertung männlicher Lapsus sein.

Astrid, 43, Ernährungsberaterin:

»Dirk sprach schon beim ersten Date ziemlich intensiv über Sex. Normalerweise turnt mich so etwas total ab, und ich treffe mich dann nie wieder mit den Typen. Aber irgendwie fand ich die etwas linkische Art, mit der Dirk seine Vorstellungen von einem erfüllten Intimleben rüberbrachte, ziemlich drollig. Deshalb gab ich ihm eine zweite Chance. Seit gut einem Jahr setzen wir nun Dirks geschlechtliche ›Theorien‹ in die Praxis um. Übrigens ist er praktisch gottlob geschickter als theoretisch.«

Kirsten, 36, Fremdsprachenkorrespondentin:

»Eigentlich geht ja für mich die Kombination Birkenstocks und weiße Sportsocken überhaupt nicht, aber ich hatte mir fest vorgenommen, die Kerle nicht mehr nur nach ihrem Äußeren zu beurteilen. Und charakterlich war Martin ja echt erste Sahne. Ich ließ mich auf ihn ein, nicht zuletzt weil er mich so charmant umwarb. Klamottentechnisch haben wir einen Kompromiss gefunden. Zu Hause darf Martin seine Jesuslatschen tragen, und beim Weggehen sind schicke Schnürschuhe angesagt.«

Tanja, 41, Rechtspflegerin:
»Als wir uns das erste Mal zum Dinner verabredeten, verschlang Clemens sein Essen mit einem derartigen Affenzahn, dass mir beim Zusehen fast übel wurde. Und ich lege eigentlich großen Wert auf kulinarischen Genuss. Ich fragte ihn spaßig, ob er Angst vor Mundraub habe. Damit lag ich gar nicht so verkehrt, denn ich fand heraus, dass er als jüngstes von acht Geschwistern immer glaubte, um seinen Anteil am ›Braten‹ kämpfen zu müssen. Ich gab ihm Zeit, seine Essgewohnheiten zu verändern, und Sie werden es kaum glauben, inzwischen ist er fast ein größerer Gourmet als ich.«

Felicitas, 53, Lehrerin:
»Bis mich als Berufskommunikatorin jemand totredet, muss schon einiges passieren, aber Rolf gelang dieses Kunststück im Verlaufe unseres ersten persönlichen Beschnupperns. Ich führte seinen übertriebenen Redefluss auf Nervosität zurück und dachte mir insgeheim: ›Bürschchen, dich bekomme ich schon noch ruhig.‹ Nun sind wir seit drei Monaten zusammen, und die Redeanteile sind echt gleichmäßig verteilt.«

ZEIGEN SIE DEN FLIRTTODSÜNDEN DES »STARKEN« GESCHLECHTS SOFORT DIE ROTE KARTE

Nach einem vergeblichen Rundruf an alle in Frage kommenden Single-Freundinnen, mit ihr auf Prinzenjagd zu gehen, hatte Lisa, 34, allen Mut zusammengenommen und sich alleine ins samstägliche Nachtleben gestürzt. In einer unter einsamen Herzen ziemlich angesagten Kneipe suchte sie sich einen Platz an der Theke, um nicht wie hingestellt und nicht abgeholt zu wirken. Nach etwa einer Stunde blies ein 50-jähriger Junggeselle zum Überraschungsangriff in Lisas Richtung.

Ohne die geringste Einladung via Blickkontakt pirschte er sich von hinten an sie heran und packte plump ihre Schulter. Doch es wurde noch besser: Seine Gesprächseröffnung bestand darin, Lisa mitzuteilen, dass er sich schon eine ganze Weile gefragt habe, ob sie eine Professionelle sei. Nach einer kurzen Schockstarre nahm Lisa ihr halbvolles Cocktailglas in die Hand, um den Inhalt dem unverschämten Vollpfosten kurzerhand ins Gesicht zu schütten. Daraufhin verließ sie unverzüglich den Ort des Geschehens.

Als Lisa die Geschichte in ihrer Single-Gruppe erzählte, stieß ihre heftige Reaktion gegenüber dem Trampeltier auf breite Zustimmung der übrigen Mitglieder, sogar der Männer. Auch ich fand sie mehr als berechtigt. Manche Verbalinjurien sind einfach so krud, dass sie einer »physischen« Abstrafung bedürfen. Bei anderen reicht wiederum der »einfache« Platzverweis in Form eines deutlichen verbalen Korbes. Wenn Sie sich damit schwertun, weil Sie selbst dem größten Dreckskerl keins vor den Latz knallen möchten, ist durchaus auch die Methode legitim, sich über den Umweg zum Klo heimlich davonzuschleichen.

Da mich besonders meine Klientinnen häufig fragen, welche Verhaltensweisen ihrer männlichen Bekanntschaften einen sofortigen Kontaktabbruch veranlassen sollten, habe ich eine Liste der **7 Flirt- und Date-Todsünden** erstellt:

1. Herummäkeln an der Optik

Kein Mensch dieser Welt hat das Recht, sich abwertend über Ihre leibliche Hülle auszulassen. Nicht Ihre Eltern, nicht Ihre Freundinnen und schon gar nicht ein Kerl, dem Sie vielleicht das erste Mal persönlich gegenübersitzen. Wenn Sie ihm fünf

Kilo zu schwer sind oder er Ihre Brüste zu klein findet, sollte er das tunlichst für sich behalten. Ansonsten begibt er sich auf das Niveau eines Grundschülers, der seine Klassenkameraden wegen irgendwelcher optischer Handicaps hänselt, oder auf das eines Lothar Matthäus, der am Äußeren seiner intimen Gespielinnen herummäkelt. Und das müssen Sie nun wirklich nicht haben, oder?

2. Physische Übergriffe

Dringende Fluchtpflicht ist bei Dates und Flirts mit Grabschern geboten. Wer manuell ohne jegliche vorherige »Ermunterung« massiv in Ihren Intimbereich eindringt, hat es nicht besser verdient, als kurzerhand stehengelassen zu werden. Zudem können Sie davon ausgehen, dass ein Kerl, der seine Triebe so wenig unter Kontrolle hat, auch bei Ihren Geschlechtsgenossinnen schnell Hand anlegen wird, sofern Sie sich doch auf ihn einlassen.

3. Unterirdische Manieren

Ein Krankenhausarzt, der Ihnen beim Essen von den Körperausscheidungen seiner Patienten erzählt, oder ein Ökobauer, der es très chic findet, jedem Schluck Selters einen krachenden Rülpser folgen zu lassen, stellt für Sie ebenso Zeitvergeudung dar wie ein Macho, der glaubt, für Sie im Restaurant mitbestellen zu können, ohne dass er Sie auch nur einen Blick in die Speisekarte hat werfen lassen. Machen Sie sich daher schnellstmöglich aus dem Staub!

4. Dritte (Personen) beim Date

Unangekündigt als »moralische Unterstützung« die Mama oder einen Kumpel zur Verabredung mitzuschleppen stellt eine schlichte Unverschämtheit dar. Ein Date ist eine intime »Veranstaltung« zwischen zwei Menschen, bei der Sie genauso wenig Zuschauer gebrauchen können wie beim Sex. Schon ein Hund an der Seite Ihrer neuen männlichen Bekanntschaft bedarf dringend Ihrer Zustimmung. Womöglich leiden Sie ja an einer Tierhaarallergie oder haben schlicht Furcht vor dem Vierbeiner. Dritte Personen kommen auch dann ins Spiel, wenn Ihr Gegenüber ohne Not Handy-Anrufe entgegennimmt, um sich vor Ihnen als erfolgreicher Geschäftsmann oder »Most wanted boy in town« wichtigzumachen.

5. Abschweifende oder ausziehende Blicke

Offenbar sind Sie nicht interessant genug für Ihren Date-Partner, oder er möchte sich alle Optionen offenhalten, so dass er seine Blicke ständig zu anderen attraktiven Damen an den Nachbartischen abschweifen lässt. Auf eine Pflichtveranstaltung seinerseits, womöglich aus falsch verstandener Höflichkeit, die in eine völlige Respektlosigkeit ausartet, können Sie nun wahrlich verzichten. Wenn er schon nicht den Hintern in der Hose hat, dem unwürdigen Trauerspiel ein Ende zu setzen, dann tun Sie es, noch bevor Ihr Selbstwertgefühl womöglich Schaden nimmt. Das »Hasta la vista, baby« ist auch bei Typen angesagt, die glauben, sie könnten intensiven Blickkontakt mit Ihren Brustwarzen oder Ihrem Schritt aufbauen.

6. Trunkenheit

Einen großen Gefallen tun Ihnen die Schnapsnasen, die schon voll wie eine Haubitze am Date-Treffpunkt erscheinen. Dann verlieren Sie nämlich keine weitere Zeit, und Sie können sich sofort auf Ihren Hacken herumdrehen und den Rückzug antreten. Eine etwas längere Prozedur steht Ihnen indes bevor, wenn sich die Saufbrüder erst im Laufe des Abends sukzessive die Kante geben. Es ist nicht immer ganz leicht, den richtigen Absprungspunkt zu finden. Als Faustformel kann gelten: Sobald die Artikulation des Gegenübers verwaschen wird und Sie die Situation als unangenehm zu empfinden beginnen, ist Matthäi am Letzten.

7. Katastrophen-Location

Ihr Blind Date hat Sie in ein Drecksloch von Kneipe bestellt, in dem zwielichtiges Gesindel verkehrt und der Wirt aussieht, als habe er jahrelang keine Badewanne mehr gesehen? Zu allem Überfluss lässt Sie die andere Seite auch noch warten? Sie bestellen sich ein Glas Wasser, das deutliche Lippenstiftspuren aufweist? Und einer der Schmuddeltypen an der Theke schaut schon ständig lüstern zu Ihnen herüber? Zahlen Sie sofort, und verlassen Sie die Kaschemme schnurstracks!

Offensichtlich hat Ihr verhinderter Herzbube keinerlei Augenmerk auf die Auswahl von geeigneten Lokalitäten für das erste persönliche Beschnuppern gelegt, geschweige denn war er vorher als Scout unterwegs und hat sich verschiedene Möglichkeiten angeschaut. Wenn Sie ihm so wenig wert sind, kann Ihr Motto nur lauten: Ab durch die Mitte.

Verteilen Sie Einladungen per Blickkontakt

Amelie, 39, rief auf Empfehlung einer guten Bekannten bei mir an, die in meinem Single-Kreis ihren Herzbuben kennengelernt hatte. Schon am Telefon klagte sie darüber, dass sie beim Weggehen fast nie ein Mann anspreche, obwohl alle ihre Freundinnen sagten, sie sei eine tolle Frau. Auf mich wirkte Amelie fernmündlich ein wenig unsicher oder zumindest verunsichert. Mit diesem Eindruck lag ich goldrichtig. Als ich sie zum persönlichen Gespräch an meiner Praxistür in Empfang nahm, war sie beim Shakehands nicht in der Lage, mir in die Augen zu schauen, und blickte verlegen an mir vorüber auf den Boden. Auch im Laufe der Beratungsstunde gelang es ihr kein einziges Mal, intensiveren Augenkontakt zu mir herzustellen. Die flirtigen drei Sekunden lagen weit jenseits ihrer Möglichkeiten. Allenfalls lugte sie für einen winzigen Moment verschämt in meine Richtung.

Ich konfrontierte Amelie mit ihrem Problem und erklärte ihr, dass der größte Teil der Herrenwelt eine Ermunterung via einladende Blicke unbedingt benötige, um eine Balzoffensive zu starten. In den folgenden Sitzungen stellte ich mich als Versuchskaninchen für Amelie zur Verfügung, um an ihrem »visuellen« Kommunikationsproblem zu arbeiten. Tatsächlich gelang es ihr infolgedessen nach eigenen Berichten, selbst auf freier Wildbahn besser das »Schau mir in die Augen, Kleiner« zu signalisieren. Und so stellten sich alsbald die ersten Männerbekanntschaften ein.

Blickkontakt ist nicht alles beim Paarungstanz, aber ohne Blickkontakt ist alles nichts. Sie können noch so sehr mit dem Popo wackeln, mit den Wimpern klimpern oder mit Ihren sexy Kurven paradieren; das alles wird im Winde verwehen, wenn Sie dem George-Clooney-Verschnitt an der Theke nicht eindeutig zu erkennen geben, dass Sie das ganze Schauspiel nur für ihn abziehen. Und die Gewissheit, gemeint zu sein, können Sie ihm nur verschaffen, indem Sie Ihren Blick in seine Richtung fokussieren; am besten noch unterstützt von einem entwaffnenden Lächeln. Alle anderen körpersprachlichen Flirtsignale stellen dann »nur« noch das Sahnehäubchen auf Ihrer Einladung zur verbalen Fühlungnahme dar. Ohne diese Offerte wird ein Mann von Sitte, Anstand und Ehre genauso ungern in Ihren persönlichen Bereich eindringen, wie er eine Feier besucht, bei der er nicht zu den geladenen Gästen gehört. Selbst vor einer Aufforderung zum Tanz holt sich XY gerne Ihre Einverständniserklärung mittels akkreditierenden Augenkontakts ein. Wenn Sie keine diesbezüglichen Einladungskarten verteilen, bleiben Sie im günstigeren Falle noch »unbemannt« und, Worst Case, wird bei Ihnen das Klientel vorstellig, das glaubt, auch ohne Sie einen Stich machen zu können: Volltrunkene, Grenzdebile und Anmachertypen. Übernehmen Sie daher das Heft des Handelns, indem Sie aussuchen, anstatt heimgesucht zu werden. Übrigens: Ganz egal, was daraus wird, britische Forscher haben festgestellt, dass schon der Blickkontakt mit einem unbekannten, attraktiven Menschen Glücksgefühle erzeugt.

Greifen Sie dem Schicksal ein wenig unter die Arme

Christina, 42, Verwaltungsangestellte, eine rassige Schönheit, hat beim Internet-Dating so ziemlich jede Enttäuschung erlebt, die Frau erleben kann: Typen, die anfangs ganz manierlich schienen und ihr dann ganz plötzlich per E-Mail an die Wäsche wollten, Verheiratete, die nur auf eine heiße Affäre aus waren, lebensuntüchtige Muttersöhnchen, Psychopathen verschiedenster Couleur und Bindungsphobiker in Reinkultur.

Als mich Christina einmal im Verlaufe eines Coachings fragte, warum sie immer wieder die absoluten Nieten ziehe, antwortete ich ihr lapidar: »Weil es so viele davon gibt.« Leider muss ich nach über 16 Jahren Arbeit mit Singles – auch wenn mich meine Geschlechtsgenossen dafür als Nestbeschmutzer brandmarken werden – feststellen, dass es höchstens ein Drittel beziehungsfähige Männer aber mindestens zwei Drittel beziehungsfähige Frauen gibt.

Jedenfalls beschloss Christina, völlig frustriert von ihren gesammelten Flops, die »Fahndung« nach Mister Right einzustellen und sich fortan nur noch auf Kommissar Zufall zu verlassen. Sie löschte ihr Profil in allen Internet-Partnerbörsen und zog sich in ihr stilles Kämmerlein zurück. Abgesehen, um an die Arbeit zu gehen, verlässt sie kaum noch ihre vier Wände. Insgeheim hofft sie, dass der Prinz irgendwann an ihrer Haustür klingeln wird.

Christinas neuerliche »Paarungsstrategie« erinnert mich ein wenig an den Cartoon mit dem Titel »Warten auf den Traummann«: Darin sitzt eine skelettierte Frau auf einer Parkbank. Die Wahrscheinlichkeit, dass Christina in ihrer Klause ebenfalls auf Godot wartet, halte ich für ziemlich groß. Die »märchenhaften« Zeiten, in denen Prinzen sich noch durch Dornenhecken arbeiteten, um verwunschene Prinzessinnen auf ihrem Schloss wach zu küssen, sind leider vorbei. Heute klingelt meist nur noch der Postbote an der Haustür, und der hat weder eine Krone auf, noch ist er auf Brautschau.

Wenn Sie sich ebenso wie Christina in Ihrem Single-Schneckenhäuschen verschanzt haben, wird es Ihnen auch wenig bringen, sich den Seelenpartner beim Universum frei Haus zu bestellen. Das Universum hat nämlich leider Wichtigeres zu tun, als Ihnen das passende Gegenstück auf dem goldenen Tablett zu servieren. Ich glaube zwar auch an den Einfluss schicksalshafter Mächte beim Suchen und Finden der Liebe, sonst würde Amors Pfeil sicher nicht so häufig ins Schwarze treffen, aber Sie können Ihrem Glück auch fraglos ein wenig auf die Sprünge helfen. Darunter verstehe ich ebenso wenig blinden Aktionismus wie sträfliche Passivität. Mein Ratschlag lautet vielmehr: **Begeben**

Sie sich unverkrampft dorthin, wo sich viele Singles tummeln. **Und** vor allem **signalisieren Sie** an den bevorzugten Treffpunkten der Einzeltierchen **Ihre Flirtbereitschaft:**

- Schenken Sie interessanten Männern ein Lächeln.
- Bauen Sie Blickkontakte auf.
- Kleiden Sie sich weiblich.
- Zeigen Sie eine offene Körperhaltung.
- Setzen Sie Ihre weiblichen Reize ein.
- Wählen Sie den »Platz an der Sonne«.
- Verbreiten Sie gute Stimmung.
- Führen Sie lockeren Small Talk.
- Verblüffen Sie durch außergewöhnliche Fragen.
- Verteilen Sie breit Komplimente und gezielt Kontaktdaten.
- Schauen Sie, wo Ihr Ratschlag oder Ihre Hilfe gebraucht wird.
- Geben Sie sich hilfsbedürftig.

Das alles hat überhaupt nichts mit Krampf und Kampf zu tun, sondern wirkt wunderbar flirtig. Glauben Sie mir, die Herrenwelt wird Ihre Ermunterungen zum Poussieren honorieren, indem sie sich in Legionen um Sie schart.

Lassen Sie sich von Ihren Lieben verkuppeln

Was ihre Ansichten betrifft, ist Alexandra, 36, ein echter Spezialfall. Wenn sie eine bestimmte Meinung zu einem Sachverhalt hat, lässt sie sich auch nicht durch Tatsachen vom Gegenteil überzeugen. So behauptet sie in ihrer Single-Gruppe regelmäßig stur und steif, dass private Vermittlungsversuche durch Freunde, Arbeitskollegen oder Verwandte niemals zum Liebesglück führen könnten, obwohl andere Mitglieder immer wieder davon berichten. Gerade kürzlich hat ein junger Mann seinen Abschied aus dem Treff gefeiert, dem seine Schwester ihre Walking-Partnerin im wahrsten Sinne des Wortes ans Herz gelegt hatte. Alexandra selbst reagiert ziemlich patzig auf jedwedes Ansinnen, für sie den Amor zu geben. Sie sieht darin nämlich einen massiven Eingriff in ihre Autonomie. Fast schon trotzig pflegt sie zu sagen: »Einen Kerl kann ich mir immer noch selber suchen; dafür brauche ich nicht die Firma Kuppel und Co.« Nachdem sich bereits einige Gruppenteilnehmer eine blutige Nase geholt haben, versucht schon seit langem niemand mehr, bei ihr mit Partnervorschlägen anzuklopfen.

Ich persönlich finde Alexandras Einstellung schade, weil sie sich dadurch eine gute Chance verbaut, auf Mister Right zu stoßen. Durch meine direkte Kontaktanbahnung haben inzwischen mehrere hundert Singles den Weg in die Zweisamkeit gefunden, und ebenso viele haben sich in meinen Gruppen gebunden, die ja auch nach dem Prinzip der Passgenauigkeit der Mitglieder zusammengesetzt sind. Das heißt, ich vergesellschafte dort bewusst Partnersuchende, bei denen es untereinander Klick machen könnte. Was »professionell« gelingt, kann genauso auch »privat« gelingen, was die Schilderung mancher Gruppenteilnehmer/-innen zeigt. Warum sollte nicht ein guter Menschenkenner auch ohne psychologische Ausbildung in der Lage sein, passende Paare zu »matchen«? Um passende Klamotten miteinander zu kombinieren, müssen Sie ja auch nicht unbedingt Farb- und Stilberaterin sein. Vermittlung hat sogar den Vorteil, dass dadurch der Faktor Betriebsblindheit etwa gegenüber pathologischen Bindungsschemata ausgeschaltet wird. Und zudem können Außenstehende Ihren Marktwert oftmals realistischer einschätzen als Sie selbst.

Ein gesundes Misstrauen sollten Sie allerdings gegenüber privaten Verkupplungsversuchen an den Tag legen, von denen Sie das Gefühl haben, dass dahinter nicht Wohlwollen, sondern Berechnung oder einfach nur schlechtes Gewissen steckt:

- Ihre Ausgehfreundin hat sich gerade gebunden und möchte Sie als »fünftes Rad am Wagen« beziehungsweise Konkurrenz um ihren neuen Partner loswerden.
- Ihre Eltern möchten Sie gerne aus dem Haus haben und arrangieren für Sie ein Date ähnlich wie in der Hollywood-Komödie »Zum Ausziehen verführt«, mit Sarah Jessica Parker und Matthew McConaughey, in der allerdings ein Mann der Nesthocker ist.
- Ihre Cousine hat Ihnen bei der gemeinsamen Prinzenjagd das Objekt Ihrer Begierde vor der Nase weggeschnappt und versucht nun, Ihnen schnell einen anderen Mann als Trostpflaster auf den Bauch zu binden.
- Eine Arbeitskollegin, die in Aufstiegskonkurrenz zu Ihnen steht, macht Sie seit neuestem ständig mit irgendwelchen Typen aus anderen Abteilungen bekannt, um Ihren Fokus ein wenig vom Job wegzulenken.
- Ihre Mitmieterin in der Studenten-WG spekuliert schon lange auf Ihr Zimmer. Daher lädt sie keine Hausbesetzer mehr in die gemeinsame Bude ein, sondern Hausbesitzer, die Sie aus der WG entführen sollen.
- Eine Freundin hat für Sie schon einen Urlaub mit mehreren Pärchen gebucht, und dummerweise sind Sie kurz davor wieder Single geworden. Nun hält die ganze Clique panisch und darüber hinaus noch ziemlich wahllos Ausschau nach einem »Ersatzmann« für Sie.

Besuchen Sie Ihre Jagdreviere regelmässig

Mareike, 38, aus Siegen:
»Ich liebe Hamburg. Wenn ich nicht mindestens drei-, viermal im Jahr Alsterluft schnuppern kann, bin ich richtig unglücklich. Vor einigen Wochen war ich mit meiner Cousine dort, um mir ›Hinter dem Horizont‹, das Udo-Lindenberg-Musical, anzuschauen. Nach der Vorstellung beschlossen wir, noch ein wenig die Stadt unsicher zu machen. Zu später Stunde hatte ich in einem Irish Pub intensiven Blickkontakt mit einem echten Wow-Typen. Ins Gespräch kamen wir jedoch nicht, weil er plötzlich verschwand. Ich war wahnsinnig enttäuscht, weil mich Amors Pfeil mitten ins Herz getroffen hatte. Am nächsten Tag stand leider die Abreise auf dem Programm, so dass ich keine Möglichkeit mehr hatte, die Fahndung nach meinem Prinzen einzuleiten. Zu Hause angekommen, setzte ich aber gleich alle Hebel in Bewegung, um schon am nächsten Wochenende wieder am Ort des Geschehens sein zu können. Tatsächlich saß ich sowohl am Freitag als auch am Samstag darauf den ganzen Abend in dem besagten Pub mutterseelenallein an der Bar und betete, dass Mr. Right erscheinen möge. Vergeblich, die ganze Aktion erwies sich als totaler Flop. Während meines nächsten ›regulären‹ Hamburg-Besuchs Monate später ging ich abermals in die Location. So ein Fünkchen Hoffnung glimmte nämlich noch immer in mir. Und diesmal kam es tatsächlich zu einem ›Hello again‹ mit meinem Schwarm, nur hatte er dabei eine hübsche Südländerin im Arm.«

Mareikes Chancen, das Objekt ihrer Begierde nach der »Begegnung« in dem Hamburger Pub dort (rechtzeitig) wiederzutreffen, bewegen sich fraglos nur im Promillebereich. Das liegt zum einen daran, dass sie aus Entfernungsgründen nicht in der Lage ist, die Location regelmäßig zu besuchen, und zum anderen daran, dass auch die andere Seite offensichtlich nicht jedes Wochenende auf Guinness und irische Live-Musik steht. Die Mission »Second Chance« scheitert also daran, dass beide Beteiligten zumindest keine Hardcore-Stammgäste der Kneipe sind. Als sie sich dann doch endlich aufzutun scheint, ist Mareikes Augenstern bereits anderweitig liiert.

Nicht immer ergibt sich für Sie die Möglichkeit, mit dem schnuckeligen Single-Mann in der Kneipe und im Club auch auf direkte Tuchfühlung zu gehen oder sogar nur einen Augenflirt zu beginnen, weil …

- er etwa als Arzt in Rufbereitschaft plötzlich zu einem Notfall gerufen wird.
- er wegen einer geschäftlichen Besprechung in der Location verweilt.
- er mit einem Blind Date am Tisch sitzt.
- er in die Fänge seiner besitzergreifenden Ex gerät.
- er von seinem Freund bereits zum Aufbruch genötigt wird.
- er gerade geht, wenn Sie kommen.
- er im Moment nicht in Flirtlaune ist.
- er (noch) keinen Mut hat, Sie anzusprechen.

Um all diese Flirtkiller zu eliminieren, rate ich Ihnen hinsichtlich Ihrer Jagdreviere, zum »Stammprinzip« zurückzukehren. Sie sollten also bestimmte Lokalitäten zu Ihren Stammlokalitäten für die Prinzenjagd küren. Das könnten etwa sein die Stammkneipe, die Stammdisco oder die Stammsauna. Neben der zweiten Chance zum amourösen Infight bietet Ihnen der Wiederholungsfaktor in Ihren »zweiten Wohnzimmern« noch einige weitere handfeste Vorteile für den Paarungstanz:

- Sie sind bestens mit dem Rhythmus Ihres Hangouts vertraut. Sie wissen, an welchen Tagen dort besondere Events stattfinden, Ihre Musik gespielt wird, am meisten los ist und um welche Uhrzeit die Stimmung gewöhnlich ihren Höhepunkt erreicht.

- Taucht Ihr potenzieller Herzbube dort regelmäßig ohne weibliche Begleitung auf und unternimmt unverhohlen Flirtversuche, so können Sie mit ziemlicher Wahrscheinlichkeit davon ausgehen, dass er Single ist. Ansonsten würde er nämlich an einem so öffentlichen Ort möglichst diskret zu Werke gehen, wenn ihm seine Kernbeziehung auch nur noch einen Deut wert wäre.

- In vertrauter Umgebung fühlen Sie sich aufgrund der »Heimspielsituation« beim Flirten sicherer, und Sie wissen bereits, wo dort die strategisch günstigsten Ausgangspunkte für den Balztanz liegen.

- Annäherungsversuche sind mit der ziemlichen Gewissheit, sich in der Location alsbald wieder über den Weg zu laufen, von dem Druck befreit, möglichst schnell an Kontaktdaten des Flirtpartners heranzukommen. Das gilt natürlich nur, wenn sich der Prinz in spe dort auch öfter tummelt.

- Unter Stammbesuchern bilden sich häufig lose soziale Netzwerke, die Ihnen dabei helfen können, mit dem Objekt Ihrer Begierde Kontakt aufzunehmen, indem sie vermittelnd auftreten. Außerdem fungieren sie als eine nützliche Informationsquelle über die andere Seite, etwa bezüglich Alter, Bindungsstatus oder Charakter.

- Funktionsträger der Lokalitäten wie Wirte und DJs werden eher Ihre Paarungsversuche unterstützen, wenn sie Sie bereits gut kennen, vorausgesetzt natürlich, Sie sind ein gerngesehener Gast.

- Die gemeinsame Geschichte in der Stammlokalität bietet Ihnen eine Vielzahl an Gesprächsaufhängern. Zum Beispiel könnten Sie in der Sauna einen Mann, der ebenfalls Stammbesucher ist, fragen, wie ihm die letzte Saunanacht oder das Pfefferminz-Salzpeeling am vorigen Sonntag gefallen hat.

- Sozialpsychologische Studien haben ergeben, dass Männer und Frauen, die sich ohnehin schon attraktiv finden, bei wiederholtem persönlichem Beschnuppern noch attraktiver füreinander werden. Vermutlich spielt dabei das Gefühl von wachsender Vertrautheit eine große Rolle. Wie auch immer, können Sie sich diesen Effekt in Ihren Stammlokalitäten zunutze machen.

Scharen Sie eine effektive Jagdgruppe um sich

Sally, 39, Vertriebsmitarbeiterin:
»Ich gehe regelmäßig mit meinem besten Freund Björn in die Sauna. Björn ist verknallt in mich, aber wir haben die Verhältnisse geklärt. Während der Aufgüsse merke ich manchmal schon, dass ganz schnuckelige Typen zu mir rüberschauen, aber nachher sprechen sie mich dann doch nicht an. Vielleicht liegt es an Björn, der mir wie ein Anstandswauwau fast nie von der Seite weicht. Ich glaube fast, er möchte dadurch sein Revier markieren. In der letzten Zeit bemerke ich auch öfter wieder seine verliebten Blicke.«

Jasmin, 35, Floristin:
»In den letzten Jahren haben so ziemlich alle meine engen Freundinnen geheiratet. Zum Glück gehen sie noch ab und zu mit mir aus, aber an Männerkontakten sind sie natürlich nicht mehr sonderlich interessiert. Deshalb landen wir auch häufig in Locations, wo echt keine vernünftigen Kerle verkehren. Außerdem folgen die braven Ehefrauen meistens schon beizeiten wieder dem Ruf des heimischen Körbchens.«

Daniela, 47, Podologin:
»Leider kenne ich nur Single-Frauen, die entweder keinen Partner suchen oder noch an ihren Verflossenen hängen. Daher muss ich häufig alleine um die Häuser ziehen. Das ist ziemlich frustrierend, besonders wenn ich überhaupt keinen Anschluss finde. Frauencliquen reagieren meist ziemlich abweisend, weil sie unter sich bleiben möchten oder Konkurrenz in mir wittern. Und Kerle, die in mir als einsame Streiterin Freiwild sehen, brauche ich ungefähr so sehr wie die Schweißfüße meiner Patienten. Um selbst einen interessanten Mann anzusprechen, bin ich viel zu konservativ. Ich finde, die Abteilung Attacke sollte immer noch von den Herren der Schöpfung ausgehen.«

Anhand des Statements von Sally wird die Frage aufgeworfen, ob es für Sie eher Sinn macht, mit einer gleichgeschlechtlichen oder gemischtgeschlechtlichen Truppe Ausschau nach Mister Right zu halten.

Sally, die vorsichtig darauf spekuliert, in der Sauna den großen Wurf zu landen, sieht in ihrem männlichen Begleiter Björn wohl anfangs kein Abschreckungspotenzial für mögliche Kandidaten. Daher hegt sie die Hoffnung, dass ihre Blickkontakte während der Aufgüsse auch die verbale Balzattacke wagen würden, womit sie schlussendlich einer Illusion aufliegt. Sie beruht auf der irrigen Annahme, Männer könnten zwischenmenschliche Beziehungen genauso gut deuten wie Frauen. Durch ihre evolutionsgeschichtliche Mutter- und Nesthüterinnenrolle musste das »schwache« Geschlecht viel feinere Sensoren für die »human interests« entwickeln als er, auf seinen eher kommunikationsarmen, um nicht zu sagen dumpfen Beutezügen. Infolgedessen fehlt den potenziellen Prinzen in der Sauna schlicht das Handwerkszeug, den platonischen Charakter der Freundschaft zwischen Sally und Björn sicher zu entschlüsseln. Björns verliebte Blicke und Anhänglichkeit verstärken das Dilemma der unschlüssigen Konkurrenz sogar noch.

Einen handfesten Vorteil bietet Ihnen die gemischtgeschlechtliche »Jagdgruppe« aber fraglos: Über Ihre männlichen Mitstreiter können Sie leicht in Kontakt zu deren Freunden, Kumpels und Bekannten kommen, wo immer Sie ihnen zufällig begegnen. Da das Lockpotenzial aber insgesamt geringer sein dürfte als das Abschreckungspotenzial, rate ich Ihnen grundsätzlich eher zu einem reinen Mädelsjagdverband. Mit ihm werden Sie auch auf mehr Entsprechung in Form von reinen Männerhorden treffen, was die Kontaktanbahnung untereinander sicher erleichtert.

In Jasmins Geschichte spielt das Thema Beziehungsstatus der Ausgehtruppe eine Rolle – von einer Jagdgruppe kann ja aufgrund der verheirateten Freundinnen nicht gesprochen werden. Fest liierte Begleiterinnen bieten Ihnen ähnlich wie in Jasmins Fall nur Nachteile, abgesehen davon, dass sie wohl kaum je versuchen werden, Ihnen die Butter vom Brot zu nehmen, sprich, Ihnen den Prinzen abspenstig zu machen. Indes legen sie im Gegensatz zu Ihnen kein Augenmerk mehr auf die Ergiebigkeit der besuchten Locations für das Suchen und Finden der Liebe. Genauso wenig ist ihnen persönlich daran gelegen, so lange darin zu verbleiben, bis die hohe Zeit männlicher Balzattacken anbricht. Darüber hinaus könnte Jasmins gebundener »Escortservice« so viel Desinteresse ausstrahlen, dass dadurch mögliche männliche Interessenten auf Distanz bleiben, zumindest aber dürften von ihm keine expliziten Einladungen zum Flirt zu erwarten sein. Für Jasmin besteht die Gefahr, dass dadurch entweder ihre gegenläufigen Bemühungen zunichtegemacht werden oder sie selbst aus unbewusster Freundinnensolidarität auf die Rühr-mich-nicht-an-Schiene gerät. Andererseits vermitteln glückliche Ehefrauen gewöhnlich mehr Zufriedenheit und Souveränität als ein Single ohne partnerschaftlichen Rückhalt, womit sie womöglich in den Fokus der balzbereiten Herrenwelt geraten. Und zu guter Letzt sind natürlich verbandelte Frauen viel seltener verfügbar, um mit ihren alleinlebenden Freundinnen durch die Nacht zu ziehen. Eine vom Beziehungsstatus her gemischte Jagdgruppe kann im Prinzip nur optimal funktionieren, wenn alle ihre Mitglieder entweder eine (Außen-)Beziehung oder nur ein Abenteuer suchen. Da Sie aber vermutlich Ihr Karma nicht belasten möchten, indem Sie Ihren Freundinnen beim Seitensprung zuschauen, und vermutlich von der Liebe fürs ganze Leben anstatt für eine Nacht träumen, lege ich Ihnen dringend ein »pures« Solisten-Ensemble zum Zwecke der Prinzenpirsch ans Herz. Sofern Sie keine jagdkundigen und -willigen Single-Freundinnen haben, können Sie diesbezüglich über eine Kontaktanzeige oder den Besuch eines Single-Clubs Gleichgesinnte finden. In meinen Gesprächs- und Kontaktgruppen für Alleinlebende haben sich schon Hunderte solcher »Interessengemeinschaften zur aktiven Beendigung des Single-Daseins« gebildet.

Der Anschluss an eine »Jagdgruppe« wäre auch für Viola dringend geboten, die ganz alleine Ausschau nach dem Herzbuben hält. Wie sie richtig erkennt, wird sie ihrerseits von den männlichen Jägern als Freiwild angesehen. In der Einzelkämpferin, ohne den Schutz der Gruppe, sehen sie nämlich eine leichte Beute. Zudem hat sich in den Köpfen von XY festgesetzt, dass das soziale Wesen Frau schon ziemlich notgeil sein muss, wenn es im Solo zum Lockgesang auf dem Marktplatz der Solitäre ansetzt.

Aus Sicht der einsamen Wölfin bedeutet die Absenz von Kombattantinnen nicht nur fehlenden Schutz, sondern auch fehlendes Feedback bei der »jagdlichen« Strategieplanung sowie fehlenden Trost nach schmerzlichen Fehlschüssen. Damit sind wir unversehens bei der Frage nach der Größe der Jagdgruppe gelandet und haben bereits das Lonesome-Rider-Prinzip ausgeschlossen.

Über Frauenrudel, ich gehe dabei von mindestens vier Mitgliedern aus, wird auch noch an anderer Stelle gesprochen. Sie sind ungünstig, weil erstens kaum ein Mann in sie einzudringen wagt und sie zweitens kaum auf männliche Entsprechung treffen werden. Das »starke« Geschlecht begibt sich nämlich vorwiegend zu zweit oder dritt auf die Pirsch nach Miss Perfect. Zahlenmäßige Entsprechung ist insofern wichtig, als häufig Spannung in das Flirtgeschehen kommt, wenn ein Teil des jeweiligen Ensembles übrig bleibt. Das kann auf Dauer nicht nur die Atmosphäre vergiften, sondern auch zu einem vorzeitigen Abzug der gesamten Gruppe führen, wenn zum Beispiel das »fünfte Rad am Wagen« plötzlich den sterbenden Schwan spielt oder die Chauffeursrolle für die gesamte Korona innehat.

Bleiben also nur noch das Duo und das Trio zur Auswahl, bezüglich der Häufigkeit des Auftretens die Nummer eins und die Nummer zwei unter allen Jagdverbänden. Die »Dreierbande« bietet fraglos den Vorteil, dass sich ein Mitglied ohne schlechtes Gewissen auf Freiersfüße begeben kann, weil dann immer noch ein »Paar« übrig bleibt, das in der Zwischenzeit miteinander interagieren kann. Zudem ist in einem wohlwollenden Trupp doppelte Ermutigung zum Flirt besser als einfache. Dafür liefern Dreierkonstellationen aber mehr Zündstoff für Spannungen und Konflikte, indem sich häufig Zweierallianzen gegen den jeweils Dritten im Bunde bilden, besonders, sofern der Jagderfolg im wahrsten Sinne des Wortes sehr einseitig ausfällt. Der Titel einer erfolgreichen TV-Vorabendserie der 70er Jahre brachte das Problem auf den Punkt: »Drei sind einer zu viel«. Wobei hier auch noch Liebe im Spiel war. Im Märchen drängen meist zwei ältere Geschwister das jüngste in eine Außenseiter-position.

Duos stoßen im Allgemeinen auf große Akzeptanz, weil sie hinsichtlich der Personenzahl dem natürlichen Zustand des Paares entsprechen, ob nun hetero- oder homosexuell. Dadurch werden sie von ihrer Umwelt als liebes- und bindungsfähig eingestuft. Vielen Partnersuchenden ist das instinktiv bewusst, weshalb der Zweier-Jagdverband die größte Fraktion unter allen Jagdverbänden stellt. Davon abgesehen, tun sich auch personell stärkere Einheiten besonders mit zunehmendem Alter immer seltener zusammen. Reifere Singles finden nämlich aufgrund ihrer größeren Ausdifferenziertheit viel schwerer einen Konsens über ihre Ausgehlokalitäten, während für die Jüngeren der Beutezug durch Discos, Kneipen und Bars Gemeingut darstellt.

Zweier-Jagdtrupps bilden interessanterweise häufig eine typische Symbiose, bestehend aus einem »Star« und einem »Mauerblümchen«. Der leuchtende Stern profitiert von der »grauen Maus«, indem in Relation zu ihr die eigene Leuchtkraft noch erhöht wird. Umgekehrt zieht der unscheinbare Part Nutzen aus der Allianz mit der »Lichtgestalt«, indem sie gegengeschlechtliche Zweiergruppen anlockt. Da die meist entsprechend aufgebaut sind, kann sich das »Mauerblümchen« seinem Pendant darin zuwenden. In der Praxis erzielen meiner Erfahrung nach Duette die größten Jagderfolge.

EINE EFFEKTIVE (WEIBLICHE) JAGDGRUPPE
ZEICHNET SICH DADURCH AUS, DASS …

- sich alle ihre Mitglieder gegenseitig bei der Pirsch nach Mister Right bedingungslos unterstützen.
- unter allen Mitgliedern weitgehend Einigkeit über die Aus-

wahl der Jagdreviere (Kneipe, Single-Party, kulturelle Veranstaltung) herrscht.

- die Männergeschmäcke der Mitglieder so verschieden sind, dass kaum je Stutenbissigkeit aufkommen kann.

- Mitglieder, die einmal leer ausgehen, gute Miene zu den Flirtbemühungen der übrigen Mitstreiterinnen machen, anstatt Störfeuer abzuschießen.

- jedes Mitglied das gleiche Ziel verfolgt, nämlich eine tragfähige Partnerschaft aufzubauen.

- jedes Mitglied in etwa mit der gleichen Intensität versucht, eine tragfähige Partnerschaft aufzubauen.

- sich ein Mitglied ohne böse Nachrede aus der Gruppe lösen kann, um eine Flirtoffensive zu starten.

- die Mitglieder bereitstehen, sich nach Flirt-Super-GAUs gegenseitig Trost zu spenden.

- alle Mitglieder einladende Signale für gegengeschlechtliche Jagdgruppen aussenden.

- alle Mitglieder stimmungsmäßig (einigermaßen) gut drauf sind.

- die Mitglieder »reihum« Initiativen ergreifen, um gegengeschlechtliche Jagdgruppen anzulocken, also über eine ähnliche Flirtintensität verfügen.

- nicht nur die verbale, sondern auch die nonverbale Kommunikation zwischen den Mitgliedern bestens funktioniert.

- die Mitglieder altersmäßig ziemlich dicht beieinanderliegen (eine Mutter-Tochter-Jagdgruppe beispielsweise wird nur selten auf Entsprechung stoßen).

- sich die Mitglieder vom geistigen Niveau her auf einem ähnlichen Level bewegen.

- die Mitglieder regelmäßig Zeit und Lust haben, gemeinsam auf die Pirsch zu gehen.

- die Mitglieder nah genug beieinander wohnen, um regelmäßig gemeinsam auf die Pirsch zu gehen. Eine eingespielte Jagdgruppe braucht Übung.

FINDEN SIE DIE RICHTIGE »PAARUNGSZEIT«

Britta, 40, Tierärztin:
»Mich nervt das Alleinsein, deshalb versuche ich auch permanent, es zu beenden. Dass es besondere Phasen im Jahresverlauf gibt, in denen Singles bei ihrer Pirsch nach Miss Perfect und Mister Right aktiver beziehungsweise weniger aktiv sind, kann ich mir nicht wirklich vorstellen. Schließlich fallen wir Menschen weder in den Winterschlaf oder in eine Winterstarre, noch haben wir feste Paarungszeiten.«

Simone, 45, Fuhrunternehmerin:
»Ich bemerke immer, dass im Winter besonders viele Männer auf Brautschau sind, die von ihrer Arbeit her eher in den Sommermonaten ›Saison‹ haben, zum Beispiel Bauhandwerker, Landwirte oder Bootsverleiher. Das liegt wahrscheinlich daran, dass dann bei denen beruflich mehr oder weniger der See ruht und sie in Ruhe Ausschau nach Miss Perfect halten können. Die kalte Jahreszeit ist also mein Geheimtipp für Frauen, die eher einen handfesten Partner suchen.«

Nelly, 37, Zeitungsredakteurin:
»Bis bei mir die Säfte steigen, wird es fast immer Mai. Dann bin ich einige Monate so richtig beschwingt durch die Sonne und zugänglich für männliche Flirtversuche. In schöner Regelmäßigkeit gebe ich im Sommer auch ein, zwei Kontaktanzeigen auf. Das Ergebnis war aber bisher ziemlich ernüchternd. Kaum Zuschriften, darunter 90 Prozent Schrott. Nach einem Katastrophen-Date habe ich die Nase meistens schon wieder so voll, dass alle übrigen Briefe in den

Mülleimer wandern. Ab Oktober erfasst mich der Herbst-Blues, und ich stelle alle meine Versuche, mich zu binden, vorübergehend ein.«

Indem Britta ihre Partnersuche durchgängig betreibt, erhöht sie fraglos insgesamt ihre Chancen, irgendwann Mister Right an den Haken zu bekommen. Allerdings sind die Paarungsanstrengungen von Singles, entgegen ihrer Auffassung, tatsächlich jahreszeitlichen Schwankungen unterworfen. Zwar hält die menschliche Spezies keinen Winterschlaf wie andere Säugetiere, doch ist ihr Energiehaushalt in den Wintermonaten hormonell bedingt stark zurückgefahren. Darunter leidet natürlich auch ihre Libido, so dass Annäherungsversuche zwischen den Geschlechtern nur mit angezogener Handbremse unternommen werden. Nicht umsonst sprechen wir im Frühling davon, dass unsere Säfte wieder (!!) steigen.

Die »Theorie« der »solitären Winterruhe« kann ich aus meiner Berufspraxis heraus nur bestätigen. Besonders im Januar und Februar, wenn es draußen so richtig knackig kalt ist, verziehen sich die Einspänner lieber hinter den warmen Ofen, als sich auf die Pirsch nach dem passenden Gegenstück zu begeben. Daher gehen die Anmeldungen in meinem Single-Treff merklich zurück, und die Nachfrage nach Dates geht gegen null. In dieser Zeit muss man die Lonely Hearts förmlich schon zum Jagen tragen, und das Treiben auf der Piazza der einsamen Herzen ist geprägt von Halbherzigkeit.

Wenn Sie gerade am Überlegen sind, wann Sie sich eine Date-Auszeit nehmen sollten, dann empfehle ich Ihnen den Jahresanfang. Simones Beobachtung, dass im Winter viele Saisonarbeiter verstärkt ihre Herzdame suchen, trifft zwar zu, aber eben nur auf diese Fraktion von Single-Männern, und das auch noch »gezwungenermaßen«. Ab Ende Februar, Anfang März, wenn die ersten Frühlingsdüfte in der Luft liegen, erwachen die »Einzeltierchen« langsam wieder aus ihrer Tiefkühllethargie und strecken die Fühler aus ihren Schneckenhäusern, um zu prüfen, ob sich da draußen schon etwas in Richtung Zweisamkeit tut. Die wirkliche Hochzeit der grundsätzlich Paarungswilligen beginnt aber erst im Wonnemonat Mai, während ihr Bindungswunsch im April noch genauso wechselhaft ist wie das Wetter. Die Zusammenhänge sind hier wirklich fassbar, kommt es doch meiner Erfahrung nach im April – ein Zeichen für Ambivalenz – zu den meisten Date-Rückziehern.

Wenn Nelly davon spricht, dass sie erst mit dem Anbruch des letzten Frühlingsmonats deutlich in Balzstimmung gerät, steht sie also bei weitem nicht allein auf weiter Flur. Dass sie aber ausgerechnet im Sommer Kontaktanzeigen aufgibt, bedeutet, Perlen vor die Säue werfen. Im stillen Kämmerlein Offerten schreiben nämlich jetzt nur noch echte Stubenhocker und »Verzweiflungstäter«. Der Rest versucht sein Liebesglück im Biergarten, auf Open-Air-Konzerten oder am Badestrand. Entsprechend fällt Nellys Bilanz aus, indem ihr nach eigenen Angaben nur »Schrott« zurückschreibt. Im Anzeigenmarkt läuft an den heißen Tagen auch in Richtung Online-Dating erheblich weniger als sonst.

Nachdem bei der Partnersuche über diese beiden Medien im Juli / August eher tote Hose herrscht, haben die meisten Vehikel der Entsingelung, sobald ab Ende September die Abende wieder länger werden, Hochkonjunktur. Auf freier Wildbahn verabschiedet sich zugleich die unerträgliche Leichtigkeit des Flirts der Freiluftsaison. Das Hoch des Geschäfts mit dem Suchen und Finden der Liebe hält weiblicherseits bis Ende November an, gerät jedoch ab dem ersten Advent ziemlich abrupt in eine Flaute. Dann backen nämlich die unbemannten Damen Plätzchen und kaufen Weihnachtsgeschenke für ihre Familie, anstatt Ausschau nach Mister Right zu halten. Das »starke« Geschlecht, das von den Weihnachtsvorbereitungen ziemlich unberührt bleibt, lässt indes bezüglich seiner Paarungsbemühungen keineswegs nach, sondern verstärkt sie mitunter sogar noch, um nicht am Fest der Liebe ohne Liebe dazustehen. Für die Single-Männer baut sich das Schreckgespenst des Weihnachts-Blues viel bedrohlicher auf als für ihre gegengeschlechtlichen Pendants, weil sie zum einen für gewöhnlich weniger Freunde haben, die sie in dieser Zeit emotional auffangen können, und zum anderen in der Regel weniger stark familiär eingebunden sind.

Vor und an Silvester flackert bei den Frauen der im Advent zurückgedrängte Bindungswunsch noch einmal kurz wieder auf, möchten sie doch nur ungern das neue Jahr allein beginnen. Bleibt ihnen der Last-Minute-Prinz verwährt, bereiten sie endgültig ihr Lager zur Winterruhe, in die nun auch die holde Männlichkeit eintritt, und damit schließt sich der Jahreskreis der Partnersuche.

Entdecken Sie neue Jagdreviere für sich

Vanessa, 41, Polizeibeamtin:
»Was für mich gar nicht geht, ist das Wartezimmer eines Arztes oder Tierarztes. Dort warten oft Hunderte Leute, vor deren Augen ich bestimmt keinen Flirt beginnen möchte. Außerdem sind gerade Männer oft schon genervt und schauen ständig auf die Uhr, weil ihnen die Warterei zu lange dauert. Überhaupt empfinde ich einen Ort, an dem es hauptsächlich um Krankheiten geht, als wenig romantisch.«

Leonie, 29, Werbegrafikerin:
»Die Sauna kommt für mich als Flirt-Location überhaupt nicht in Frage. Kerle, die dort Ausschau nach einer Partnerin halten, wollen

meiner Meinung nach nur schon die nackten Tatsachen abchecken, um im Bett keine negative Überraschung mit Hängebrüsten, Genitalwildwuchs oder Schwangerschaftsstreifen zu erleben. Ich möchte mich aber keinesfalls nur auf meine Optik reduzieren lassen. Da habe ich doch wirklich einiges mehr zu bieten.«

Isolde, 52, Archivarin:
»Ich bin ein ziemlich ängstlicher Typ. Deshalb würde mich ein Flirtversuch alleine mit einem Mann im Fahrstuhl ziemlich in Panik versetzen. Schon das Gefühl, dort intensiv gemustert zu werden, ist mir hochgradig unangenehm. Andererseits geht mir so vielleicht der Traumprinz durch die Lappen, aber was soll ich machen?«

Bevor ich auf die Statements der drei Damen im Einzelnen eingehe, möchte ich Ihnen gerne **neun Kriterien** vorstellen, die allgemein **über die Effektivität eines Jagdreviers entscheiden.** Sie werden nämlich bei der Beurteilung der Aussagen eine wichtige Rolle spielen.

1. Identifizierbarkeit als Single:

Auch Gebundene flirten unter Umständen mit Ihnen. Warum auch nicht?! Aber Sie möchten doch lieber Ihren Prinzen kennenlernen. Also bedeutet es doch, abgesehen vom Übungseffekt, für Sie vergebene Liebesmüh, einem braven Ehemann womöglich stundenlang einladende Blicke zuzuwerfen, um dann im Gespräch schnell die Erkenntnis zu gewinnen, dass zwischen Ihnen nicht mehr als bestenfalls Freundschaft geht. Je leichter der Bindungsstatus der anwesenden Herrenwelt in einer Location zu erkennen ist, desto geringer ist natürlich die Wahrscheinlichkeit, dass Ihnen dort ein solcher »Fehlgriff« unterläuft.

2. Gesprächsaufhänger:

In bestimmten Örtlichkeiten drängen sich Themen für das Flirtgespräch förmlich auf, wie im Urlaub die Clubanlage, Ausflugsmöglichkeiten, das Animationsprogramm, während andere mögliche Schauplätze ihrer Balzversuche weniger Anknüpfungspunkte dafür bieten. Die Sahneschnitte in der Fußgängerzone können Sie höchstens mit der Frage nach der Uhrzeit, einer bestimmten Sehenswürdigkeit oder Straße kurz zum Halten bringen. Nicht gerade der Knaller-Einstieg. Ansonsten geht vielleicht noch eine fingierte Umfrage zu einem bestimmten Thema.

3. Zeit:

Wenn Männer, wie es ihre Art ist, nur schnell durch den Supermarkt hecheln, um die notwendigen (!) Einkäufe zu erledigen, liegen Ihre Flirtchancen erheblich niedriger, als wenn Sie den ganzen Nachmittag entspannt am Badestrand verbringen. Das A und O, um mit Ihrer neuen Bekanntschaft wieder in Kontakt zu treten, stellt der Austausch der Telefonnummern dar. Dafür bedarf es beidseitig (umfangreicher) vertrauensbildender Maßnahmen.

4. Blickkontakt:

Um den Prinzen dazu zu bringen, die Balzoffensive in Ihre Richtung zu starten, sollten Sie ihm eine Einladung per Blickkontakt senden. Dafür eignen sich am besten Vis-à-vis-Situationen wie etwa bei Gegenübersitzenden im Zugabteil. Ohne diese ausdrückliche Ermunterung werden vermutlich nur echte Flirtprofis oder Hasardeure zur Attacke blasen. Und womöglich fühlen Sie sich, unvermittelt angesprochen, selbst auch dumm von der Seite angequatscht.

5. Aufgeschlossenheit:

Kern dieses Kriteriums ist die Frage, ob dem Objekt Ihrer Begierde Ihre Flirtsignale gelegen kommen. Den attraktiven Journalisten neben Ihnen im Theater, der sich gerade konzentriert Notizen für die Stückkritik im Feuilleton seiner Zeitung macht, in Balzstimmung zu versetzen dürfte ein weniger erquickliches Unterfangen darstellen, als einen Fernreisenden im Zug für den Paarungstanz zu begeistern, der gelangweilt aus dem Fenster schaut oder noch besser Sie interessiert mustert.

6. Ungestörtheit:

Eine angenehme Flirtatmosphäre entwickelt sich bestimmt nicht, wenn Sie ständig von Dritten angerempelt, begafft oder angesprochen werden beziehungsweise die Musik in der Örtlichkeit so laut dröhnt, dass jedes Gespräch in ein infernalisches Geschrei ausartet. Daher ist ein brechend voller Techno-Club unter diesem Aspekt sicher ungünstiger einzustufen als eine Parkbank.

7. Komplikationsfreiheit:

Anbandeln in bestimmten Örtlichkeiten kann unmittelbar oder im Falle einer späteren Trennung zu Unannehmlichkeiten führen. So wird der leckere italienische Kellner im Restaurant gewiss Ärger mit seinem Chef bekommen, wenn Sie ihn mit Ihrem Charme und dem Einsatz Ihrer weiblichen Reize so sehr betören, dass darunter die Ausübung seiner Profession empfindlich leidet. Und dem Arbeitskollegen, der im selben Großraumbüro wie Sie sitzt, nach einer Rosenkrieg-Trennung noch täglich über den Weg zu laufen gehört sicher auch nicht zu den größten Sternstunden menschlicher Existenz.

8. Hohe Single-Quote:

Je größer die Wahrscheinlichkeit ist, dass eine Lokalität überwiegend von Lonesome Cowboys besucht wird, desto größer ist natürlich die Chance, dort einen solchen kennenzulernen. Schon qua definitionem dürften sich in Single-Bars mehr Einzeltierchen tummeln als etwa im Supermarkt, im Kino oder in öffentlichen Verkehrsmitteln, wo ihr Anteil alleine dem Zufallsprinzip unterliegt.

9. Der Romantikfaktor:

Nicht jede Lokalität bietet die entsprechende Atmosphäre, um Flirtstimmung aufkommen zu lassen. Obwohl Friedhöfe wegen der Nähe von Liebe und Tod durchaus einen erotisierenden Touch haben können, hält sich die Romantik dort doch ziemlich in Grenzen, während sie in gemütlichen Kneipen mit Kuschelrockmusik an allen Ecken und Enden zu spüren ist.

Wenden wir uns nun wieder den Statements der drei Single-Damen zu und nehmen sie unter anderem mit Hilfe der Kriterien für effektive Jagdreviere unter die Lupe:

Vanessa schließt für sich das Wartezimmer eines Arztes als Jagdrevier aus, weil sie erstens nicht vor den Augen der Mitwartenden einen Flirt beginnen möchte, zweitens die Männer beim Arzt wegen der (langen) Wartezeit für gewöhnlich als genervt empfindet und drittens der Örtlichkeit wenig Romantikpotenzial beimisst. Mit der Völle des Wartezimmers beim Arzt, Zahnarzt oder Tierarzt mache ich heutzutage ganz unterschiedliche Erfahrungen. Einmal sitze ich dort ganz alleine, ein anderes Mal quillt die Bude dort förmlich über, und dazwischen gibt es jede andere, natürlich auch die Zweierkonstellation. Erst neulich konnte ich mich bei meiner Hausärztin unter vier Augen nett mit einer Spielkameradin aus Kindertagen unterhalten. Das

Kriterium Ungestörtheit war also eine ganze Zeitlang erfüllt. Genervte Männer erlebe ich in Wartezimmern kaum je, eher entspannte, weil sie mit Krankheiten ziemlich gelassen umgehen und sich mental schon darauf eingestellt haben, den halben Vormittag beim Onkel Doktor zu verbringen. Zumal sie auch noch seltener in eine Zeitschrift vertieft sind als Frauen, kann der Flirtfaktor »Aufgeschlossenheit« bei ihnen durchaus recht hoch sein. Die Romantik dürfte in der Arzt-, Zahnarzt- oder Tierarztpraxis tatsächlich ziemlich eingeschränkt sein, obwohl das Ambiente in den Wartezimmern seit vielen Jahren immer gemütlicher wird. Spartanisch-sterile Möblierung stellt inzwischen eher schon die Ausnahme dar. Anstelle von Kuschelatmosphäre haben die Wartezonen der Medikusse verschiedener Couleur wieder fast alle weiteren Voraussetzungen für einen erfolgreichen Flirt zu bieten.

Gesprächsaufhänger finden sich beim Arzt auch jenseits des Themas Krankheit, entgegen Vanessas Statement, in Gestalt des Medizinmannes selbst und seiner Behandlungsmethoden zuhauf. Besonders beim »Doktor für das liebe Vieh« ist der Flirteinstieg über die Haustiere eine ziemlich sichere Bank. Dabei können Sie auch gleich Ihr Empathievermögen unter Beweis stellen. Um Blickkontakt zum Objekt Ihrer Begierde aufzunehmen, müssen Sie sich nur vis-à-vis zu ihm plazieren oder sich nur Not umsetzen, was nach einem Toilettenbesuch nicht großartig auffällt. Falls Ihnen die Zeit zu zweit im Wartezimmer nicht bis zum Kontaktdatenaustausch reicht oder ständig noch andere Patienten anwesend sind, vermag immer noch der Arzt als Amor zu fungieren. Bitten Sie ihn darum, Ihre Telefonnummer an den potenziellen Prinzen weiterzugeben. In diesem Zusammenhang werden Sie vermutlich auch erfahren, ob die andere Seite überhaupt noch »singelt«, und somit ist Ihr Bindungsstatus identifiziert. Wahrlich nicht überall bieten sich Ihnen diese großartigen Möglichkeiten. Selbst mit Komplikationen nach einem fiesen Liebes-Aus müssen Sie kaum je rechnen. Die Wahrscheinlichkeit, Ihrem Ex wieder bei demselben Arzt zu begegnen, liegt doch eher im Tausendstelbereich. Lediglich die Quote an männlichen Solitären dürfte im Wartezimmer ein wenig niedriger sein als die Gebundener, weil letztere von ihren Frauen förmlich zu notwendigen Untersuchungen geprügelt werden, während erstere ohne diesen Druck im Rücken bisweilen erst zum Arzt gehen, wenn sie schon todkrank sind.

Leonies pauschale Verurteilung der Sauna als Flirt-Location ist für mich nur schwer nachzuvollziehen. Dass das »starke« Geschlecht dort nur Fleischbeschau betreibt, wie sie behauptet, kann ich weder aus den Erzählungen meiner Single-Frauen noch aus eigenen Erfahrungen bestätigen. Nacktheit schützt sogar ein Stück weit vor allzu prüfenden Blicken, weil Gaffern immer droht, von seinen weiblichen »Opfern« bei der Leitung der Anlage (anonym) angeschwärzt zu werden. Ich kenne sogar einzelne Fälle, in denen es aus diesem Grund zu einem Verweis kam. Für die meisten Männer ist aber ohnehin Textilknappheit viel erotischer als völlige Textilfreiheit. Die Sauna erfüllt viele der genannten Voraussetzungen für ein ertragreiches Jagdrevier. Kaum irgendwo findet sich die Herrenwelt in relaxterer Stimmung, weil sie genügend Muße hat, ihren Alltagsstress förmlich herauszuschwitzen. Somit sind die günstigen Flirtfaktoren Zeit und Aufgeschlossenheit schon geradezu optimal gegeben. Einladungen zur Balzattacke per Blickkontakt können Sie hervorragend während der Aufgüsse verteilen. Als Single identifizieren können Sie den Prinzen in spe durch wiederholte »Beobachtung«. Besucht er eine bestimmte Sauna regelmäßig ohne weibliche Begleitung, zum Beispiel an einem Samstag- oder Sonntagnachmittag, dürfen Sie davon ausgehen, dass er noch zu haben ist. Andernfalls müsste seine Partnerin ein totaler Saunamuffel sein oder megaselbständig beziehungsweise tolerant, um ihn ausgerechnet am Wochenende ständig Alleingänge zu »erlauben«. Gesprächsaufhänger liegen in der Sauna förmlich auf der Hand, etwa in der Qualität der Aufgüsse oder dem Ambiente der Anlage, und lauschige Plätzchen für den ungestörten Flirt gibt es fast immer. Einen XXL-Romantikfaktor bieten sogenannte Saunanächte. Was kann schon stimmungsvoller sein als eine amouröse Kontaktaufnahme unter Sternenhimmel im Freigelände?

Komplikationen haben Sie als Frau in der Sauna bei Ihrer Pirsch nach Mister Right kaum je zu erwarten. Selbst bei den einzelnen Gängen wird es Ihnen kein Mann krummnehmen, wenn Sie ihn ansprechen. Umgekehrt sei dem »starken« Geschlecht dringend davon abzuraten, eine Evastochter nackt, wie Gott sie schuf, zu behelligen. Schwierigkeiten ergeben sich in der Sauna für Sie nach einer schmerzhaften Trennung nur, wenn Sie Mister Wrong dort nicht mehr begegnen möchten. Dann müssten Sie leider nach einer neuen Location für Ihre »Schwitzorgien« Ausschau halten. Last, but not least werden Sie in der Sauna auch eine überdurchschnittliche Häufung von Solitär-Männern antreffen. Zum einen bedarf es dort nicht unbedingt Begleitung, um zu entspannen und Spaß zu haben – ideal also für Singles –, und zum anderen gehen Familien mit Kindern nur selten in die Sauna, sondern betreiben eher andere Freizeitbeschäftigungen.

Auch den Fahrstuhl würde ich an Ihrer Stelle nicht gleich im Stile Isoldes in Bausch und Bogen verwerfen, zumal hier wieder unterschiedliche Gesetze für die Geschlechter gelten. Frauen dürfen im Aufzug auf Teufel komm raus poussieren, während Männer damit die Grenzen des guten Flirtgeschmacks überschreiten, indem sie bei ihrem weiblichen Gegenüber Beklemmungsgefühle auslösen. Isolde spricht in diesem Zusammenhang sogar von Panik. Andererseits bedauert sie implizit, dass ihr durch ihre Fahrstuhl-Flirtphobie vermutlich so mancher Traumprinz entgeht. Dabei stellt es unterwegs von Stockwerk zu Stockwerk überhaupt keine Mission impossible dar, den Hahn zum Krähen zu bringen. Ihrem Blickkontakt und charmanten Lächeln in der Enge des Raums auszuweichen dürfte dem potenziellen Herzbuben nur schwerlich gelingen. Besonders wenn Sie sich öfter gemeinsam »liften« lassen, höhlt steter Tropfen den Stein, und er wird Sie irgendwann ansprechen. Oder Sie übernehmen diesbezüglich völlig unverbindlich selbst die Initiative, indem Sie beispielsweise anmerken, dass er wohl auch in dem Gebäude arbeitet. Bei einer einmaligen Begegnung spricht dagegen leider der ungünstige Zeitfaktor gegen einen Flirterfolg.

Der Romantikfaktor hingegen ist in stecken gebliebenen Fahrstühlen hoch. Geschichten von Paaren, die sich in solch einer prekären Lage kennenlernten, haben fraglos ihren besonderen Charme. Außerdem erhöhen nach wissenschaftlichen Erkenntnissen Not- und Stresssituationen die Aufgeschlossenheit zum Flirt. Sofern Ihr schnuckeliger männlicher Mitfahrer in einem reinen Wohnhaus ständig alleine im Fahrstuhl unterwegs ist, steigt auch die Wahrscheinlichkcit, dass eı zur Spezies der Einzeltierchen gehört. Oft wird der Alleinstehende aber »leider« bevorzugt das Treppenhaus benutzen, weil er noch auf seine Figur achten muss, um Ihnen zu imponieren. Der bequem gewordene Ehemann lässt sich dagegen eher von der Technik tragen. Die Single-Quote dürfte somit im Personenaufzug verhältnismäßig niedrig sein. Ungestörtheit beim Anbandeln erleben Sie dort, wenn überhaupt, dann nur ziemlich kurz, höchstens eben, Sie bleiben stecken. Die ominöse Stopp-Taste, früher gern zwecks Fahrstuhlsex genutzt, ist inzwischen im Aussterben begriffen. Das minimiert andererseits auch die Gefahr, dass Ihr Weg zwischen den Stockwerken zu einem Höllentrip in Form einer Vergewaltigung mutiert. Einem »bedenkenlosen« Flirt steht also nichts mehr wirklich im Wege. Und falls es schiefgeht mit Ihrem »Liftboy«, können Sie ein beklemmendes Wiedersehen verhindern, indem Sie vorübergehend einen weiten Bogen um die Kabinen machen, die das Auf und Ab bedeuten.

Andere allenthalben sträflich unterschätzte Flirtlokalitäten stellen meiner Meinung nach die Buchhandlung, die Bank, der Zoo und das Kaufhaus dar, weil sie wundervolle Gesprächsaufhänger bieten. Bei Thalia, Weltbild und Co. können Sie zum Beispiel den süßen Buchhändler bitten, Ihnen das Buch, das Sie erwerben, mit seiner Telefonnummer zu »signieren«. Oder die weniger aggressive Methode: Fragen Sie ihn, ob er auch zu einer bestimmten Lesung geht. Wenn er bejaht, bringen Sie Ihre Freude zum Ausdruck, ihn dort zu treffen. Bei der persönlichen Beratung durch den adretten Banker kommen Sie von dem Thema Geld schnell auf die Wünsche und Träume, die Sie sich damit erfüllen wollen. Gibt es einen stimmungsvolleren Flirteinstieg? Benötigen Sie wegen chronischer Zahlungsschwierigkeiten einen Kredit, wecken Sie indes prinzipiell den Helferinstinkt in dem Angestellten der Sparkasse. Der Tiergarten bietet Ihnen die Chance, Ihren Herzbuben in spe als Zoologen glänzen zu lassen. Löchern Sie ihn doch zu den Verhaltensweisen bestimmter Spezies! Derart zum Experten hochstilisiert, wird er nichts mehr anderes wollen, als zukünftig an Ihrer Seite durchs Leben zu gehen. Als Modeberaterin können Sie sich in der Herrenabteilung eines Kaufhauses stilistisch unbedarften männlichen Solitären zur Verfügung stellen. Läuft das starke Geschlecht hier unbefraut auf, ist es vermutlich auch unbefraut, ansonsten hätte es nämlich – besonders am Wochenende – seine bessere Hälfte zur Unterstützung im Schlepptau. Die Göttergattin oder Partnerin selbst lässt es sich außerdem nur selten nehmen, ihren Allerliebsten zu begleiten, weil sie die potenziellen Abwerbeversuche der leckeren Verkäuferinnen fürchtet. Um ganz sicherzugehen, fragen Sie Mister Bombastic ganz einfach in gespielter Naivität, ob es keine bessere Hälfte gibt, die ihn auf seiner Shoppingtour begleiten könnte. Bei Männern geht das problemlos. Der Beziehungsstatus des Bankers im Dorf oder in der Kleinstadt dürfte allgemein bekannt sein, während in den Metropolen vielleicht höchstens zufällig eine Person aus Ihrem sozialen Umfeld mit ihm zusammenarbeitet, die Ihnen Auskunft darüber geben kann. Der Zoo und die Buchhandlung sind »leider« Örtlichkeiten, die liierte Männer gerne auch einmal alleine besuchen; den Zoo besonders, wenn sie schon Nachwuchs haben.

Neben einem leichten Einstieg in das Gespräch sind in den genannten Locations wieder durchweg der Zeit-, der Aufgeschlossenheits- und der Ungestörtheitsfaktor recht günstig. Sogar im Kaufhaus wird kaum je eine Verkäuferin intervenieren, hält sie Sie doch für die Herzdame des Romeos in der Umkleidekabine. Schwierigkeiten werden Ihnen weder beim Buchhandlungs- und Kaufhaus- noch beim Zoo- und Bankflirt erwachsen. Allein Ihre männlichen Pendants in der Bank und in der Buchhandlung müssen bei der Ausübung ihrer Arbeit aufpassen, dass sie sich beim Poussieren nicht zu weit aus dem Fenster lehnen.

Bezüglich des Romantikfaktors liegen alle vier potenziellen Jagdreviere für Ihre Prinzenpirsch im Mittelfeld, wobei das Kreditinstitut im Vergleich zu den anderen ein wenig abfällt. Da die Gespräche zwischen Ihnen und Ihrem Berater geplant sind, fehlt hier ein wenig das Spontaneitätsmoment. Dafür rangiert die Bank wieder als »best of four«, was das Thema Blickkontakt und (XY-)Single-Quote betrifft. Besonders in Großstädten wimmeln Banken förmlich von (männlichen) Lonely Hearts.

Fazit: Mister Right wartet manchmal an den verrücktesten Orten auf Sie. Deshalb ergibt es Sinn, ungewöhnliche »Wege« beim Suchen und Finden der Liebe zu gehen. Den schlug etwa Anne-Marie, ein ehemaliges Mitglied meines Single-Kreises, im wahrsten Sinne des Wortes ein, als sie ihrem späteren Ehemann Holger ins Auto lief. Oder Vera, die ihren Lebenspartner Horst auf einer Beerdigung in Gestalt des Pfarrers kennenlernte.

Ein wesentlicher Vorteil von Örtlichkeiten etwas fernab des Mainstreams Kneipe, Disco, Party besteht darin, dass dort Ihre gleichgeschlechtliche Konkurrenz ziemlich gering ausfällt. Und Sorgen zu machen, mit irgendeiner Location ins Fettnäpfchen zu treten, brauchen Sie sich als Frau auch kaum, weil die Herrenwelt in Fragen des guten Geschmacks ziemlich schmerzfrei ist. Und bevor Sie ein Kerl, der Gefallen an Ihnen gefunden hat, abserviert, müssen Sie ihn schon mindestens an den Rand eines Brechanfalls bringen. Also flirten Sie munter drauflos, wo immer Sie nur den Hauch einer Chance sehen. Denn, wie heißt es doch so schön: Übung macht den Meister – irgendwann haben Sie Ihren Traummann am Haken, Sie werden sehen!

Erwecken Sie den Prinzen im Mann

Sarah, 38, Web-Designerin:
»Ich bin eine starke, selbstbewusste Frau. Wie ich eine Autotür zu öffnen habe, weiß ich, seit ich drei bin, ebenso wie ich meine Jacke anzuziehen habe und wie ich einen Nagel gerade in die Wand schlage, weiß ich, seit ich sechs bin. Nur um einem Mann zu gefallen, lasse ich mich bestimmt nicht freiwillig ins Säuglingsalter zurückfallen, indem ich das alles an ihn delegiere. Dieses Frauchengehabe plötzlich, wenn der Traummann am Horizont auftaucht, geht mir

gehörig auf den Senkel. Warum sollte ich beim Suchen und Finden der Liebe eine Rolle übernehmen, die meinem inneren Empfinden diametral entgegenläuft? Ich brauche keinen Versorger, also zahle ich im Restaurant selbst, und ich brauche keinen Retter, also stürze ich mich nicht um Hilfe schreiend in einen reißenden Fluss. Mädels, die sich so für einen Typen prostituieren, sind für mich entweder grenzdebil oder völlig reaktionär. Da werden die Errungenschaften der Emanzipationsbewegung doch sträflich mit den Füßen getreten.«

Sarah tut gewiss gut daran, wenn sie sich weigert, eine Partnerschaft zum Preis ihrer Authentizität einzugehen. Ihr würde vermutlich ohnehin kein Mann das hilfsbedürftige kleine Mädchen abnehmen. Aber andererseits schießt sie mit ihrem bedingungslosen Wunsch nach Autonomie auch weit über das Ziel hinaus. Sich einmal von einem Mann zum Essen einladen zu lassen bedeutet noch lange nicht, sich in seine Abhängigkeit zu begeben. Außerdem können Sie schon beim nächsten Rendezvous den Spieß umdrehen, indem Sie die komplette Rechnung übernehmen. Ein Ausschlagen der Einladung wird der potenzielle Herzbube indes kaum positiv verbuchen, etwa als Schonmaßnahme für sein Portemonnaie, sondern eher als Affront nach dem Motto: »Von dir möchte ich nichts annehmen.« Steckt wirklich dieses Motiv dahinter, weil das Gegenüber gewütet hat wie die Axt im Walde, ist das dann auch völlig in Ordnung. Ärgerlich wäre nur, wenn es sich dabei um eine Fehlinterpretation handelte und Sie den Kerl eigentlich megageil finden. Um derartige Missverständnisse auszuschließen, empfehle ich Ihnen: Nehmen Sie die Einladung einfach an. Plagt Sie Ihr emanzipiertes Gewissen, können Sie ja ruhig Ihre Revanche beim nächsten gemeinsamen Restaurantbesuch ankündigen. Mit dieser Klappe schlagen Sie überdies noch eine zweite Fliege: Sie bekunden Ihrem Date-Partner Interesse an einem Wiedersehen.

Und was spricht eigentlich dagegen, in der Phase des Kennenlernens den Prinzen in Ihrem Verehrer zu erwecken, indem Sie Hilfsbedürftigkeit demonstrieren? Mann liebt es, die Prinzessin aus der Not zu befreien, denn so fühlt er sich wertvoll und gebraucht. Schenken Sie Ihrem Galan diese Genugtuung. Keine Sorge, er wird Ihre Unterstützung zukünftig viel häufiger in Anspruch nehmen als Sie seine, da Sie die Vertreterin des wirklich starken Geschlechts sind. Wenn Ihnen das albern vorkommt, müssen Sie ja nicht gleich im Stadtpark die Reifen Ihres Fahrrads platt stechen, nur damit Sie den nächsten vorbeikommenden Sugarboy zum Flicken einspannen können. Und Sie müssen auch nicht absichtlich Ihren Abfluss im Waschbecken verstopfen, um den schnuckeligen Klempner von der Firma »Rohrfrei und Söhne« ins Haus zu bekommen. Aber Sie sollten zumindest dort die Hilfe eines potenziellen Herzbuben in Anspruch nehmen, wo sie ohne Ihr strategisches Zutun wirklich vonnöten ist.

Eine Freude machen Sie Ihrem zukünftigen Prinzen auch, indem Sie beim Dating auf seine Höflichkeitsbekundungen eingehen. Eine kleine Auswahl:

- Lassen Sie ihn den längeren Anfahrtsweg zum Treffpunkt in Kauf nehmen.
- Lassen Sie ihn Ideen für den Ablauf des Dates entwickeln.
- Lassen Sie ihm beim Betreten der Lokalität den Vortritt.
- Lassen Sie sich den Stuhl heranrücken.
- Lassen Sie sich bei der Essens- und Getränkeauswahl beraten.
- Lassen Sie sich Komplimente machen.
- Lassen Sie sich in den Mantel helfen.
- Lassen Sie sich zu Ihrem Auto eskortieren.
- Lassen Sie sich als Beifahrerin die Autotür aufhalten.

- Lassen Sie ihn per SMS nachfragen, ob Sie gut nach Hause gekommen sind.

Schmieden Sie das Eisen, solange es heiss ist

Susanne, 41, Ballettlehrerin:
»Gut einen Monat vor meinem Abflug zu einer Australienrundreise hatte ich auf eine interessante Kontaktanzeige in der ›Süddeutschen Zeitung‹ geantwortet. Etwa zwei Wochen vor dem Abflug rief mich der Typ an, und sechs Tage vor dem Abflug trafen wir uns. Es war ein verheißungsvoller Abend. Nichtsdestoweniger bekamen wir keinen weiteren Termin mehr für ein Date vor meinem Urlaub hin. Ich versprach Christoph, so hieß meine neue Bekanntschaft, aber, mich sofort nach meiner Rückkehr wieder bei ihm zu melden. Da er mir während meines ganzen Trips nicht aus dem Kopf ging, tat ich das dann auch wirklich. Als ich ihn endlich ans Telefon bekam, stieß mir jedoch eine ziemliche Gleichgültigkeit am anderen Ende der Leitung entgegen. Darauf angesprochen, erzählte er, dass er in den vier Wochen meiner Abwesenheit beim Wandern eine andere Frau kennengelernt habe und nun mit ihr zusammen sei. Zugegebenermaßen eine heftige Enttäuschung, da mein Kopfkino fast schon ein wenig verstiegen war in die Sache.«

Anna-Lena, 29, Justizangestellte:
»Ich mailte mit Carsten bestimmt drei Monate über eine Single-Börse im Internet hin und her. Das war wirklich toll. An ein persönliches Beschnuppern wollte indessen keiner von uns beiden so richtig ran. Als wir uns dann doch eines Tages trafen, lief es sofort in Richtung Freundschaft. Irgendwie wussten wir fast schon zu viel voneinander, als dass noch erotische Spannung hätte entstehen können.«

Svenja, 38, Reisebegleiterin:

»Beim Kneipenflirt mit Philipp begannen schon ganz schön die Schmetterlinge in meinem Bauch zu fliegen. Er war zwar vom Aussehen her kein Traummann, machte das aber durch seinen unbändigen Charme und Humor mehr als wett. Am Ende fragte ich ihn nach seiner Telefonnummer, da ich meine nach einer schlechten Erfahrung nur ungern gleich wieder herausrücken wollte. Er gab sie mir bereitwillig. Leider hatte ich dabei meine eigene Courage überschätzt. Mehrmals wählte ich in den nächsten Tagen seine Nummer, drückte sie aus Feigheit aber immer wieder weg. Dann kam mir der Kindergeburtstag meines Sohnes dazwischen, dessen Planung meine ganze Aufmerksamkeit beanspruchte und die Gedanken an Philipp in den Hintergrund drängten. Einige Zeit später begegnete er mir zufällig wieder in der Stadt. Ich entschuldigte mich bei ihm für den versäumten Anruf, doch zu mehr als einigen gequälten Worten reichte es seinerseits nicht mehr. Er verabschiedete sich schließlich mit der Floskel: »Man sieht sich.«

Gemeinsam in den Geschichten ist allen drei Frauen, dass sie das Eisen der Liebe nicht schmieden, solange es heiß ist. Und somit geht Ihnen eine (gute) Entsingelungschance durch die Lappen. Susanne wählt den falschen Zeitpunkt, um auf die Pirsch nach Mister Right zu gehen. Dem ersten verheißungsvollen Date hätten möglichst zeitnah weitere folgen müssen, um das zarte Pflänzchen der Zuneigung wachsen zu lassen und um genügend Verbundenheit herzustellen, eine längere Phase der Abwesenheit unbeschadet überstehen zu können. Männer sehen das relativ pragmatisch: Warum eine handfeste Chance im Hier und Jetzt hingeben für eine vage Verheißung in der Zukunft? Daher nimmt das »starke« Geschlecht auch häufig mit dem Spatz in der Hand vorlieb, während das schwache eher nach der Taube auf dem Dach schielt. Vermutlich war Christophs neue Flamme im Vergleich zu Susanne gar nicht die bessere Wahl, sondern schlicht die bessere Gelegenheit.

Anna-Lena und ihr Carsten haben den Bogen der Vertrautheit durch ihren überbordenden Mailkontakt derart überspannt, dass keine Leidenschaft mehr aufkommen konnte. Am Scheideweg zwischen Freundschaft und Partnerschaft sind sie unbewusst in den Abzweig Freundschaft abgebogen. Sofern beide bereits als seelische Mülleimer füreinander fungieren, gilt das Prinzip: »Dort, wo gekotzt wird, wird nicht gegessen.«

Bei Svenja war es zunächst fehlender Mut, später andere Prioritäten, die sie daran hinderten, den Sack mit Philipp zuzumachen. Dass Philipp beim zufälligen Wiedersehen alles andere als begeistert reagiert, braucht wahrlich nicht zu verwundern. Sicher hat er tagelang vergeblich auf Svenjas Anruf gewartet und danach enttäuscht einen großen Haken hinter ihren Namen gemacht.

Sieben goldene Regeln für das richtige Timing bei der Prinzenjagd werden Ihnen helfen, dass Ihnen ein ähnliches Schicksal wie Susanne, Anna-Lena und Svenja erspart bleibt:

1. Starten Sie Ihre Entsingelungsversuche zu einem Zeitpunkt, an dem einigermaßen sicher erscheint, dass Sie dem (heimischen) Markt der einsamen Herzen und möglichen amourösen Kontakten mehrere Monate am Stück zur Verfügung stehen werden. Kurzfristig notwendige längere Reha-Maßnahmen oder berufliche Auslandsaufenthalte können Sie natürlich nicht vorhersehen. Unproblematisch sind Abwesenheiten von nur wenigen Tagen, zum Beispiel im Rahmen von Wochenendtrips. Brenzlig wird es erst bei mehreren Wochen.

2. Versuchen Sie, sich die Gunst des neuen schnuckeligen Arbeitskollegen nicht unmittelbar vor Ihrer Urlaubsreise zu

sichern, weil Sie befürchten, die Konkurrenz könnte inzwischen die »freie Bahn« nutzen, sondern warten Sie damit bis nach Ihrem »Comeback«. Die Wahrscheinlichkeit, dass durch den zeitlichen Bruch die unmittelbare Anknüpfung an Ihren vorherigen Flirtstatus misslingt, ist um ein Vielfaches höher, als dass die blonde Vorstandssekretärin bereits hoffnungsvoll ihre Fühler nach Mister Bombastic ausgestreckt hat. Und außerdem: Jetzt ist die Zeit auf Ihrer Seite, so dass das Imperium ausgiebig zurückschlagen kann.

3. Lassen Sie niemals entscheidend mehr als zwei Wochen von der ersten Kontaktaufnahme etwa über Internet und dem ersten persönlichen Beschnuppern vergehen. Mit zunehmender Zeitdauer werden sonst zu hohe Erwartungen an das Gegenüber geweckt, die dann beim ersten Treffen meist nur noch enttäuscht werden können. Dann hat die sogenannte Illusionsfalle zugeschnappt. Womöglich ist die Luft auch schon raus, oder, noch schlimmer, eine Seite hegt versteckten Groll gegen die andere, weil sie den Termin für das Date so sehr verschleppt hat.

4. Zwischen dem ersten verheißungsvoll verlaufenen Stelldichein und dem Anruf danach sollten maximal (!) ein bis zwei Tage liegen, sonst könnte leicht der Eindruck von strategischen Spielchen entstehen. Und die haben eher mit Kampf als mit Liebe zu tun. Für weitere Treffen gilt die Wochenregel. Macht Ihr potenzieller Herzbube keine Anstalten, sich innerhalb dieser Frist wieder mit Ihnen zu verabreden, hat er entweder ungünstige Lebensumstände für seine Balz gewählt oder schlicht und einfach nicht genug Interesse an Ihnen. Dasselbe gilt natürlich auch umgekehrt.

5. Beherzigen Sie den Grundsatz »Wer sich zu lange ziert, verliert«, und zeigen Sie rechtzeitig Paarungsbereitschaft. Männer hassen Prinzessinnen auf der Erbse genauso wie

solche, die zum Nulltarif zu bekommen sind und sich gleich jedem Königssohn an den Hals werfen. Finden Sie nicht den Mittelweg, indem Sie Ihrem Verehrer die Möhre zu lange ohne Aussicht auf Erfolg vor die Nase hängen, wird er Ihnen über kurz oder lang vom Haken gehen. Oder eine Nebenbuhlerin mit mehr Biss schnappt sich ihn.

6. Schicken Sie Ihrem Herzbuben in der Phase des Kennenlernens mindestens jeden Tag eine SMS. Mit zärtlichen Textbotschaften per Handy steigern Sie das Gefühl von Verbundenheit zwischen Ihnen beiden. Bleiben sie dagegen längere Zeit aus, verunsichern Sie die andere Seite und sorgen so möglicherweise dafür, dass sie die emotionale Handbremse anzieht. Die Befürchtung, durch zu viele Short-Messages in den Ruch einer Stalkerin zu geraten, ist gegenüber dem »starken Geschlecht« völlig unbegründet, da es in der Phase der frischen Verliebtheit relativ schmerzfrei durchs Leben wandelt.

7. Geben Sie dem Prinzen spätestens beim dritten Date Elfmeter, um mit Ihnen körperlich auf Tuchfühlung zu gehen, indem Sie einen Spaziergang unter Sternenhimmel vorschlagen und plötzlich zu frieren beginnen, beim gemeinsamen Schwimmbadbesuch eine Nackenverspannung vortäuschen oder einen Moment erwartungsvoll vor Ihrer Haustür innehalten, zu der er Sie begleitet hat. Lässt er diese Chancen ungenutzt, müssen Sie leider davon ausgehen, dass der Zug bestenfalls in Richtung Freundschaft unterwegs ist. Ihm jetzt noch weitere Strafstöße zuzusprechen würde fast schon an Prostitution Ihrerseits grenzen. Und schießen würde er vermutlich auch jetzt nicht.

Hände weg von No-go-Typen

Nehmen Sie ohne Wenn und Aber die Beine in die Hand, wenn Sie folgenden zwölf Kategorien der holden Männlichkeit begegnen:

1. Der Womanizer:

Heute nennen sich die Vertreter dieser Spezies »pickup artists«. Klingt gut, aber in Wirklichkeit sind diese Typen ganz arme Socken, weil sie es nie geschafft haben, eine langfristige Partnerschaft aufzubauen, geschweige denn, Familie zu gründen. Die Komplexe, die daraus gegenüber glücklichen Ehemännern entstehen, versuchen die Bindungsphobiker eben gerade wieder mit Sexabenteuern zu kompensieren. Wenn die Daddys am Stammtisch stolz von ihrem Nachwuchs erzählen, können sie wenigstens ihre Geschichten aus Tausendundeiner Liebesnacht zum Besten geben.

Oft stellen die horizontalen Eskapaden aber nicht die Henne, sondern das Ei ihrer Komplexe dar, etwa bei beruflichem Versagen oder beim Little-Man-Syndrom, wenn der Mann seine geringe Körpergröße mit Erfolg, natürlich auch im Bett, versucht zu kompensieren. Mitunter handelt es sich dabei auch um Adrenalin-Junkies, die ständig den Kick der neuen Eroberung brauchen.

Geben Sie sich niemals der Illusion hin, Sie könnten den erotischen Sumpf von Mister Casanova durch Ihre Liebe austrocknen. Er wird auf seine Betthäschen genauso wenig verzichten wie Udo Lindenberg auf Hut und Sonnenbrille.

2. Der Oberlehrer:

Er will ja eigentlich nur Ihr Bestes. Schon beim ersten Date erklärt Ihnen Doktor Allwissend ungefragt, wie Sie Ihre Spaghetti fachgerecht aufzurollen haben, und am Ende des Abends wissen Sie, was die Welt in ihrem Innersten zusammenhält. Das ist ja auch bitter notwendig, weil Sie, obwohl gleichaltrig, beileibe noch nicht über seine Lebenserfahrung verfügen können. Eine Partnerschaft mit diesem Typus bedeutet lebenslang Schulbank. Selbst wenn Sie den Neunmalklugen eines Tages wissensmäßig eingeholt oder gar überholt haben sollten, weiß er als notorischer Besserwisser doch noch alles besser. Abgesehen von seinen Belehrungsattitüden, können Sie dem Überpädagogen auch nie wirklich etwas recht machen, weil er ein ausgewachsener Pedant ist. Last, but not least sitzt er gewöhnlich auf seinem Geld wie Dagobert Duck auf seinen Talern.

3. Der Motzkopf:

Anders als der Oberlehrer, der ja teilweise noch lautere Absichten verfolgt, indem er Ihnen etwas beibringen möchte, weist der Motzkopf nur noch destruktive Tendenzen auf. Ähnlich wie Friedhelm Motzki, der einstige Fernsehobernörgler von Wolfgang Menge, ist er ein Misanthrop. Er hadert mit sich und seinem Leben und überträgt diese Unzufriedenheit auf seine Außenwelt. Also hegt er Abscheu gegenüber Ausländern, Nachbarn, Verwandten, Politikern und natürlich auch gegenüber Ihnen.

Ihr irdisches Wandeln beobachtet der Meckerer aus Leidenschaft mit Argwohn und hofft inständig, dass Sie sich einen Fehltritt leisten. Tun Sie ihm den Gefallen, reibt er Ihnen das Missgeschick tagelang unter die Nase, wenn er bis dahin nicht schon wieder einen neuen Grund zum Aufregen gefunden hat. Mit einem »einfachen« Rüffel gibt sich der Motzkopf nämlich schon aus Prinzip niemals zufrieden.

4. Der Choleriker:

Sobald der Alptraum auf zwei Beinen seinen ersten Tobsuchts-
anfall vor Ihren Augen »hinlegt«, sollten Sie dringend »auf
Nimmerwiedersehen« sagen. Im Gegensatz zum Motzki, bei
dem steter Tropfen die Beziehung aushöhlt, tut er Ihnen zwar
nicht permanent Tort an, aber wenn, dann richtig. Um neben
dem HB-Männchen einigermaßen bestehen zu können, müssen
Sie über mindestens einen Psychologie-Bachelorabschluss und
unglaubliche Nehmerqualitäten verfügen. Da bis zum nächsten
Donnerwetter immer nur ein Funke fehlt, sind Sie permanent
in Habtachtstellung. Zudem nehmen Sie sich in Konfliktsituationen so weit zurück, dass Sie fast schon verschwinden. Sie
führen sozusagen ein partnerschaftliches Leben mit Samthand-
schuhen.

5. Der Nerd:

Sofern er bereits die Grenze zur Sucht überschritten hat, zeigt der
Computerfreak als Erkennungsmerkmal häufig schon äußere
Anzeichen von Verwahrlosung. Ohnehin meist schon nicht gerade hip gekleidet, stören ihn dann auch keine Schweiß- oder
Essensflecken mehr auf der Kleidung. Dazu wird die Körper-
hygiene stark vernachlässigt, so dass der PC-Jünger häufig eine
Geruchsfahne hinter sich herzieht und seine Haare vor Fett trie-
fen. Kennenlernen können Sie ihn fast ausschließlich online,
etwa über Internet-Partnerbörsen, soziale Netzwerke oder Chat-
rooms. Beim persönlichen Beschnuppern lässt er, völlig unbehol-
fen im sozialen Umgang, kein Fettnäpfchen aus. Gehen Sie trotzdem eine Beziehung mit dem Nerd ein, werden Sie sich daran
gewöhnen müssen, dass ihn ein gepflegtes Computerspiel allenthalben mehr anturnt als ein heißes Liebesspiel. Auch für sonstige
Unternehmungen bekommen Sie ihn nur unter Androhung der
Todesstrafe hinter seinem (selbstgebauten) Rechner hervor.

6. Der Schluckspecht:

Alle roten Warnlampen sollten bei Ihnen angehen, wenn Sie Ihre neue männliche Bekanntschaft schon beim ersten Date unbedingt dazu überreden möchte, Alkohol zu konsumieren. Das tut sie nämlich nur, um selbst ohne »schlechtes Gewissen« loslegen zu können und um Ihre Einstellung gegenüber »Prozentigem« abzuchecken. Sind Sie hinsichtlich Ihres Gegenübers zu der Diagnose Trunksucht gelangt, ist einzig der geordnete Rückzug Ihrerseits indiziert. Höchstens, Sie leiden an einem ausgewachsenen Helfersyndrom oder wollen dem Alkoholkranken als Freundin beistehen. Glauben Sie aber niemals, Sie könnten den »Schluckomaten« kraft Ihrer Liebe trocken bekommen. Das Gegenteil ist der Fall: Durch das Gefühl, Sie als sogenannte Koalkoholikerin im Rücken zu haben, entsteht bei dem Abhängigen nicht genügend Leidensdruck, etwas gegen seine Malaise zu unternehmen. Beim trockenen Alkoholiker müssen Sie sich indes überlegen, ob Sie bereit sind, das Risiko eines Rückfalls in Kauf zu nehmen.

7. Mamas Liebling:

Wundern Sie sich nicht, wenn diese Spezies Mann beim Rendezvous die Frau Mama im Schlepptau hat. Oder vielleicht ist es auch genau umgekehrt? Zumindest aber wird sie als Schattenfrau in Form von schwärmerischen Erzählungen Ihres Dates stets präsent sein. Vielleicht erleiden Sie auch schon die Höchststrafe, indem Sie für Vergleiche mit der potenziellen Schwiegermutter herhalten müssen. Verkneift sie sich Ihr Gegenüber noch, so gilt das Motto: »Aufgeschoben, ist nicht aufgehoben.« Spätestens, wenn Sie in den Hafen der Ehe einlaufen, werden sie an der Tagesordnung sein. Wer die Macht hat, kristallisiert sich gerade in Konfliktsituationen heraus. Erwarten Sie bitte nicht, dass Ihr Herzbube darin Partei für Sie ergreift; im Zweifelsfall gewinnt nämlich regelmäßig die liebe Mutti. Selbst wenn es nicht zur Eskalation kommt, müssen Sie stets auf Einmischungen in und Störfeuer gegen Ihre Ehe gefasst sein.

8. Der Psycho:

Am Anfang kann der Psychopath durchaus charmant und liebenswert sein, auch gegenüber Ihrem Umfeld. Da er mit anderen Menschen aber nur schwer dauerhaft klarkommt und Exklusivitätsanspruch auf Sie erhebt, versucht er, Sie daraus zu lösen, sobald er glaubt, Sie im Sack zu haben. Als ersten Schritt in diese Richtung beginnt er Ihnen zunächst einige, aber schon kurze Zeit später so ziemlich alle Ihre sozialen Kontakte madigzumachen. Ist diese Phase abgeschlossen, trägt er zum Teil einigermaßen offen, zum Teil subtil den Wunsch nach ersten Cuts gegenüber Ihren Lieben an Sie heran. Stößt er mit seinen eher noch manipulativen Bemühungen auf Widerstand Ihrerseits, geht er dazu über, zunächst sanften, dann massiven Druck in Ihre Richtung auszuüben. Hilft selbst das noch nicht, schwingt er als Ultima Ratio die Erpressungskeule, meist indem er Trennungsdrohungen ausspricht für den Fall, dass Sie sich über seine inzwischen offenen Forderungen hinwegsetzen. Geben Sie letztendlich nach, verschleppt Sie Mister Psycho in seine Klause, schließt von innen zu und quält Sie so lange, bis Ihnen die Flucht gelingt.

9. Der Bindungsphobiker:

Endlich einmal ein Mann, der weiß, was er will, werden Sie sich denken, wenn der Bindungsphobiker schon bei der ersten Verabredung rosarot Ihre gemeinsame Zukunft an die Wand malt. Natürlich lassen Sie sich nach all den Zögerern und Zauderern sofort auf ihn ein, und einige Tage, Wochen oder sogar Monate lang erleben Sie ein Feuerwerk der Leidenschaft mit ihm. Doch ganz plötzlich, wie bei einem Strohfeuer, das kurz lichterloh brennt und dann von einer Sekunde auf die nächste komplett erlischt, sind seine Gefühle weg. Mit seinen übertriebenen Affekten am Anfang wollte er sich beweisen, dass er Partnerschaft leben kann, überkompensierte damit seine Bindungsängste: »Ich will Beziehung«, lautete sein Mantra. In Wirklichkeit hat er panische Angst vor Nähe, weil er in »Schlagdistanz« zu einer engen Bezugsperson schon einmal massiv Prügel von ihr bezog. Um wieder einen unkritischen Abstand zwischen sich und Ihnen zu schaffen, beginnt er nun entweder in den Krümeln zu suchen, das heißt, er weist Ihnen in detektivischer Kleinarbeit winzige Fehler und Versäumnisse nach, oder er beißt Sie durch Gemeinheiten weg. Die dritte Variante ist der allbekannte Klassiker: Der Bindungsphobiker geht Zigaretten holen und verschwindet dabei (zunächst), als hätte ihn der Erdboden verschluckt. Kehrt er zurück, weil er sich wieder von der furchterzeugenden Intimität mit Ihnen erholt hat, geht sein Nähe-Distanz-Spiel von vorne los. Damit ist der Grundstein für eine On-off-Beziehung gelegt.

10. Der Abzocker:

Zwei Voraussetzungen prädestinieren Frau, um ins Visier des Typus Heiratsschwindler zu geraten: erstens ein gerüttelt Maß an Naivität und zweitens ein unbändiger Wunsch nach Zärtlichkeit und Liebe. Die emotionale Bedürftigkeit seiner weiblichen Opfer bietet den idealen Andockpunkt für die unlauteren Absichten des Goldgräbers. Über Gefühle scheint er nämlich geradezu im Übermaß zu verfügen. Zudem setzt er trefflich seinen Charme ein, indem er seine weiblichen Eroberungen mit Komplimenten überschüttet. Ähnlich wie der Psychopath entwirft er (große) »partnerschaftliche« Pläne, die aber fast immer größere finanzielle Investitionen erfordern, etwa den Kauf eines gemeinsamen Autos oder den Erwerb scheinbar sicherer Geldanlagen. Dafür muss die »Dame des Herzens« dem Abzocker natürlich ihre Vermögensverhältnisse offenlegen. Die bieten dann die Grundlage für ihre Beteiligung an den Projekten. Oft fädelt der betrügerische Herzensbrecher seine monetären Abschöpfaktionen so geschickt ein, dass die andere Seite noch nicht einmal einen Nachweis über den »Cashflow« hat. Ist die Kuh abgemolken, macht er sich aus dem Staub. Häufig funktioniert das Prinzip auch über die Mitleidsmasche, bei der eine »vorübergehende finanzielle Klemme« herhalten muss.

11. Der Schaumschläger:

Ähnlich wie der Abzocker ist der Schaumschläger ein perfekter Märchenerzähler. Höchstens 50 Prozent von dem, was er von sich gibt, können Sie ihm ungefragt glauben. Anders als beim Heiratsschwindler dienen die Übertreibungen, Halbwahrheiten und Lügen des Blenders aber weniger dazu, seinen weiblichen Bekanntschaften das Geld aus der Tasche zu ziehen, als vielmehr sich wichtig zu machen. Aus psychologischer Sicht handelt es sich bei ihm um einen waschechten Narzissten. Fatalerweise hat er seine Scheinidentität häufig bereits so stark verinnerlicht, dass er selbst nicht mehr zwischen Fiktion und Wirklichkeit unterscheiden kann. Der vermeintlich erfolgreiche Geschäftsmann hält sich also tatsächlich für einen erfolgreichen Geschäftmann. Abgesehen von seinen permanenten Vertrauensbrüchen, indem er Sie anschwindelt, stellt der Prahlhans insofern ein No-Go dar, als er Sie sozial isoliert. Kaum jemand aus Ihrem Umfeld dürfte nämlich über genügend Leidensfähigkeit verfügen, sich seine hanebüchenen Storys und sein Gegockel dauerhaft zuzumuten. Infolgedessen werden Einladungen zu Partys und sonstigen Events immer seltener.

12. Der Pascha:

Nachdem ihm seine Frau den Stuhl vor die Tür gesetzt hat – er selbst ist viel zu bequem, um selbst zu gehen –, versucht der Pascha, schnellstmöglich Ersatz für sie zu finden. Da er wenig von Eigeninitiative hält und ihm die Pirsch nach Miss Perfect etwa im Internet oder auf freier Wildbahn zu mühsam ist, begibt er sich in die Hände einer klassischen Partnervermittlung, die ihm die Kandidatinnen praktisch »mundfertig« serviert. Viel Charme und Engagement brauchen Sie seitens des Chauvis nicht zu erwarten, wenn Sie ihm über dieses Vehikel der Entsingelung begegnen. Dafür waren Sie ihm ja schon mehrere tausend Euro an »Kuppelhonorar« wert; das muss reichen. Tatsächlich sieht er Sie als eine Art Ware, und es will ihm einfach nicht in den Kopf, wie Sie ihm trotzdem bei Nichtgefallen einen Korb geben könnten. Lassen Sie sich indes auf ihn ein, so wird er bald auf Zusammenziehen und Hochzeit drängen. Mit dem Gang zum Traualtar nimmt dann Ihr Schicksal seinen Lauf. Spätestens nach dem Honeymoon werden Sie vom Pascha peu à peu zur Dienstmagd degradiert.

Fokussieren Sie Ihre Flirtenergie

Ines' Handy wimmelt nur so von Telefonnummern besonders männlicher Bekanntschaften. Kontakte zum anderen Geschlecht knüpft die 44-jährige, bildhübsche Hotelfachfrau en masse, sowohl über diverse Vehikel der Entsingelung als auch auf freier Wildbahn, da sie ein ausgesprochen zugänglicher Typ ist und auch gerne mit ihren weiblichen Reizen lockt. Im Internet schreibt sie häufig eine Zeitlang mit lukrativen Kandidaten – nicht selten kommt es sogar zu Treffen –, überführt sie aber in den Stand-by-Modus, sobald ein vermeintlich noch interessanterer Bewerber für den Platz an ihrer Seite am Horizont erscheint. Erweist sich die neue »Errungenschaft« im Nachhinein als doch nicht so perfekt, wie sie anfangs vermutete, versetzt sie Ines ebenfalls in Bereitschaftsstellung. Fehlt es ihr dann einmal an neuen Perspektiven, versucht sie regelmäßig, ihre ältere Abteilung Reserve zu reaktivieren, womit sie aber bisweilen auf Granit beißt, weil die Karawane inzwischen weitergezogen oder die andere Seite wegen der Warteschleife verärgert ist. Ihre bedürftigere Ersatztruppe stimmt indes Freudengesänge an, wenn sie ein Lebenszeichen aus ihrer Versenkung von sich gibt, und schenkt Ines' fadenscheinigen Erklärungen für ihren vorübergehenden Rückzug nur allzu gerne Glauben. Natürlich sind die »Reservisten« auch diesmal nur Randfiguren in einem bösen Spiel. »Bestenfalls« dienen sie als Zwischenhäppchen oder Zeitvertreib, schlimmstenfalls dafür, um Konkurrenten eifersüchtig zu machen oder Ines' Selbstwertgefühl zu pimpen. Jedenfalls ist sofort wieder »game over« angesagt, wenn Ines glaubt, sie habe beim Partnerschafts-Monopoly endlich die Schlossallee erreicht. Mit ihrer sinnlosen Pirsch nach dem perfekten Mann schadet Ines aber nicht nur den potenziellen Herzbuben, sondern am meisten sich selbst, indem sie zum Langzeit-Single mutiert. Inzwischen hat es die junge Dame auf stattliche acht Jahre Single-Dasein am Stück gebracht, und das Ende davon liegt völlig in den Sternen.

Das Suchen und Finden der Liebe lässt sich in drei Abschnitte unterteilen:

1. Phase der Sondierung
2. Phase der Fokussierung der Flirtenergie
3. Phase der Bindung

In der Sondierungsphase pflegen Sie ähnlich wie Ines gleichzeitig mehrere Männerkontakte. Sie checken ab, welche Kandidaten das Potenzial haben, Ihr Herz höherschlagen zu lassen, und somit in die engere Auswahl kommen. Nach einigen Treffen kristallisiert sich der zukünftige Herzbube für Sie heraus.

Die Phase der Fokussierung der Flirtenergie ist dadurch geprägt, dass Sie sich in Ihren Prinzen verlieben, während Sie all die Frösche zurück ins Wasser werfen. Spätestens nach dem ersten Austausch intensiverer Zärtlichkeiten sollten Sie das Prinzip der Exklusivität walten lassen, vorausgesetzt natürlich, Sie streben eine verbindliche Zweisamkeit an. Jetzt noch weitere Aktivitäten auf dem Single-Markt zu unternehmen wäre grob illoyal.

Ines' Problem besteht darin, dass sie in der Sondierungsphase stecken bleibt. Zum einen sieht sie vermutlich aufgrund der Vielzahl an potenziellen Partnern den Wald vor lauter Bäumen nicht mehr, und zum anderen nimmt sie scheinbar den Spruch »Drum prüfe, wer sich ewig bindet, ob sich nicht noch was Bessres findet« allzu ernst. Ähnlich wie der Prinzessin auf der Erbse ist ihr kein »Bräutigam« gut genug, weil ja das Schicksal immer noch ein Schippchen drauflegen könnte. Auch erinnert sie fatal an des Fischers Frau, die vom Butt mehr und mehr verlangt und schließlich wieder mit leeren Händen dasteht.

Davon abgesehen, dass Sie ohne die Fokussierung Ihrer Flirtenergie niemals eine feste Beziehung eingehen können, stellt sie auch auf dem Weg dorthin eine unabdingbare Voraussetzung dar, weil sie …

- Ihrem zukünftigen Herzblatt im Gegensatz zur Beliebigkeit ein Gefühl von Einmaligkeit verschafft.
- nur gebündelt so viel Charme in die Richtung Ihres Auserwählten fließen lässt, dass Sie sein Herz erobern können.

- eher eine Kontinuität und Geradlinigkeit des Kennenlernens ermöglicht als bei mehreren Kontakten.
- Beziehungskisten schon vor der eigentlichen Beziehung ausschließt.
- mögliche Eifersüchteleien zwischen einzelnen Anwärtern vorbeugt und dadurch die Wahrscheinlichkeit von externen Störfeuern vermindert.
- die Grundlage für Treue und Bindungsfähigkeit darstellt.
- gesunden Realitätssinn für die Begrenztheit der Möglichkeiten auf der Suche nach dem passenden Partner verrät.
- Pannen in Form von Verwechslungen (etwa Nennung eines falschen Namens) zu vermeiden hilft.

Der Phase der Fokussierung bei der Prinzenjagd schließt sich die Bindungsphase an, in der sich ein Zusammengehörigkeitsgefühl entwickelt und Verliebtheit langsam in Liebe übergeht. Findet keine Vertiefung Ihrer neuen Bekanntschaft statt, weil zum Beispiel im Nachhinein noch für Sie inakzeptable Fakten über Ihr Gegenüber ans Tageslicht kommen, so werden Sie wieder in die Phase der Sondierung zurückgeworfen, und Ihr Weg zum zweisamen Glück beginnt von vorne.

Ermöglichen Sie dem Prinzen den Eroberungsfeldzug

Anna, 38, Bilanzbuchhalterin, begibt sich meist in einem ganzen Pulk von Single-Freundinnen auf die Pirsch nach dem Märchenprinzen. Im Biergarten oder in der Kneipe überlässt sie auf den Bänken fast immer den anderen Mitgliedern ihrer Jagdgruppe die Randplätze, die das andere Geschlecht noch am ehesten zur Flirtattacke einladen. Tatsächlich setzen sich auch immer wieder Herzblatt-Kandidaten neben sie, während Anna in der Mitte eingezwängt ihre Eroberungsversuche nur als Zaungast miterlebt. Um sich alleine an die Theke zu stellen, ist Anna zu schüchtern. Außerdem befürchtet sie, dass ihre Freundinnen verärgert sein könnten, wenn sie die Mädelstruppe verlässt. Auch an Stehtischen nimmt sie gewöhnlich den ungünstigsten Platz in maximaler Entfernung vom Zentrum des Flirtgeschehens ein, oft sogar noch verdeckt durch ihre Begleiterinnen. Dabei spielt ihr noch ihre recht geringe Körpergröße in die Karten, denn im tiefsten Innern ihres Herzens möchte sie überhaupt nicht angesprochen werden. Einerseits wünscht sie sich zwar einen festen Partner, mit dem sie endlich ihren Traum von einer kleinen Familie verwirklichen kann, doch die Schritte dorthin würde sie am liebsten überspringen.

Hängen Sie ähnlich wie Anna auch dem Prinzip an »Wasch mich, aber mach mich nicht nass«, indem Sie sich bei der Prinzenjagd chronisch ungünstig in Stellung bringen? Oder stellt die »Rühr-mich-nicht-an«-Position einfach bisweilen ein notwendiges Übel für Sie dar, weil Ihnen Ihre Freundinnen den »Platz an der Sonne« vor der Nase wegschnappen? Dann stellen Sie sich einmal in der »mittigen« Banksituation vor, und versuchen Sie, sich in die Gedankenwelt eines Mannes zu versetzen, der gerade eine Balzattacke in Ihre Richtung erwägt.
Ihm gehen vermutlich vier Gründe durch den Kopf, warum er nicht in Ihr Frauenrudel eindringen sollte. Erstens dürfte er zumindest anfangs als Störfaktor wahrgenommen werden. Zweitens muss er mit der Stutenbissigkeit Ihrer von ihm »verschmähten« Freundinnen rechnen. Drittens könnten Sie ihm aus übertriebener Loyalität zu Ihren Begleiterinnen einen Korb verpassen. Und viertens fragt er sich als besonders empathischer

Vertreter der Spezies XY, ob es Ihnen nicht vielleicht unangenehm wäre, öffentlich mit ihm zu flirten.

Dazu kommt noch Ihre »prekäre« Sitzposition zwischen zwei Ihrer Jagdgenossinnen. In einem Flirtkurs hat der potenzielle Herzbube gelernt, niemals eine Frau von hinten anzusprechen. Über den Tisch hinweg und von der Seite ist auch ungünstig, weil dabei Ihre Freundinnen im Weg sind. Nach der Gesprächseröffnung steht er noch vor der Aufgabe, sich Platz neben Ihnen zu verschaffen. Vielleicht zickt Ihre Nachbarin herum, weil auf der gemeinsamen Sitzgelegenheit der Gruppe ohnehin schon quälende Enge herrscht. Gelingt es ihm endlich, sich neben Ihnen niederzulassen, steht er vor der Herausforderung, unter ständiger Beobachtung ein Flirtgespräch mit Ihnen aufzuziehen, und läuft Gefahr, im Falle des Misslingens zur Lachnummer für alle übrigen Anwesenden zu mutieren.

Abgesehen davon, dass Sie ihm vielleicht schon eine Einladung per Blickkontakt geschickt haben, sind das wahrlich keine verlockenden Aussichten für einen Vorstoß. Mal ehrlich: Würden Sie unter diesen erschwerten Bedingungen den ohnehin schon bleischweren Weg zum Objekt Ihrer Begierde antreten? Vermutlich nicht. Also, hilft nur eines, Sie müssen dem Herzblatt-Kandidaten die unnötigen Hürden aufgrund Ihrer ungünstigen Plazierung aus dem Weg räumen, indem Sie sich vorübergehend von Ihren Mitstreiterinnen separieren. Wenn Sie ähnlich wie Anna Bedenken haben, dass diese sich darüber pikieren könnten, so weihen Sie sie einfach in Ihren Plan ein. Drapieren Sie sich nun an der Theke, und bauen Sie wieder Blickkontakt zu Ihrem potenziellen Prinzen auf. Sind Sie der etwas offensivere Typ, können Sie auch mit Catwalk-Schritten in Richtung Toilette gehen und ihm en passant Ihr erotischstes »Hallo« entgegenhauchen oder ihm Ihr bezauberndstes Lächeln schenken. Bleiben Sie aber nicht stehen, sondern setzen Sie Ihr Defilee sogleich fort. Garantiert wird er diesen Elfmeter nutzen, indem er Sie bei Ihrer Rückkehr vom stillen Örtchen auf ein Getränk einlädt. Lässt er ihn liegen, können Sie ihm als letzte Möglichkeit immer noch Ihre Telefonnummer in die Hand drücken, kurz bevor Sie die Lokalität verlassen. Ruft er Sie nicht an, ist er vermutlich entweder verheiratet und wollte mit seinem Augenflirt nur seinen Marktwert testen oder er hat so wenig Hintern in der Hose, dass er auch jetzt noch die nähere Kontaktaufnahme scheut.

Zur Mission impossible werden Ihre Entsingelungsversuche, wenn Sie sich in Ihren Ausgeh-Locations ähnlich wie Anna förmlich hinter Ihren Freundinnen verstecken. Aus dem Unterholz heraus werden Sie nicht die männliche Gemengelage sondieren, geschweige denn das Heft des Handelns bei der Partnerwahl in die Hand nehmen können, indem Sie gestisch-mimisch Mister Right zu sich lotsen. Was sich zu Ihnen verirrt, sind all die Kandidaten, die glauben, auch ohne Einladung bei Ihnen landen zu können: Saufnasen, Baggerkönige, Vollpfosten. Um eine Invasion der Nieten im Liebesbingo zu verhindern und selbst zum Halali für die Prinzenjagd zu blasen, müssen Sie also Ihr »schattiges Plätzchen« verlassen und sich ins Scheinwerferlicht begeben. Die Diskothek bietet mit den Standorten rund um die Tanzfläche eine illustre Möglichkeit, während die Kneipe diesbezüglich mit der Theke dienen kann. Weniger geeignet, zumindest für die seriöse Partnersuche, sind der Eingangsbereich einer Lokalität sowie der Gang zu den Toiletten. Zwar entgeht Ihnen dort sondierungstechnisch nur wenig, weil Eintreten bei jedem und Austreten bei fast jedem männlichen Gast zumindest einmal am Abend auf dem Programm steht. Dafür geraten Sie aber schnell in den Ruch der Notgeilheit, wenn daraus Ihre Stammplätze werden. Davon abgesehen, machen Sie sich durch die »Blockade« des Weges zum Klo nicht unbedingt

Freunde, besonders bei überbordendem Blasendruck seiner angehenden Nutzer. Dass Sie sich niemals in irgendeine Ecke verdrücken sollten, bedarf wohl kaum einer Erwähnung. Damit ist nämlich gemeinhin der Begriff Strafe konnotiert. In der Schule gab es früher das »Eckestehen« als Sühnemaßnahme für einen (vermeintlichen) Regelverstoß. Aber vielleicht haben Sie ja sogar auch dann noch Glück, und der Prinz führt Sie »Out of the dark, into the light«. Folgen Sie ihm dorthin bitte sofort und ohne jeglichen Widerstand.

Kleiden Sie sich bei der Pirsch nach Mister Right dezent

Irina, 38, Vertriebsleiterin:
»Ich fahre beim Ausgehen und bei Rendezvous alles an Luxus auf, was mein Kleiderschrank zu bieten hat: Nerzmantel, JimmyChoo-Pumps, das kleine Schwarze von Dolce & Gabbana. Ich stehe einfach auf edle Klamotten. Das sollte ein Mann auch gleich sehen. Wenn ihn das abschreckt, weil er ein Sparbrötchen ist, sollte er sich lieber ein Trinchen vom Land suchen.«

Ramona, 35, Restaurantfachfrau:
»›Sex sells‹, lautet mein Motto. Deshalb trage ich auf der Prinzenjagd gerne Stretchminis, High Heels und tief dekolletierte Oberteile. Mein verführerisches Outfit unterstreiche ich mit einem sinnlichen Make-up. Dadurch ist mir die Aufmerksamkeit der Herrenwelt sicher. Ohne männliche Telefonnummer gehe ich fast nie nach Hause, und häufig ergeben sich daraus auch nähere Kontakte. Die Liebe fürs Leben ist mir trotzdem noch nicht begegnet.«

Sandy, 29, Verkäuferin:
»In einer Frauenzeitschrift habe ich mal einen Artikel über Flirt-strategien gelesen. Irgend so ein Anmachprofi erzählte darin, dass er die Aufmerksamkeit der Frauen auf sich zieht, indem er in total schrillen Outfits durch die Stadt zieht. Das probiere ich seit ein paar Wochen auch. Allerdings fällt die Erfolgsbilanz bisher mehr als mager aus. Nur ein einziger Typ ist mir an den Haken gegangen, aber nur scheinbar, denn in Wirklichkeit wollte er etwas von meiner besten Freundin.«

Astrid, 41, Ökotrophologin:
»Meinem Outfit messe ich beim Dating keine übermäßig große Bedeutung zu. Daher trage ich nicht das, was vielleicht von mir erwartet wird, sondern das, worin ich mich authentisch fühle.«

In meinen Single-Gruppen führe ich seit 16 Jahren regelmäßig Umfragen zum Thema »Das Outfit beim Suchen und Finden der Liebe« durch. Wenig überraschend dürfte dabei das Ergebnis sein, dass Single-Männer sehr stark auf die Garderobe ihrer weiblichen Pendants achten. Für mehr Erstaunen könnte dagegen die Erkenntnis sorgen, dass die Beurteilung ihrer Relevanz in den letzten Jahren stetig zugenommen hat, während die lange Zeit propagierten »inneren Werte« im Ranking sukzessive ins Hintertreffen geraten. Offenbar scheint sich hier wieder ein Trend zur Äußerlichkeit durchzusetzen, wie auch eine Untersuchung des Partnerportals Parship zeigt, nach der 78 Prozent aller Deutschen sehr viel Wert auf die Optik ihres Partners legen. Dafür tragen vermutlich unter anderem diverse TV-Formate wie »Germany's next Topmodel« oder »Das perfekte Model« eine Mitverantwortung. Was auch immer die Gründe sein mögen; jedenfalls müssen Sie, um beim Suchen und Finden der Liebe erfolgreich zu sein, Ihrem Outfit großes Augenmerk schenken. Hier liegt Astrid mit ihrer »Geringschätzung« ziemlich weit weg von den Erwartungen des »starken« Geschlechts, was sie aber zur Wahrung ihrer Authentizität in Kauf nimmt. Authentizität wiederum stellt einen wichtigen Faktor bei der Kleiderwahl dar, insofern als sie die Persönlichkeit unterstreicht, anstatt sie zu konterkarieren. Zudem sorgt sie für Wohlbefinden und Sicherheit. Problematisch wird Echtheit nur dort, wo sie die Prinzenjagd massiv behindert. Ich würde Ihnen zum Beispiel tunlichst davon abraten, sich ähnlich freizügig zu präsentieren wie Ramona, selbst wenn Sie darin Ihre Persönlichkeit widergespiegelt sehen. Männer nehmen Sie dann nur als Sexualobjekt und nicht als potenzielle Lebenspartnerin wahr. Beides zugleich geht kaum je, weil die Spezies XY dazu neigt, schematisch zu denken. Davon abgesehen, verschießt Ramona mit einem Schuss ihr ganzes Pulver, indem sie zugleich Brust, Beine, Po betont sowie ihre erotische Kriegsbemalung ins Rennen schickt. Zumindest körperlich hat sie nun kein echtes Ass mehr für weitere Treffen im Ärmel. Last, but not least zeigen sich auch viele Männer nur ungern öffentlich an der Seite eines Vamps, geschweige denn einer vermeintlichen Schlampe.

Ganz hoffnungslos ist die Lage bei Sandy. Ihr schrilles Outfit entspringt noch nicht einmal innerer Überzeugung, sondern dem Kalkül, damit die Paarungschancen zu erhöhen. Leider erreicht sie damit aber genau das Gegenteil. Ausgenommen ein paar durchgeknallte Freaks, empfindet die Herrenwelt Papageienoutfits als megapeinlich und absolutes No-Go. Zwar erzeugt Sandy männliche Aufmerksamkeit, aber die Früchte davon erntet schließlich ihre vermutlich »dezente(re)« Freundin.

Die in Deutschland lebende Russin Irina geht ein hohes Risiko ein, mit ihrem Schickimicki-Stil. Speziell bei ihren Blind Dates erscheint sie in Bezug auf ihr männliches Gegenüber overdressed, aber auch auf die Location des persönlichen Beschnupperns. Selbst wenn potenzielle Partner Ihren materiellen Ansprüchen entsprechen, betreiben Sie womöglich bescheidenes Understatement. Sie können sich zum Stelldichein durchaus eher leger kleiden und den gemütlichen Italiener um die Ecke dem Nobelrestaurant vorziehen. Dass der Nerzmantel der jungen Slawin polarisiert, stellt eine weitere Facette ihrer eher unglücklichen Garderobe dar. In der Gesamtschau dürften Irinas Montur ziemlich viele Kandidaten als »too much« oder gar abschreckend empfinden. Jedenfalls ist ihr zu wünschen, dass sich darunter niemals ein Peta-Anhänger befindet.

Um des Rätsels Lösung bei der Wahl des Outfits ein wenig näher zu kommen, müssen noch einmal die Männer meiner Single-Gruppen herhalten. Verschiedene Erhebungen unter ihnen **zur idealen Date-Aufmachung einer Frau** haben ergeben:

- Männer wünschen sich kein zu tiefes Dekolleté bei ihrer Date-Partnerin, weil sie dadurch ständig vom Gespräch abgelenkt werden. Außerdem bringt es sie in die Bredouille: Dürfen sie nun hinschauen oder doch nicht? Einerseits wissen sie, dass die Busen von Frauen bewusst als Eyecatcher eingesetzt werden und ihre völlige Missachtung einen Affront darstellte, andererseits denken sie an die Aussage des Comedians Yana Kayar: »Schauen Sie der Frau in die Augen, aber die Augen liegen nicht in Brusthöhe.«
- Männer lieben enganliegende Kleidungsstücke, die die weiblichen Kurven pointieren. Allerdings sollten sie zur Figur der Dame passen und keinesfalls eine Presswurst aus ihr machen.
- Haute Couture finden Männer beim Dating übertrieben und schürt bei ihnen die Angst, dass Frau zu teuer für sie ist.
- Männer stehen auf eine gewisse Dezenz. Besonders in der oft ein wenig befangenen Situation des (ersten) Stelldicheins

möchten sie nicht noch, dass das weibliche Gegenüber durch sein schrilles oder übertrieben freizügiges Outfit alle Blicke auf sich lenkt.

- Beim Thema Schmuck stehen Männer auf Klasse statt auf Masse. Ein edles Stück, das die Persönlichkeit der Frau unterstreicht, finden die meisten ansprechend. Evastöchter, die mit billigem Modeschmuck behängt sind wie ein Weihnachtsbaum, finden dagegen wenig Gnade vor den Augen der Herrenwelt.

- Interessanterweise mögen Männer keine allzu hohen Absätze. Über zehn Zentimeter turnt nur eine kleine Minderheit an, und nicht wenige bezeichnen High Heels hinter vorgehaltener Hand als nuttig. Welch frohe Botschaft für die geplagten Füße der holden Weiblichkeit.

- In puncto Beinbekleidung bevorzugen Männer minimal den Rock beziehungsweise das Kleid gegenüber der Hose und ziemlich deutlich die Nylon-Strumpfhose gegenüber nackter Haut.

- Oben herum mögen Männer elegante Pullover, ärmellose Tops und Blusen, die so weit geöffnet sind, dass der Brustansatz leicht zu sehen ist. Gar nicht gehen für sie schlichte T-Shirts, Sweatshirts oder Kapuzenshirts.

- Totale Abturner beim Dating sind für Männer extrem frierende oder schwitzende Frauen aufgrund temperaturunangemessener Bekleidung. Besonders Frösteln nimmt er gerne persönlich, während ihn bei den »Hitzewallungen« eher der Schweißgeruch stört.

- Dezent geschminkt gefallen Männern Frauen besser als ungeschminkt. Am schlechtesten kommen Evastöchter weg, die den Eindruck erwecken, sie seien ins Schminktöpfchen gefallen. In ist also moderat gepimpte Natürlichkeit.

Vielleicht können Sie im Rahmen der Wünsche des »starken« Geschlechts eine Fasson finden, in der Sie sich wohl fühlen und – ganz wichtig – sich auch selbst gefallen.

Wehren Sie sich gegen die Ferkel im Internet

Ellen, 46, Kassiererin:
»Die beiden ersten Mails, die mir Alex über eine renommierte Internet-Single-Börse schrieb, waren noch vollkommen normal: Hobbys, Beruf, Aktivitäten und so weiter. Doch bei der dritten legte er plötzlich los. Er fragte mich, ob ich ihm nicht ein paar Nacktfotos von mir schicken könnte, damit er sich mal wieder so richtig einen runterholen kann. Er sei jetzt schon so scharf auf mich, dass ihm fast die Eier platzten. Danach schilderte er ausgiebig seine sexuellen Phantasien, die er mit mir bei unseren zukünftigen Treffen ausleben wollte. Details erspare ich Ihnen hier, weil sie größtenteils in den Ekelbereich gehen. Ich bin sicher nicht übermäßig prüde, aber das war echt too much. In meiner nächsten Mail gab ich Alex zu verstehen, dass ich im Bett auf die ganz normalen Sachen stehe und er mir bitte keinen solchen Schweinekram mehr schreiben sollte. Das schien ihm ziemlich am Hintern vorbeizugehen, weil er im gleichen Stil weitermachte. Eine Freundin, der ich von ihm erzählte, riet mir, ihn einfach wegzuklicken. Nachdem Alex es nicht schaffte, auf eine normale Schiene zurückzukommen, tat ich das dann auch.«

Melanie, 36, Verlagskauffrau:
»Obwohl ich eigentlich Mitglied bei einem seriösen Partnerportal bin, bekomme ich ständig Zuschriften von irgendwelchen perversen Typen, die nur etwas für eine Nacht oder höchstens eine Affäre suchen. Mich nervt das kolossal, weil mir One-Night-Stands völlig ge-

gen den Strich gehen. Ich suche einen Mann ganz klassisch zum Heiraten und Familiegründen. Diese Fieslinge stehlen mir nur meine kostbare Zeit. Manchmal wünschte ich mir, ich könnte einmal mit dem eisernen Besen durch das Portal kehren, um all die Schweine und Vollpfosten daraus zu entfernen. Aber das würde sowieso nichts bringen, weil sie gleich wieder durch die Hintertür reinkommen.«

Was würden Sie tun, wenn ein Arbeitskollege in Ihr Büro käme, um unvermittelt kundzutun, dass er gerne Ihre »Titten« lecken möchte. Vermutlich würden Sie ihn hochkant rausschmeißen, danach bei Ihrem gemeinsamen Chef vorstellig werden und ihn vielleicht auch noch wegen sexueller Belästigung anzeigen. Und was tun Sie, wenn ein männliches Mitglied eines Partnerportals im Internet per Mail mit demselben Ansinnen an Sie herantritt, vorausgesetzt natürlich, Sie sind nicht selbst auf Schmuddelkram aus? Vermutlich klicken Sie ihn gleich weg oder schreiben ihm davor maximal noch die passenden Worte. Dann haben Sie sich offenbar schon damit abgefunden, dass viele User das Internet als völlig rechtsfreien Raum betrachten.

Ich sehe das ganz anders und empfehle jeder Frau, die auf Online-Partnerbörsen mit unerwünschten Texten unter die Gürtellinie bombardiert wird, sich sofort beim Betreiber zu beschweren. Der hat nämlich dafür zu sorgen, dass sein »Stall« sauber bleibt, besonders wenn es sich um eine seriöse Unternehmung handelt, die einzig dem Zweck dient, seriöse Kontakte »anzubahnen«. Normalerweise dürfte dann das letzte Stündlein Ihres »Peinigers« bei Parship und Co. angebrochen sein. Dass der herausgekehrte »Mist« dann tatsächlich wieder durch die Hintertür hereinkommen kann, wie Melanie frustriert feststellt, steht außer Frage. Einfach unter falschem Namen wieder angemeldet, und das Spiel geht weiter. Aber die Beschwerdeführerin ist ihn gewiss dauerhaft los. Das klingt nach St.-Florians-Prinzip, aber wenn sich andere Frauen nicht zur Wehr setzen, so sind sie selbst schuld.

Dringend davon abraten würde ich Ihnen indes, sich wie Ellen weiterhin persönlich mit den Perverslingen auseinanderzusetzen, weil sie Ihnen nur unnötig Zeit und Energie rauben bei der Suche nach Mister Right, und was am schlimmsten ist, womöglich Ihre Gefühle verletzen. Dasselbe gilt für eine Klage wegen sexueller Belästigung, wie sie gelegentlich von Damen meines Single-Kreises in Erwägung gezogen wird. Neben der geringen Erfolgsaussicht bedeutete das dann doch, mit Kanonen auf Spatzen zu schießen. Effektiv wehren können und sollten Sie sich gegen fest liierte Nutzer, die nur das schnelle Sexabenteuer suchen, indem Sie ihre Partnerinnen über die amourösen Aktivitäten ihrer Herzbuben informieren. Dabei brauchen Sie überhaupt kein schlechtes Gewissen zu haben; denn wer sich in Gefahr begibt, muss immer ins Kalkül ziehen, darin möglicherweise umzukommen.

Von vorneherein ihren Missbrauch ausschließen werden die Betreiber der Partnerportale wohl niemals können. Um das einigermaßen zu gewährleisten, müssten sie ähnlich wie ich für meinen Single-Kreis persönliche Aufnahmegespräche mit den angehenden Mitgliedern führen, was ebenso wünschenswert wie unrealistisch ist. Immerhin verlangen inzwischen einige Anbieter wie »Dating Cafe« zur Legitimation die Vorlage einer Kopie des Personalausweises. Dadurch werden zumindest Fake-Profile weitgehend verhindert.

In meiner Discozeit so zwischen 15 und 22 kannte ich eine junge Dame namens Olivia, die den Ruf weghatte, ein »sicherer Stich« zu sein. Sie stand der Herrenwelt immer dann zur Verfügung, wenn sich sonst nichts aufreißen ließ. Schon damals »firmierte« das unter dem wenig schmeichelhaften Begriff »Resteficken«. Bei Olivia kam in erster Linie der Bodensatz der Männerwelt zum Zuge: Alkoholiker, Asoziale, Arbeitsscheue. Auch verkehrte sie oft in den Clubs der »hiesigen« GIs, die ihre »Liebesdienste« nur allzu gerne in Anspruch nahmen. Während all der Jahre sah ich Olivia nicht ein einziges Mal an der Seite eines »vernünftigen« Typen. Das Muster ihrer Partnerwahl hatte sich längst zu einem Teufelskreis verselbständigt. Bei Männern von »Sitte, Anstand und Ehre« konnte sie nicht mehr landen, was sie in die Arme der Restposten und Vollpfosten trieb. Dadurch schwanden natürlich ihre Chancen, in der A-Klasse erfolgreich auf Beutezug zu gehen, immer mehr. Schlussendlich war sie für die »bürgerlichen« Vertreter der Herrenwelt als Sexual-, geschweige denn Lebenspartnerin völlig verbrannt. Auch ich hätte Olivia, ehrlich gesagt, nicht einmal mit der Kneifzange anfassen wollen, obwohl ich mir selbst gerade sexuell die Hörner abstieß. Für mich, den Schwerenöter, stellte es aber später im Gegensatz zu Olivia überhaupt kein Problem dar, eine honorable Frau zum Heiraten zu finden, während sie ihr Stigma der »Dorfmatratze« niemals loswurde und bis heute unverheiratet ist.

Gut ein Jahrzehnt nachdem ich Olivia das letzte Mal »on tour« gesehen hatte, traf ich sie zufällig wieder auf der Geburtstagparty eines Freundes. Sie versuchte nun, sich einen gewissen intellektuellen Anstrich zu geben, womit sie bei allen Anwesenden, aber hinter vorgehaltener Hand, nur für Amüsement sorgte. Da sie von meinem Freund wusste, dass ich Single-Gruppen leitete, fragte sie mich im Verlaufe des Abends, ob sie daran teilnehmen könne. Ich willigte ein, und so saß sie schon wenige Tage später in einem meiner Gesprächskreise für Lonely Hearts. Allerdings wurde sie auch hier Opfer ihrer Vergangenheit. Einer der männlichen Teilnehmer wusste nämlich um ihr ausschweifendes sexuelles Vorleben. Und ausgerechnet er galt als nicht gerade diskret. Olivia, deren Chancen, in der Runde einen Partner zu finden, dadurch schlagartig im Keller waren, meldete sich ummittelbar nach dem Treffen wieder bei mir ab. Das Letzte, was ich über sie hörte, war, dass sie sich anschickte, in eine weit entfernte Stadt zu ziehen. Angeblich hatte sie dort übers Internet einen Mann kennengelernt.

Wohl bei keinem Thema klafft die Schere weiter auseinander als bei der Beurteilung von männlicher und weiblicher Promiskuität. Swingende Männer werden gewöhnlich mit relativ harmlosen Titulierungen wie »Schwerenöter« oder »Casanova« bedacht. Hinter manchen verbirgt sich sogar eine gewisse Glorifizierung des häufig wechselnden Geschlechtsverkehrs, denken wir nur an die Bezeichnung »Weiberheld«. Wenig heroisch wird hingegen sexuelle Freizügigkeit weiblicherseits beurteilt. Hier kommen durchweg Termini aus der Schimpfwortschublade zum Einsatz: Schlampe, Hure, Flittchen, Dorfmatratze. Ihre Ursache hat diese Diskrepanz zum einen in patriarchalischen Machtstrukturen, die dem »starken« Geschlecht mehr Rechte und Freiheiten zugestehen als dem »schwachen«, und zum anderen in der historisch unterschiedlichen Konsequenz der Lust nach intimer Abwechslung.

Hüpfte eine junge, ungebundene Frau vor der Erfindung der Pille von Bett zu Bett, schwebte über ihr stets das Damoklesschwert einer ungewollten Schwangerschaft. Trat sie ein und das Kind wurde nicht frühzeitig abgetrieben, konnte die flatterhafte Evastochter ihr »liederliches« Treiben gewöhnlich nicht mehr völlig verhehlen. Gab sie den »Balg« weg, erfuhren zumindest die Institutionen oder Verwandten davon, die es auf- beziehungsweise zu sich nahmen. In dieser Lage ihren guten Ruf zu wahren stellte jedenfalls fast ein Ding der Unmöglich- keit dar. Schwängerte indes ein Junggeselle eine seiner intimen Gespielinnen, konnte er seine Vaterschaft schlichtweg verleug- nen; DNA-Tests sind leider erst eine Errungenschaft des letzten Jahrhunderts. Und selbst wenn er sich dazu bekannte, war der weibliche Part ein »gefallenes Mädchen«. Dieses Stigma konn- ten »leichtsinnige Weibsbilder« aber natürlich auch »erwer- ben«, wenn keine Sprösslinge aus ihren Affären hervorgingen. Der katholische Theologe und Germanist Anton Birlinger be- schreibt Mitte des 19. Jahrhunderts in »Sitten und Gebräuche« die Hochzeitssitten in Tuttlingen:

»War die Braut eine Jungfrau, so hatte sie eine weiße Schürze und ein weißes Halstuch; das Haar ward auf dem Kopfwirbel zusam- mengedreht und gepudert, und um dasselbe trug sie einen Kranz. [...] Ein gefallenes Mädchen durfte keinen weißen Schurz und kein wei- ßes Halstuch tragen; die Haare durften nur gezopft und auch nicht gepudert sein. Der Kranz fehlte natürlich auch. Sie mußte bloßen Hauptes einhergehen; [...].«

Heute bekommen »liebeslustige« Frauen hierzulande zwar kein Kainsmal mehr aufgedrückt, aber an ihrer Reputation hat sich kaum etwas geändert.

Damit kein falscher Eindruck entsteht: Mir geht es absolut nicht darum, Sie davon abzuhalten, Ihre sexuelle Freiheit als Single zu genießen. Im Gegenteil, sogar meiner eigenen Tochter würde ich ausdrücklich ans Herz legen, intime Erfahrungen mit verschiedenen Männern zu sammeln, bevor sie sich fest bindet oder gar ihr eheliches Treueversprechen abgibt. Sonst käme bei ihr sicher irgendwann die Frage auf, ob das Gras auf der anderen Seite nicht doch grüner ist. Gleichzeitig würde ich ihr aber auch raten, bei ihren Amouren Diskretion walten zu lassen, um nicht ein ähnliches Schicksal wie Olivia erleiden zu müssen. Besonders im ländlichen Raum ist der Ruf ansonsten schnell ruiniert. Dass es sich danach völlig ungeniert leben lässt, klingt locker flockig, doch sieht die Realität der betroffenen Frauen anders aus: ständiges Getuschel hinter dem Rücken, abschätzige Blicke, soziale Isolation und, was hier im Vordergrund steht, quasi Chancenlosigkeit auf dem »bürgerlichen« Single-Markt.

Als Multiplikator eines schlechten Leumunds kommen seit neuestem potenziell auch die sozialen Netzwerke und andere Foren im Internet hinzu. Die durch Cyber-Mobbing in die öffentliche Kritik geratene Plattform »I share gossip« wurde glücklicherweise inzwischen auf den Index gesetzt.

Um nicht in den Ruch zu geraten, leicht zu haben zu sein, würde ich Ihnen empfehlen, nicht gleich am ersten Abend mit Ihren Dates und Flirts ins Bett zu gehen. Das männliche Reptilienhirn verdächtigt Sie nämlich ansonsten sofort, dies mit jedem anderen Kerl auch zu tun, was für Ihren Herzbuben in spe die Gefahr erhöht, von Ihnen ein Kuckuckskind untergejubelt zu bekommen. Somit sind Sie im Prinzessinnen-Casting ausgeschieden und kommen bestenfalls noch als Betthäschen in Betracht. Davon abgesehen, kann es auch Mann zu schnell gegangen sein, so dass er am nächsten Morgen die übereilte Nummer bereut. Nicht zu vergessen, verkaufen Sie sich meiner Meinung nach unter Wert, indem Sie Ihrer neuen Bekanntschaft gleich die Schlafzimmertür öffnen. Ehrlich gesagt, würde ich mich an Ihrer Stelle auch beim zweiten Date noch »aufheben«. Je mehr Geduld Ihr Prinz aufbringt, desto sicherer können Sie sich seiner ernsthaften Absichten sein. Die US-Amerikaner, bei denen die intime Annäherung stark reguliert ist, warten nicht ganz umsonst bis zum dritten, dem Real-Date bis zum Ultimativen.

Abschließend würde ich Ihnen gerne noch **ein paar Tipps** geben, **wie Sie sich sexuell austoben können, ohne dass Sie üble Nachrede befürchten müssen oder psychologischen Schaden nehmen:**

1. Treffen Sie Ihren jeweiligen »Lustknaben« an einem neutralen Ort oder in seiner Wohnung. Bei Ihnen zu Hause hängen die Nachbarn bei seiner Ankunft und Abfahrt hinter den Vorhängen, um neuen Stoff für Klatsch und Tratsch auszuspähen.

2. Weihen Sie nur engste Vertraute in Ihr promiskes Sexualleben ein. Stapeln Sie gegenüber dem Rest der Menschheit tief bezüglich Ihrer geschlechtlichen Aktivitäten.

3. Beherzigen Sie das Motto: »Der kluge Fuchs jagt nicht vor seinem Bau.« Nutzen Sie also zwecks Männerfang Jagdreviere, die möglichst weit von Ihrem Wohnort entfernt liegen. Das Internet bietet Ihnen hier großartige Möglichkeiten, spielend leicht sogar nationale Grenzen zu überwinden.

4. Wechseln Sie die Locations, in denen Sie Ausschau nach neuen Sexabenteuern halten, noch bevor Sie dort als Femme fatale identifiziert werden können.

5. Geben Sie vor Dritten, indem Sie sich zum chronischen Opfer von Casanovas und Scheißkerlen stilisieren, stets dem »starken« Geschlecht die Schuld dafür, dass Sie nie mehr als Affären haben.

6. Machen Sie einen weiten Bogen um Männer, die als indiskret gelten und sich offen mit ihren Bettgeschichten brüsten. Oft werden Sie darin noch mehr zum Vamp hochgepusht.

7. Locken Sie die Objekte Ihrer Begierde, aber baggern Sie sie

nicht aggressiv an, damit Sie nicht in den Ruf einer Aufrei-
ßerin geraten.

8. Treiben Sie Ihr »Unwesen« niemals in mehr oder weniger
geschlossenen Systemen wie am Arbeitsplatz oder im Ver-
ein. Durch die relative Beständigkeit des »Personals« gewinnen hier Gerüchte schnell an Dynamik.

9. Geben Sie nicht bei jedem One-Night-Stand gleich Ihre
komplette Identität preis. Warum muss ein Kerl, mit dem
Sie nur ein paar schöne Stunden verleben möchten, Ihren
Nachnamen und Ihre Adresse kennen?

10. Teilen Sie Ihren zukünftigen »Betthupferln« gleich mit,
dass Sie keine feste Beziehung suchen. Dadurch vermindern
Sie das Risiko von Enttäuschungen und bösem Blut auf der
anderen Seite.

11. Vermeiden Sie Intimverkehr mit Typen, die Sie eigentlich
anwidern. Sie werden danach vermutlich Ekel vor sich
selbst empfinden.

12. Achten Sie darauf, dass die Phase (häufig) wechselnder Geschlechtspartner tatsächlich nur eine Phase bleibt, weil Sie
ansonsten emotional verrohen und nicht mehr in der Lage
sind, sich tief zu verlieben.

Überlassen Sie dem Prinzen die Abteilung Attacke

Nach einigen frustrierenden Erfahrungen im Internet und über
Kontaktanzeige nutzte die 44-jährige Logopädin Maria für ihre
Prinzenjagd wieder die freie Wildbahn. An mehreren Abenden
pro Woche besuchte sie die angesagtesten Flirt-Locations in ihrer

Stadt. Dort verteilte sie Einladungen per Blickkontakt, brachte ihre weiblichen Reize als Lockmittel zum Einsatz und vermittelte insgesamt durch ihre Körpersprache Nahbarkeit. Trotzdem blieben ihre Flirterfolge, gelinde gesagt, doch sehr im Rahmen. Die Typen, die sie, bisweilen bereits stark alkoholisiert, ansprachen, interessierten sie nicht die Bohne, während sich die Männer mit Prinzenpotenzial in vornehmer Zurückhaltung übten. Eines Tages wurde es Maria zu bunt, und sie fasste den Entschluss, ab sofort selbst das Heft des Handelns in die Hand zu nehmen.

In der Folgezeit sprach sie fast jeden attraktiven Kerl an, der nicht bei drei in die Toilette geflüchtet war. Doch auch auf diese Weise wollte sich kein dauerhafter Erfolg einstellen. Entweder die Herren der Schöpfung reagierten ziemlich abweisend beziehungsweise verunsichert auf Marias Balzattacken, oder sie gingen zwar schnell mit ihr ins Bett, suchten dann aber ebenso schnell wieder das Weite. Die schüchternen und gehemmten Kandidaten, die für eine Beziehung zur Verfügung gestanden hätten, wollte sie nicht.

Maria macht eigentlich am Anfang flirttechnisch alles richtig, gemäß dem französischen Sprichwort: »Die Henne ist es, die den Hahn zum Krähen bringt.« Allein der Prinz will ihr trotz ausgiebiger Lockgebärden nicht an den Haken gehen. Das Problem liegt also keineswegs bei ihr, sondern hängt vielmehr mit der Passivität der Herrenwelt zusammen. Die Gründe dafür sind vielschichtig, aber sicher spielt das Internet in diesem Zusammenhang eine entscheidende Rolle. Viele Männer pflegen nämlich im World Wide Web Dutzende Frauenkontakte und sehen keine Notwendigkeit mehr darin, sich so ganz öffentlich womöglich Körbe einzuhandeln. Als Faustregel gilt hier: Je größer die »Reserve« im Hintergrund, desto geringer wird die Risikobereitschaft. Alle anderen Hemmschuhe der Herrenwelt sind Klassiker: Schüchternheit, Angst vor Frauen, Bindungsphobie, Minderwertigkeitskomplexe, Ambivalenz, Bequemlichkeit.

Maria indes sucht den Fehler frauentypisch zunächst einmal bei sich selbst anstatt auf der anderen Seite. Und sie kommt zu dem Ergebnis, dass sie ihre »Jagdstrategie« vom Ködern in Greifen der Beute ändern muss. Dadurch begibt sie sich allerdings auf sehr dünnes Eis. Im Handstreich versucht sie, Millionen Jahre Evolutionsgeschichte, in denen immer dem Mann die Balz-offensive oblag, vergessen zu machen. Entsprechend reagiert ein Teil der Jäger, die plötzlich zum Gejagten werden, leicht indigniert oder erschrocken.

Das ist vergleichbar mit der skurrilen Situation aus dem Tier-reich, in der ein Zebra auf der Flucht vor einem Löwen plötzlich den Spieß umdreht und auf seinen Verfolger losgeht. Der Löwe weicht gewöhnlich (zunächst) erschrocken zurück. Im mensch-lichen Flirtgeschehen »weicht« der eigentliche Beutegreifer, sprich XY, sowohl physisch als auch emotional »zurück«. Er geht auf Abstand, nimmt eine abweisende Körperhaltung ein und macht dicht oder mimt den Coolen. Insbesondere gilt das für die Machos unter den Männern. Der zweite Teil der in die Defensive gedrängten Jäger sieht hinter der Umkehrung der Verhältnisse keinen Angriff auf das althergebrachte männliche Rollenbild, sondern extreme Bedürftigkeit nach Intimität und Nähe, die es gnadenlos auszunutzen gilt. Einer gefühlt notgeilen Evastochter folgt die holde Herrenwelt zwar gerne in ihr Schlaf-zimmer, aber mitnichten vor den Traualtar. Und schließlich der dritte Teil der »entmannten« Nimrode, die Typen ohne gültigen Lebensberechtigungsschein: Sie würden zwar an Marias Seite bis ans Ende der Welt gehen, fallen aber nicht in ihr Beutesche-ma. Vermutlich möchte sie sich privat keinen Pflegefall ans Bein binden, da sie schon beruflich im therapeutischen Bereich arbeitet. Zudem ist sie eine Frau der Sprache. Da dürften für sie Vertreter des »starken« Geschlechts, denen schon die Worte fehlen, sie anzusprechen, ein absolutes No-Go bedeuten. Andererseits will sich auch kein Mannsbild später im Konfliktfall gerne vorwerfen lassen, dass es schon »damals« beim Kennenlernen nicht genügend Hintern in der Hose hatte, die verbale Flirtinitiative zu ergreifen.

Wenn Männer auf freier Wildbahn nicht mehr jagen wollen und Frauen grundsätzlich nicht jagen sollen, wie können Frauen wie Sie und Maria dann überhaupt **noch zum Zuge kommen?** Zehn Kniffe, die sich bei meinen Singles bewährt haben, werden Ihnen helfen:

1. Besuchen Sie Locations, in denen weder Sie noch der potenzielle Prinz explizit die verbale Balzattacke starten müssen, sondern sich (Flirt-)Gespräche relativ beiläufig ergeben, wie etwa das Fitnessstudio, den Waschsalon oder die öffentliche Sauna.

2. Lassen Sie sich das Objekt Ihrer Begierde zum Beispiel auf einer Party oder Familienfeier vorstellen. Dadurch delegieren Sie das »Problem« der Gesprächseröffnung an einen Dritten.

3. Schicken Sie Mister Right in der Kneipe über die Bedienung ein »Geschenk« in Form eines Getränks oder einer Süßigkeit, am besten eine Tafel Flirtschokolade, das ihn dazu animiert, sich persönlich bei Ihnen zu bedanken. Und damit sind Sie schon »mitten« im Balzakt.

4. Leihen Sie sich unter der Vorgabe, dass der Akku Ihres Handys leer ist, das Ihres Favoriten aus, um einen »wichtigen Anruf« zu tätigen. Laden Sie ihn danach als Dank zu einem Drink ein.

5. Besorgen Sie sich oder, noch besser, basteln Sie selbst eine Grußkarte mit der Aufschrift »Lust auf einen Flirt?«. Stecken Sie sie in einen Briefumschlag, und überreichen Sie sie dem schnuckeligen Typen an der Theke »diskret« im Vorbeigehen.

6. Bitten Sie Mister Bombastic in der Schlange vor der Schanktheke im Biergarten oder Festzelt, Ihnen ein Getränk mitzubringen. Drücken Sie ihm aber auf jeden Fall das Geld dafür in die Hand, um nicht in den Ruch einer Schnorrerin zu geraten. Zeigen Sie ihm, wo Sie sitzen. Dort werden Sie natürlich auch ihm nach seiner Rückkehr von der Getränkequelle einen Platz anbieten.

7. Fragen Sie Ihren Augenflirt auf dem Weg zur Toilette, ob er bereit wäre, kurz auf Ihr Herz aufzupassen. Wenn er zustimmt, lassen Sie sich bei Ihren menschlichen Verrichtungen genügend Zeit, damit er inzwischen die passenden Worte für die »Rückgabe« Ihres zentralen »Liebesorgans« finden kann. Die moderatere Methode wäre, den Mann zum Hüter respektive Verteidiger eines konkreten Gegenstands zu bestimmen (Handtasche, Mantel, Barhocker). Ein fast ebenso großer Vertrauensbeweis wie die »Herzensangelegenheit«.

8. Beteiligen Sie den Sieger Ihres optischen Vor-Castings an der Suche nach Ihrer vermeintlich verloren gegangenen Brieftasche, die dann wie von Zauberhand plötzlich wieder auftaucht. Danach wird das Thema »Was ich schon alles verlegt oder verloren habe« einen launigen Gesprächseinstieg bieten. Dasselbe funktioniert draußen auch mit einem angeblich entlaufenen Haustier.

9. Geben Sie vor, an einer wissenschaftlichen Untersuchung zu der Frage beteiligt zu sein, was Männer von Frauen halten, die beim Flirten die Initiative ergreifen. Wenn daraus keine

angeregte Unterhaltung entsteht, ist Ihr Gegenüber ein handfester Ignorant.

10. Zeichnen Sie ein Porträt oder eine Karikatur von dem Prachtburschen in Ihrem Blickfeld, je nachdem, ob Sie ihn als eher narzisstisch oder humorvoll einschätzen. Schenken Sie ihm das Kunstwerk, zur Sicherheit garniert mit Ihrer Telefonnummer, für den Fall, dass er nicht noch am selben Abend seine Flirtoffensive starten möchte.

3.
DAS PERFEKTE DATE

Bleiben Sie bedingungslos
bei der Wahrheit

Ute, 51, Beauty-Beraterin:
»Als ich 50 wurde, musste ich bei Partnersuche im Internet die schmerzliche Erfahrung machen, dass ich fast nur noch von über 60-Jährigen, teilweise sogar von Opas über 75 angeklickt wurde. Die Männer in den Fünfzigern befinden sich häufig in ihrer zweiten, ganz heftigen Midlife-Crisis, in der sie versuchen, die Zeit zurückzudrehen, indem sie sich ein junges Hühnchen angeln und zum Teil sogar noch einmal Familie gründen. Mit Kindern kann ich natürlich nicht mehr dienen. Also tendiert mein Marktwert für diese Spezies praktisch gegen null. Seit mir das eine Partnervermittlerin verklickert hat, hieve ich mich altersmäßig in die generative Phase zurück. In meinem Profil gebe ich 44 an. Das nimmt mir auch jeder Typ ab, weil ich erheblich jünger aussehe.«

Nicole, 28, Reiseverkehrskauffrau:
»Mit meinen 1,55 Meter bin ich ein gefundenes Fressen für die Mini-Bonsai-Fraktion unter den Männern, obwohl ich eigentlich nur auf Kerle über 1,80 stehe. Aber die sehen mich Krümel scheinbar überhaupt nicht. Wenn ich mein Glück über Kontaktanzeige oder Internet versuche, gebe ich mich mit 1,62 an. Dadurch bekomme ich dann auch Zuschriften von Kandidaten bis 1,85. Meiner Erfahrung nach akzeptieren die Herren der Schöpfung einen Unterschied bis etwa 25 Zentimeter; hochhackig sind das dann je nachdem noch so um die 20. Bei über 30 winken aber die meisten ab.«

Mandy, 35, Altenpflegerin:
»Also ich flunkere ein wenig mit meiner Figur. Wenn ich den Männern am Telefon gleich sage, dass ich ein Ühu (über hundert Kilo)

bin, will mich doch keiner mehr treffen. Ich beschreibe mich dann lieber als Vollweib wie Christine Neubauer oder Veronika Ferres. Klingt irgendwie viel besser.«

Laut verschiedener Umfragen und Untersuchungen nimmt es mehr als die Hälfte der Partnersuchenden im Internet mit der Wahrheit nicht sonderlich genau. Wenn fast alle lügen, wird sich ja wohl auch niemand an Ihren Lügen stören, und Sie können munter Ihre Profile auf den Single-Börsen im World Wide Web mit Falschangaben spicken, werden Sie folglich denken. Und vielleicht glauben Sie sogar, es tun zu müssen, um nicht beim Wettrüsten mit gepimpten Facts ins Hintertreffen zu geraten. Doch dabei handelt es sich um einen fatalen Trugschluss. Selbst angelogen werden möchte nämlich paradoxerweise niemand. Hier liegt die Quote bei »satten« null Prozent.

Tatsächlich sind Lügen in der Phase des Kennenlernens tödlich. Anstatt Vertrauen aufzubauen, werden dadurch zukünftig alle Ihre Aussagen von Männerseite unter der Prämisse »Wer einmal lügt, dem glaubt man nicht, und wenn er auch die Wahrheit spricht« kritisch beäugt. Von einem Vertreter des »starken« Geschlechts, der einigermaßen etwas auf sich hält, bekommen Sie die Chance für einen zweiten Eindruck erst gar nicht mehr. Sobald er im Gespräch Ihre Schwindeleien entlarvt hat, wird er auf Nimmerwiedersehen das Weite suchen. Wenn der Schmu offensichtlich ist wie bei Nicoles Größe und Mandys Figur, dürfte das Date indes schon beendet sein, bevor es überhaupt begonnen hat. Entweder Ihre neue männliche Bekanntschaft verschwindet wieder unerkannt oder teilt Ihnen noch kurz mit, dass sie sich »leider« etwas ganz anderes vorgestellt habe, und geht dann. Rechnen Sie im schlimmsten Fall mit massiver Verärgerung Ihres verhinderten Herzbuben. Schließlich ist er womöglich mehrere hundert Kilometer zum Treffpunkt angereist, allein mit dem Ergebnis, um eine schlechte Erfahrung reicher geworden zu sein. Wundern Sie sich also nicht, wenn er das Kind beim Namen nennt und Sie dadurch massiv verletzt. Ich habe einmal von einer skurrilen Geschichte gehört, in der ein Anwalt seinem unehrlichen Date »sogar« eine Klage wegen Vortäuschung falscher Tatsachen androhte.

Bleiben Sie strikt bei der Wahrheit, werden Sie zwar weniger Dates zu verbuchen haben, dafür aber mit Männern, die Sie so zu schätzen wissen, wie Sie sind: also Qualität statt Quantität. Oder wollen Sie wirklich Ihre Zeit mit Typen vergeuden, …

- die von ihrem Denken her im Neandertal steckengeblieben sind, indem sich der Wert einer Frau für sie alleine daran bemisst, dass sie (noch) gebärfähig ist?
- die mitten in ihrer Midlife-Crisis stecken und »Frischfleisch« als Jungbrunnen sowie zur Aufmöbelung ihres angeknacksten Egos brauchen?
- die einer reifen Frau nichts, aber auch rein gar nichts entgegenzusetzen haben?
- denen es an innerer Größe mangelt, um über ein paar fehlende Zentimeter an körperlicher Größe hinwegzusehen?
- die pfundige Frauen linksliegen lassen, weil sie sich vom knabenhaften Schönheitsideal einiger schwuler Designer beeinflussen lassen?
- die noch nicht einmal über genügend Tiefe verfügen, als dass sich darin ein Floh ersäufen könnte?

Na, wie lautet Ihre Antwort?

Geben Sie sich so, wie Sie sind

Carsten, 41, Tanzlehrer:
»Vor einiger Zeit bin ich ziemlich heftig auf eine Frau abgefahren, weil ich das Gefühl hatte, sie sei genauso locker unterwegs wie ich. Ständig sprach sie davon, sich gegenseitig Freiräume zu lassen und erst einmal nur den Moment zu genießen, ohne gleich große Pläne für die Zukunft zu schmieden. Aber schon bald war das alles vergessen. Sie begann mich total zu vereinnahmen. Als sie dann auch noch nach nicht einmal drei Monaten das Thema gemeinsame Kinder auf den Tisch brachte, ergriff ich schleunigst die Flucht. Die Folge: Telefonterror vom Feinsten.«

Micha, 37, Außendienstmitarbeiter:
»Bei unserem ersten Date sprach Doro fast echt nur über Sex oder machte schlüpfrige Bemerkungen. Ich dachte, endlich mal 'ne Frau, mit der im Bett die Post abgeht. Von wegen! Sie lag da wie ein Brett, und zu allem Überfluss fing sie hemmungslos an zu heulen, als es richtig zur Sache ging. Anschließend gestand sie mir, dass sie trotz ihrer 32 noch Jungfrau war.«

Thierry, 49, Kameramann und Journalist:
»›Ein Typ zum Pferdestehlen‹ stand in ihrer Kontaktanzeige. Das hat mich angesprochen. Sie begleitete mich nach Polen zu einem Dreh. Die reinste Katastrophe. Im Hotel war ihr die Matratze zu weich, die Bedienung zu unfreundlich und das Essen nicht genügend bio. Ein Rumgezicke von A bis Z. Die Gäule, die sie angeblich stehlen wollte, sind dann irgendwann mit mir durchgegangen.«

Klaus-Peter, 53, Geschäftsführer:
»Meine letzte Internet-Bekanntschaft erzählte mir Wunder was, wie sozial sie eingestellt sei, nachdem ich ihr von meinem ehrenamtlichen

Engagement bei der ›Tafel‹ berichtet hatte. In Wirklichkeit zählte
für sie nur eins, nämlich Kohle.«

Carsten, Micha, Thierry und Klaus-Peter lassen sich auf ihre
weiblichen Bekanntschaften ein, unter anderem weil sie eine
Eigenschaft besonders an ihnen schätzen. Leider stellen aber gerade diese vermeintlichen Attribute der Damen noch nicht einmal eine Mogelpackung dar, weil nicht nur weniger von dem,
was sie »versprechen« beziehungsweise »verheißen«, halten,
sondern nichts. Die Einzige, bei der wohl Kalkül hinter der
»Täuschung« steckt, ist Klaus-Peters Bekanntschaft. Sie versucht sich mit voller Absicht, in sein Beuteschema zu zwängen,
indem sie die Mutter Teresa gibt. Carstens und Thierrys neue
Herzdamen sind eher Opfer einer gestörten Selbstwahrnehmung. Sie glauben wirklich an ihre Lockerheit beziehungsweise
Kumpelhaftigkeit. Michas Eroberung indes überkompensiert
durch ihre ausufernde »Verbalerotik« ihre Sexualängste.
Wie auch immer, dauerhaften Paarungserfolg bescheren keiner
der Damen ihre Aufführungen. Im Gegenteil, alle ihre »thea-
tralischen« Versuche, dem Single-Dasein adieu zu sagen, enden
recht bald in einem handfesten Fiasko. Sobald die Fassade fällt,
verlieren die Prinzen das Interesse an den »falschen« Prinzessinnen, weil sie nicht mehr ihren Erwartungen entsprechen.
Um bei der Partnersuche nachhaltig zu reüssieren, müssten die
vier Kandidatinnen ihren potenziellen Herzbuben gegenüber
authentisch auftreten. So könnten sie dann gleich entscheiden, ob
ihnen das wahre Gesicht gefällt oder nicht. Vorausgesetzt, die andere Seite spielt ebenfalls mit offenen Karten, bestünde unter
dem Aspekt der Echtheit nie mehr die Gefahr des Mismatchings.
Fraglos hätte etwa Thierry seiner Anzeigenbekanntschaft nicht
geschrieben, wenn sie statt ihrer Kumpelhaftigkeit ihre Zickigkeit in den Fokus ihres Suchtextes gestellt hätte. Insgesamt wäre

die Zahl der Offertenschreiber wohl etwas zurückgegangen. Doch hätte sie mit den Männern, die sich durch ihre Ehrlichkeit nicht hätten abschrecken lassen, zumindest die Aussicht auf ein Happy End gehabt. Gottes Tiergarten ist groß, und warum sollte es darin nicht Vertreter der Spezies XY geben, die auf kleine Miststücke stehen. Thierrys Strohfeuer-Liebe müsste sich vor ihrem Zicken-Outing natürlich zunächst ein realistisches Bild von sich selbst entwickeln.

Neben dem Argument, dass durch Authentizität Fehlgriffe bei der Partnerwahl vermieden werden, spricht noch eine ganze Reihe **weiterer Gründe für das Echtheitsgebot beim Suchen und Finden der Liebe:**

- Sich natürlich zu verhalten kostet Sie erheblich weniger Energie, als eine Rolle zu spielen, und ist viel relaxter, weil nicht permanent das Damoklesschwert der »Entlarvung« über Ihnen schwebt.
- Authentizität verhindert, dass Sie und Ihre männlichen Bekanntschaften kostbare Lebenszeit in eine auf »Täuschung« basierende und daher perspektivlose Beziehung investieren.
- Indem Sie sich so geben, wie Sie sind, bewahren Sie Ihre Identität. Immer wieder in eine fremde Rolle zu schlüpfen kann dazu führen, dass Sie irgendwann selbst kaum noch zwischen echtem und falschem Ich unterscheiden können.
- Nach dem Gesetz der Resonanz zieht Echtheit Echtheit an. Das heißt, wenn Sie Ihr wahres Gesicht zeigen, werden Sie auch auf Männer treffen, die ihr wahres Gesicht zeigen.
- Durch Authentizität bleiben Sie Ihrem Date-Partner auch bei Nichtgefallen in (einigermaßen) guter Erinnerung, nach dem Motto »Wenigstens war sie ehrlich«. Womöglich wird er Sie deshalb in seinem sozialen Umfeld weiterempfehlen.

- Das Echtheitssiegel auf der Stirn steigert mittel- bis langfristig Ihren Marktwert, während »falsche Fünfziger« irgendwann aus dem Verkehr gezogen werden.
- Das Gefühl, sich nicht für den kurzfristigen Erfolg verbogen zu haben, verschafft Ihnen ein gutes Gewissen.

SETZEN SIE IHREM ERSTEN DATE
EINE ZEITLICHE GRENZE

Hanne, 44, Pflegedienstleiterin:
»Ich würde mich nie auf eine bestimmte Zeitdauer für das erste Date mit einem Mann festlegen. Dabei spielen doch ganz viele Faktoren eine Rolle: Tagesform, gegenseitige Sympathie, Wochentag, Entfernung der Wohnorte voneinander und so weiter. Wenn mich ein Kerl belogen hat, kann es sein, dass ich ihn einfach stehenlasse, und wenn es gut läuft, wird vielleicht gleich ein ganzes Wochenende draus. Letztendlich entscheidet darüber immer mein Bauchgefühl.«

Andrea, 39, Brokerin:
»Mehr als eine Stunde ist beim ersten Date nicht drin. Darüber hinaus sehe ich die Gefahr, dass mir die Sache zu persönlich wird. Gleich vor einem fremden Mann die Hosen herunterzulassen stellt für mich ein absolutes No-Go dar. Vielleicht bin da ein wenig zu misstrauisch.«

Jessica, 33, Meeresbiologin:
»Ich hatte mich mal mit einer Internet-Bekanntschaft beim Italiener verabredet, die sich dann als totaler Idiot erwies. Zu allem Überfluss mussten wir noch ewig auf das Essen warten, weil die Bedienung

*total überfordert war. Insgesamt dauerte das Trauerspiel über zwei
Stunden. Seitdem sind Restaurants für mich als Ort für ein erstes
Date tabu.«*

Conny, 55, Gastronomin:
*»Wenn mir ein Mann überhaupt nicht gefällt, sage ich ihm schon am
Treffpunkt, dass aus uns niemals etwas werden kann, und verabschie-
de mich wieder von ihm. Für vollkommen sinnlose Dates ist mir mei-
ne knappe Freizeit viel zu schade. Ich schaue mir ja auch keinen
Fernsehfilm zu Ende an, den ich gleich am Anfang ätzend finde.«*

Im Internet schwirren die unterschiedlichsten Zeitangaben für
die Dauer eines ersten Dates herum, angefangen von gleich wieder gehen bis hin zu unendlich. Wenn Sie bisher bei der Frage,
ob Kurz- oder Marathontreffen, immer auf Ihr Bauchgefühl gehört haben, wie Hanne, und damit gut gefahren sind, dann bitte
bleiben Sie bei Ihrer Strategie. Fühlen Sie sich diesbezüglich jedoch unsicher, möchte ich Ihnen nachfolgend zumindest eine
lockere Richtschnur an die Hand geben.

Zunächst: »Zero-Time-Dates«, also die Kandidaten einfach am
Treffpunkt stehenzulassen, sollten die große Ausnahme sein.
Und ein absolutes No-Go ist, einfach unerkannt wieder zu ver-
schwinden. Außer, der andere verbreitet schon durch seinen
Anblick aus der Ferne Furcht und Schrecken. Innerhalb meines
Single-Kreises führt das sofort zum Ausschluss, weil es meiner
Meinung nach kaum eine größere Respektlosigkeit gegenüber
einem anderen Menschen gibt. Falls tatsächlich Mister Franken-
stein auf Sie wartet, sollten Sie sofort seine Nummer wählen und
das Date noch vor Ort absagen. Das erspart ihm zumindest das
Warten auf Godot, das laut Erzählungen meiner Singles eine
kleine Ewigkeit dauern kann. Der mir bekannte traurige Re-

kord liegt bei geschlagenen zwei Stunden. Hat Sie Ihr männliches Gegenüber massiv belogen – entpuppt sich etwa der angeblich sportliche, schlanke Typ als Koloss von Rhodos oder der dynamische Jungunternehmer als gesetzter Middle Ager –, sollten Sie ihm ruhig persönlich Ihre Verärgerung kundtun. Vielleicht erntet sein nächstes Date die Früchte Ihrer »Kopfwäsche«, indem er zukünftig lieber bei der Wahrheit bleibt. Das nennt sich dann Geschlechtersolidarität.

Fersengeld geben nach einem kurzen Feedback dürfen Sie auch bei einem anderen Super-GAU, nämlich wenn Ihre neue Bekanntschaft völlig unangemessen gekleidet oder ungepflegt zum Stelldichein erscheint. Selbst bis in die Herrenwelt sollte es sich inzwischen herumgesprochen haben, dass Adiletten und Jogginganzug, gepaart mit fetttriefenden Zottelhaaren und einem Zahnfriedhof im Mund, einfach die falsche Aufmachung fürs erste persönliche Beschnuppern sind. Eine solche Achtlosigkeit müssen Sie keineswegs auch noch durch die Investition Ihrer kostbaren Zeit belohnen.

Einen sofortigen Rückzug aufgrund von reinem Nichtgefallen, wie ihn Conny propagiert, finde ich allerdings grob unhöflich. Zumindest ein viertel oder halbes Stündchen zu einem gemeinsamen Kaffee hat auch der grauste Mäuserich verdient. Vielleicht ist er ja der unattraktive Part einer typischen Zweier-Männerjagdgruppe aus leuchtendem Stern und seinem Schatten und kann Ihnen später als Freund sein Pendant vorstellen. Dieser Chance berauben Sie sich, indem Sie ihn gleich in die Wüste schicken. Andererseits müssen Sie ja nicht gleich mehrere Stunden mit Mister Wrong oder gar einem ziemlichen Stinkstiefel verbringen. Daher rate ich Ihnen dringend davon ab, ein erstes Date im Restaurant stattfinden zu lassen. Jessica hat aus ihrem Flop beim Italiener die richtigen Schlüsse gezogen.

Für einen Bewerber mit Prinzenpotenzial erscheint mir Andreas Stundentaktung beim Dating doch noch ein wenig zu spartanisch. Um in dieser Zeit einen bleibenden Eindruck zu hinterlassen, bedarf es mindestens der Überzeugungskraft und des rhetorischen Geschicks eines Staubsaugervertreters. Das weiß ich auch aus einstündigen Aufnahmegesprächen in meinen Single-Kreis. Und dort gehen nicht mindestens noch zehn Minuten für Getränkebestellung, Gesprächspausen, Toilettenbesuch, Bezahlen und sonstige Unterbrechungen verloren. Zudem handelt es sich bei Andreas typischer Date-Verweildauer ein wenig um Niemandsland zwischen einem Gefälligkeits- und einem Perspektiv-Date. Die Gefahr, dass ein Stelldichein bereits nach einer Stunde zu persönlich werden könnte, wie die junge Brokerin befürchtet, schätze ich indes als ziemlich gering ein.

Stellen wir uns eine Zwiebel und ihre sieben Schalen als Kommunikationsebenen vor, wobei die beiden äußersten Schalen für ein relativ oberflächliches Gesprächsniveau stehen, das wir gemeinhin als Small Talk bezeichnen. Konkret handelt es sich etwa um Diskussionen über das aktuelle Wetter oder um die Erörterung lokaler Ereignisse. Die mittleren Hüllen drei bis fünf betreffen dann schon eher private Angelegenheiten, wie den Lebensrhythmus, die Hobbys oder berufliche Aspekte, während die beiden innersten Ringe den absoluten Intimbereich umfassen. Hierzu gehören dann unter anderem das Sexualleben, Erkrankungen oder schwerwiegende persönliche Probleme. Erfahrungsgemäß lassen sich bis zu zwei Stunden Date noch leicht mit Gesprächsthemen füllen, die jenseits von Schlafzimmer, Krankenhaus und Psychologencouch liegen. Nebenbei bemerkt, werden verbal übergriffige Typen nicht unbedingt eine gewisse Schonzeit verstreichen lassen, bis sie richtig loslegen, sondern gleich in medias res gehen.

Die Doppelstunde würde ich Ihnen auch als ideale Dauer für das erste Treffen mit Ihrem Herzbuben in spe empfehlen. Sie ist nicht nur bequem auf einer »gesunden« Gesprächsebene zu halten, sondern bietet darüber hinaus beiden Seiten genügend Raum, sich darzustellen, ohne dass schon ein eklatanter Aufmerksamkeitsverlust zu verzeichnen wäre. Spätestens ab drei Stunden sehe ich hierfür selbst bei guter Tagesform und gegenseitigem Interesse aneinander die Grenze. Statt als Appetitanreger zu fungieren, führt das erste persönliche Beschnuppern durch seine Informationsflut dann eher zu einer Übersättigung. Nicht selten fallen im Verlauf von »Marathon-Dates« aufgrund zunehmenden Vertrautheitsgefühls tatsächlich Intimgrenzen, was im Nachhinein womöglich eine oder beide Seiten bereuen. Infolgedessen kommt es entweder zum Versuch eines Zurückruderns, oder das Kind wird mit dem Bade ausgeschüttet in Form eines völligen Kontaktabbruchs. Last, but not least können endlose Treffen leichter zum Date-Burn-out führen als kürzere.

SIEBEN GOLDENE REGELN ZUR ZEITDAUER
DES ERSTEN DATES:

1. Teilen Sie Ihrem Date-Partner zu Beginn des Treffens niemals mit, dass Sie nach einer bestimmten Zeit wieder gehen müssen, weil Sie noch einen anderen Termin haben oder Ihre Kinder auf Sie warten. Das verursacht bei ihm noch mehr Druck, als er angesichts der »Casting-Situation« ohnehin schon empfindet.

2. Handhaben Sie Ihren eigenen Date-Zeitplan flexibel, damit Sie bei jedem Treffen einen runden Abschluss finden.

3. Kalkulieren Sie in Ihren Date-Zeitplan unvorhersehbare Ereignisse (Verspätungen, Störungen, Wechseln der Location) mit ein.

4. Honorieren Sie besonderes Engagement Ihrer neuen Bekanntschaft, zum Beispiel einen weiten Anfahrtsweg, indem Sie mehr Zeit in das Date investieren, außer Sie wecken
   damit falsche Hoffnungen.

5. Brechen Sie auch ein verheißungsvolles Date »vor der Zeit«
   ab, wenn plötzlich gesundheitliche Probleme bei Ihnen auftauchen oder Sie eine dramatisch schlechte Nachricht erhalten. Bitten Sie Ihr Gegenüber um Vertagung.

6. Gehen Sie bei Ihren Dates niemals über Ihr Kräftelimit, und
   das kann je nach Tagesform innerhalb einer, zwei oder drei
   Stunden erschöpft sein.

7. Treffen Sie sich nie mehr mit einem Mann, der nicht das
   Feeling dafür hat, ein Date zur rechten Zeit zu beenden.
   (Möchten Sie mit einem Mann so ganz ohne Empathie zu-
   sammenleben?)

Veranstalten Sie Ihr erstes Date
an einem geeigneten Ort

Natascha, 44, Empfangsdame und Hobby-Model:
»Weil ich selbst leidenschaftliche Saunagängerin bin, habe ich mich
dort einmal mit einem Typen zum ersten Date getroffen. Vor Ort
fragte der mich, ob ich etwas dagegenhätte, wenn er Nacktfotos von
mir machen würde. Ich nahm es mit Humor, indem ich ihm meinen
Preis für das Shooting nannte. Dann packte ich geschwind meine
Sachen zusammen und ging.«

Betty, 37, Krankenschwester:
»Ich habe vor einiger Zeit den Fehler gemacht, eine Internet-
Bekanntschaft in unsere Krankenhauskantine zu bestellen. Der Typ

*entpuppte sich als ziemliche Nervensäge. Daher machte ich ihm klar,
dass ich es gerne bei dem einen Date belassen möchte. Leider war er
offensichtlich auf diesem Ohr taub. Am nächsten Tag stand er nämlich plötzlich vor der Stationstür und fragte nach mir.*«

Veronique, 28, Drogistin:
»*Mit einem Blind Date würde ich nie mehr gleich einen Spaziergang in die Prärie machen. Dabei bin ich schon mal massiv körperlich belästigt worden. Zum Glück tauchte gerade eine Gruppe Rad-
fahrer auf, die mich aus meiner misslichen Lage befreite. Später
erfuhr ich, dass meine Bekanntschaft ein vorbestrafter Vergewaltiger
war.*«

Antonia, 49, Landwirtin:
»*Mein schrägstes erstes Date hatte ich als junges Mädchen im Kino.
Es lief ein Horrorfilm, der mir total am Allerwertesten vorbeiging,
und mein Nachbar glaubte wohl, er müsste mich beschützen, weil er
ständig nach meiner Hand fasste, wenn es auf der Leinwand richtig
fies wurde. Mir schauderte es aber eher wegen seiner Berührungen.
Nach der Vorstellung ergriff ich schleunigst die Flucht.*«

Durch die Wahl eines günstigen Treffpunkts für das erste persönliche Beschnuppern legen Sie die Grundlage für dessen erfolgreichen Verlauf. Fehlgriffe können hier indes, wie die Fallgeschichten zeigen, nicht nur zu einem desaströsen Verlauf der
Tête-à-têtes führen, sondern Sie auch ernsthaft in Gefahr bringen. Zwar obliegt es dem Mann, die Date-Locations auszusu-
chen, doch haben Sie als Frau zumindest Vetorecht, wenn Ihnen
die Vorschläge völlig gegen den Strich gehen.
Um dem gegebenenfalls nachkommen zu können, sollten Sie
sich unbedingt Kenntnis darüber verschaffen, **welche Örtlichkeiten Bringer und welche (gefährliche) Rohrkrepierer sind:**

1.1 Pampa

Treffen Sie sich mit einem Unbekannten niemals an einem abgelegenen oder menschenleeren Ort. Vor nicht allzu langer Zeit ist wieder ein Fall publik geworden, in dem eine Frau von ihrer Internet-Bekanntschaft beim gemeinsamen Spaziergang erstochen wurde. Das wäre sicher kaum an einem belebten Platz passiert. Apropos Spaziergang: Die Nebeneinander-Situation des Fußtrips weist einen relativ geringen Blickkontakt-Faktor auf.

1.2 Wohnung

Ihre Wohnung sollte als Location für ein Blind Date tabu sein. Zum einen dürfte es Sie viel mehr Überwindung kosten, einen unangenehmen Kontakt schnell wieder aus Ihren eigenen vier Wänden hinauszukomplimentieren, als die Zelte an einem neutralen Treffpunkt abzubrechen. Zum anderen geben Sie dadurch bereits einen wichtigen Teil Ihrer Identität preis. Folglich könnte ein abgewiesener Kandidat, der kein »Nein« versteht, plötzlich wieder vor Ihrer Tür stehen. Ganz zu schweigen davon, dass Sie sich bei Ihnen zu Hause wieder in eine potenziell gefährliche Zweiersituation manövrieren.

1.3 Auto / Boot

Eine Schifffahrt, die ist lustig, eine Spritztour mit dem Auto ebenso, aber nicht unbedingt zum ersten persönlichen Beschnuppern. Nirgendwo liefern Sie sich einem Mann auf engstem Raum mehr aus als in diesen beiden Fortbewegungsmitteln. Denn schließlich ist die Wahrscheinlichkeit nicht gering, dass Mann die Situation ausnutzt, indem er vom richtigen Kurs abkommt und sexuell übergriffig wird. Und wer weiß, welcher Bruchpilot Sie da durch die Gegend gondelt.

1.4 Sauna

Was als Flirt-Location recht ist, muss als Date-Location noch lange nicht billig sein. Schließlich macht es schon einen Unterschied, ob sich Partnersuchende in der Sauna zufällig begegnen und miteinander anbandeln oder ob sie sich gezielt dort verabreden. Im Gegensatz zum »natürlichen« Setting steht nämlich das künstliche stets in dem zweifelhaften Ruf, dass dahinter (rein) sexuelle Absichten stecken. Zudem möchten Sie doch dem Prinzen in spe bestimmt Ihre schönsten Kleidungsstücke präsentieren, und dazu gehören bestimmt weder Ihr Bademantel noch Ihre Adiletten. Last, but not least sprengt der gemeinsame Saunabesuch meist den empfohlenen Zeitrahmen für ein erstes Rendezvous.

2. Weniger günstige Locations

2.1 Diskothek

Hauptsächlich vier Gründe sprechen dagegen, Teil eins des persönlichen Prinzen-Castings in einer Diskothek zu veranstalten. Zum einen ist es hier gewöhnlich viel zu laut, was eine gepflegte Konversation fast unmöglich macht. Erheben Sie aber Ihre Stimme, um mehr als nur bruchstückhaft verstanden zu werden, vermehrt sich automatisch Ihr Speichelauswurf. »Ins Ohr spucken« – nicht gerade der Knaller-Einstieg für einen heißen Flirt. Zweitens bieten Großraumdiscos nur selten eine behagliche Date-Atmosphäre. Drittens macht es die Mischung aus Dämmerlicht und knalligen Lichteffekten schwierig, Ihren potenziellen Herzbuben optisch zu taxieren, und viertens kann er Ihnen bei der nächsten »Damenwahl« leicht verlustig gehen.

2.2 Stammkneipe

Vielleicht macht es Ihnen nichts aus, wenn Sie während des Dates von Freundinnen und Bekannten beobachtet und mitunter sogar von ihnen angesprochen werden, weil Sie ein »Heimspiel« haben und sich deshalb sicher fühlen. Bei Ihrem potenziellen Herzbuben dagegen dürfte die Big-Brother-Situation Befangenheit hervorrufen, während ihn »Störungen« durch andere einfach nur nerven. Ohne das »Stamm« davor, ist die Kneipe absolut Date-tauglich, weil es recht locker zugeht und nette Hintergrundmusik läuft.

2.3 Kino / Theater

Ist nicht noch ein »Danach« ausgemacht, stellen Kino und Theater keine verheißungsvollen Orte für einen persönlichen Erstkontakt dar. Die Date-Partner sind hier nämlich naturgemäß mehr auf die Vor- beziehungsweise Aufführung fokussiert als auf ihren Nachbarn. Zudem wird Konversation, vor allem während der Darbietung, alles andere als gerne gesehen. So bleibt das Rendezvous relativ unpersönlich. Oder es wird gleich zu persönlich, indem die andere Seite zu Handgreiflichkeiten übergeht. Beide Locations eignen sich eher für ein zweites oder drittes Stelldichein.

2.4 Feier / Fete

Siehe Stammkneipe, vielleicht aber noch schwieriger, da alleinige Konzentration auf das Tête-à-tête – besonders wenn Sie Gastgeberin sind – von Ihren übrigen Gästen als äußerst unhöflich angesehen werden dürfte. Unterbrechungen – etwa durch Aufforderungen zum Tanz – sind hier vorprogrammiert. Außerdem kann Ihnen Ihr Begleiter in dem »wilden Durcheinander« leicht von paarungswilligen Konkurrentinnen vor der Nase weggeschnappt werden. Das kann aber auch neben der lockeren Atmosphäre ein Pluspunkt sein, wenn Sie Ihre neue Bekanntschaft null interessiert oder nervt.

2.5 Restaurant

Der Gourmettempel als Schauplatz für ein erstes Treffen bietet nur einen nennenswerten, wenn auch nicht zu verachtenden Trumpf. Von der Art, wie Ihr Gegenüber seine Nahrung zu sich nimmt, können Sie einige Rückschlüsse auf seinen Charakter und seine sonstigen Lebensgewohnheiten ziehen gemäß dem Spruch: »Sage mir, wie du isst, und ich sage dir, wer du bist.« Davon abgesehen, hält ein Restaurantbesuch einige Fettnäpfchen bereit. Ein zu edles Ambiente könnte etwa bei jemandem, der es nicht gewohnt ist, Befangenheit hervorrufen, weil die Befürchtung besteht, sich nicht angemessen zu verhalten. Die Frage »Wer zahlt?« könnte bei Date-Neulingen zu Irritationen führen, und ähnlich wie in der Sauna ist das Risiko groß, sich stundenlang mit einem grottenunsympathischen Zeitgenossen herumquälen zu müssen.

3. Günstige Locations

3.1 Musikkneipe

Fast in jeder Kleinstadt, zum Teil sogar schon in größeren Dörfern gibt es Kneipen, in denen an bestimmten Wochentagen Live-Mucke gespielt wird. Bekanntermaßen verbessert angenehme Musik die Stimmung und somit die Erfolgschancen für das Rendezvous. Der Wechsel von Auftritten und Pausen bietet darüber hinaus die Möglichkeit, sowohl miteinander zu plaudern als auch die Konversation zu unterbrechen, um das bisher Gehörte sacken zu lassen und sich mental auf die neue »Gesprächsrunde« vorzubereiten. Der selbsterzeugte innere Druck, die Unterhaltung durchgängig am Leben zu halten, wird damit von den Date-Partnern genommen.

3.2 Café / Bistro

Wie in der Musikkneipe oder auf einer Fete sind Sie auch weder im Café noch im Bistro zeitlich wesentlich gebunden. Einen Cappuccino können Sie innerhalb von wenigen Minuten getrunken haben oder auch ohne Probleme stehen lassen, wenn Sie das Gefühl haben, Ihr Gegenüber tangiert Sie ungefähr so peripher wie das Fernsehprogramm auf Bali. Ferner bieten beide Lokalitäten häufig ein nettes Ambiente und laden zum Wohlfühlen ein, was der prinzipiell etwas verkrampften Situation von Rendezvous ein wenig die Anspannung nimmt. Nicht zuletzt finden Sie hier fast immer lauschige Plätzchen, an denen ein nahezu unbehelligtes Kennenlernen möglich ist.

3.3 Park

Ein Park-Date ist absolut empfehlenswert, sofern es sich bei der grünen Oase um einen stark frequentierten Ort handelt wie etwa den »Englischen Garten« in München. Als Setting liegt das Picknick auf der Hand; wildromantisch, idyllisch und leger. Die lukullischen Genüsse können Sie im Gegensatz zum Stelldichein im Restaurant genießen, ohne dabei schon a priori Ihr Zeitkontingent für das Suchen und Finden der Liebe um Stunden anzapfen zu müssen.

1. Vereinbaren Sie eine Lokalität als Treffpunkt, die für beide gut zu finden und zu erreichen ist. Wenn Sie trotz oder ohne Navi nach dem Weg dahin fragen müssen, spielt Ihnen ein hoher Bekanntheitsgrad der Örtlichkeit in die Karten.

2. Ergreifen Sie alle notwendigen Sicherheitsmaßnahmen, damit Sie sich am Date-Treffpunkt nicht verpassen: Handy angeschaltet lassen, Telefonnummer des Date-Partners bereithaben, vor anstatt in der Location verabreden und im Falle eines Blind Dates ein signifikantes Erkennungszeichen vereinbaren.

3. Verabreden Sie sich zum ersten Date immer an einem neutralen Ort, während Sie Ihren persönlichen Bereich erst öffnen, wenn Sie genügend Vertrauen zu Ihrer neuen männlichen Bekanntschaft aufgebaut haben. Lassen Sie sich auch niemals gleich von zu Hause oder Ihrem Arbeitsplatz abholen.

4. Lehnen Sie Locations, gegen die Ihr Bauchgefühl opponiert, kategorisch ab, und stellen Sie sich taub gegen jegliche Art von Überredungsversuchen. Ansonsten werden Sie das Date vermutlich nachher (bitter) bereuen.

5. Treffen Sie sich niemals mit einem Herzblatt-Kandidaten, der nicht bereit ist, die größere Wegstrecke für das Rendezvous in Kauf zu nehmen. Dahinter stecken meist entweder »unlautere Absichten« oder mangelnde Motivation.

6. Gehen Sie neue Wege bei der Frage der Date-Location. Eine Örtlichkeit, über die Sie bisher noch nie nachgedacht haben oder die Sie zumindest noch nicht genutzt haben, wie der Safaripark oder das Wachsfigurenkabinett, kann viel Spaß bringen. Andernfalls ist ein Abbruch jederzeit möglich.

7. Loben Sie Ihr Gegenüber für die Auswahl der Location, wenn sie Ihnen zusagt. Wenn nicht, bringen Sie aber auch ruhig Ihre »Wechselwünsche« zum Ausdruck. Schließlich stellt Ihr Wohlbefinden die Grundlage für den Date-Erfolg dar.

8. Holen Sie Erkundigungen über den vorgeschlagenen Treffpunkt ein, damit Sie sich »dem Anlass entsprechend« kleiden können. Das Gefühl, over- oder underdressed zu sein, kann Ihnen ansonsten womöglich (gründlich) die Stimmung verhageln.

9. Machen Sie Ihren Date-Partner in spe diskret darauf aufmerksam, wenn Sie das Gefühl haben, er sei über die von ihm ausgewählte Location falsch informiert. Das ist weniger unangenehm für ihn, als vor Ort ein blaues Wunder zu erleben.

10. Erstellen Sie eine persönliche Liste von Go- und No-go-Locations für das erste Date. So können Sie auf Vorschläge Ihrer neuen männlichen Bekanntschaft relativ »spontan« reagieren.

Akzeptieren Sie höchstens eine Date-Absage

Annika, 34, Grundschullehrerin:
»Ich war mit Dennis über eine Internet-Partnerbörse in Kontakt gekommen. Bevor wir einen Termin für das erste persönliche Beschnuppern ausmachten, hatten wir schon einige Wochen hin- und hergemailt. Ich freute mich sehr auf das Date, weil wir offensichtlich in vielen Bereichen fast schon gespenstisch ähnlich tickten, und auch

sein Foto im Netz gefiel mir ausgesprochen gut. Entsprechend ver-
brachte ich am Tag des Treffens mindestens zwei Stunden vor dem
Kleiderschrank, um das passende Outfit zusammenzustellen. Als
mir meine innere Styling-Beraterin endlich das Okay gab, klingelte
das Telefon. Dennis rief an. Ich sah es an seiner Nummer auf dem
Display. Ich ging ran. Zunächst druckste er ein wenig herum, aber
dann teilte er mir mit, dass er nicht kommen konnte. Fast reflexartig
fragte ich ihn, warum. Er nannte persönliche Gründe, über die er
aber nicht sprechen wollte. Nachdem er mehrfach glaubhaft sein Be-
dauern ausgedrückt hatte, schlug er einen neuen Termin gleich am
nächsten Wochenende vor. Obwohl meine Enttäuschung kaum
Grenzen kannte, sagte ich ihm zu. Wir verabredeten uns für den
Sonntagnachmittag. Diesmal cancelte Dennis das Date per Mail und
schon zwei Tage davor, also am Freitag. Er gab an, leider noch im-
mer nicht für das persönliche Kennenlernen bereit zu sein. Gleich-
zeitig beteuerte er aber, wie wichtig ich ihm sei. Im Nachhinein
könnte ich mir in den Hintern beißen, aber tatsächlich ließ ich mich
einige Sülz-Mails später noch zum dritten Versuch eines Treffens
hinreißen. Diesmal versetzte er mich einfach. Danach ließ der feige
Hund natürlich nichts mehr von sich hören. Weil ich jedes weitere
Wort in seine Richtung als Energieverschwendung empfand, ver-
suchte ich, die Geschichte einfach zu vergessen. Sollte ich diesem blö-
den Arsch womöglich noch die Genugtuung verschaffen, sich an mei-
ner Wut aufzugeilen?«

»Nein, nein – so schön kann doch kein Mann sein, dass ich ihm
lange nachwein«, singt Gitte, und auch kein Mann kann so
schön sein, dass Sie ihm mehr als eine Date-Absage nachsehen.
Wenn Annika mich nach Dennis' erster Absage gefragt hätte, ob
sie einen neuen Termin mit ihm ausmachen sollte, hätte ich ihr
davon abgeraten. Ich finde nämlich seine Begründung für den
Rückzieher viel zu schwammig, um ihm eine zweite Chance zu

geben. Ich erwarte in solchen Situationen »Butter bei die Fische«, also eindeutige Erklärungen, ansonsten bin ich nicht bereit, der anderen Seite Glauben zu schenken. Aus Erfahrung weiß ich: Hinter fast jeder Larifari-Absage steckt eine handfeste Lüge. Da ich meinen Singles auch Dates vermittle, bekomme ich nämlich häufig die wahren Gründe dafür zu hören.

Das können zum Beispiel sein: Die neue (männliche) Bekanntschaft ...

- leidet an Bindungsängsten oder -ambivalenz, kann also dauerhafte Nähe nicht aushalten, oder die Argumente für oder gegen eine Partnerschaft halten sich die Waage. Oft ist auch die Ambivalenz Folge der Ängste.
- steht nicht hinter ihren eigenen Balzbemühungen, weil sie von Dritten – etwa Eltern oder Freunden – dazu gedrängt wird oder gesellschaftlichen Bindungsdruck verspürt.
- hat noch eine Affäre im Hintergrund laufen, die die Motivation vermindert, sich auf etwas Neues einzulassen.
- ist gar nicht die Person, die sie vorgibt zu sein, und möchte durch das Verbleiben in der Anonymität ein Outing verhindern.
- weist ein derart katastrophales Zeitmanagement auf, dass sie Schwierigkeiten hat, Termine einzuhalten.
- möchte sich lieber mit einem anderen Kontakt treffen, der ihr im Moment »lukrativer« erscheint.
- strebt eigentlich überhaupt kein persönliches Beschnuppern an, weil es ihr reicht, per Mail oder bestenfalls noch über Telefon miteinander zu kommunizieren.
- lebt (noch) in einer festen Zweierbeziehung und möchte das nur unter vier Augen »beichten«, bekommt dann aber doch kalte Füße.

Bei welchen konkreten Verhinderungsgründen für eine erste Date-Absage können Sie sich noch auf einen Ersatztermin einlassen?

1. Akute Erkrankung (auch des sozialen Umfelds: Kinder, Eltern, Freunde)
2. Unfall (siehe 1.)
3. Horrornachricht, die zunächst verdaut werden muss
4. Unvorhersehbarer Einsatz am Arbeitsplatz
5. Kurzfristig anberaumte Dienstreise
6. Überraschender Besuch von weither
7. Haustier kommt zum »falschen« Geburtstermin nieder
8. Schlechte Wetterbedingungen (Sturm, Starkregen, Blitzeis)
9. Kinderwochenende wegen plötzlichen Ausfalls der Ex-Frau/-Partnerin
10. Gravierende Probleme der Sprösslinge (Delinquenz, Abhauen, Volltrunkenheit)

Da die genannten Absagegründe nur extrem selten zweimal hintereinander ausgerechnet an dem Tag des Dates zum Tragen kommen dürften, würde ich Ihnen nur dann noch dazu raten, dem Prinzenkandidaten eine dritte Chance einzuräumen, wenn er von sich aus anbietet, den Beweis über die Richtigkeit seiner Angaben zu erbringen. Obwohl Sie das niemals von ihm verlangen sollten, schließlich sind Sie keine Inquisitorin, können Sie in diesem Fall tatsächlich davon ausgehen, dass »Weihnachten und Ostern auf einen Tag gefallen sind«. Nur die wenigsten Männer besitzen die Chuzpe eines Christoph Daum bei seiner Kokainaffäre und bieten den Nachweis ihrer Unschuld an, wissend, dass sie ihn nicht erbringen können, weil sie gelogen haben. Verspüren Sie indes auch nur den Hauch von Unsicherheit, was die Glaubwürdigkeit der anderen Seite betrifft, so lassen Sie sich auf nichts mehr ein. Ansonsten ist die Wahrscheinlichkeit viel zu hoch, Opfer eines Schmierenkomödianten oder psychopathischen Manipulierers zu werden, der nur im Voraus schon ausloten möchte, wie weit er mit Ihnen gehen kann. »Wie man sich bettet, so liegt man«, lautet ein bekanntes Sprichwort. Und je mehr Absagen Sie vor dem ersten Treffen schlucken, desto schlechter wird Ihre Position sein, falls letztendlich doch noch eine Zweierbeziehung aus Ihrem Kontakt entstehen sollte.

Durch Ihre schafstrottelige Gutmütigkeit oder Naivität begeben Sie sich unwiderruflich in die Rolle einer gefügigen Mitläuferin. Und welch schwieriges Unterfangen es darstellt, aus einem Rollenmuster wieder auszubrechen, davon können langjährige Serienschauspieler ein Lied singen.

Selbst wenn es sich bei der »Date-Verschieberitis« Ihrer neuen Bekanntschaft um keine Machtspielchen handelt, sollten Sie nach der zweiten Absage alleine schon aus Gründen der Selbstachtung kein Pardon mehr kennen. Aber sicher brauchen Sie auch keinen Partner an Ihrer Seite, der in solch chaotischen Lebensumständen steckt, dass er nicht dazu in der Lage ist, verbindliche Terminvereinbarungen mit Ihnen zu treffen. Oder etwa doch?

Finden Sie die richtigen Gesprächsthemen

Laeticia, 45, Anlageberaterin:
»Wenn ich einen Mann kennenlerne, erzähle ich ihm viel von meiner Arbeit, weil sie einen hohen Stellenwert in meinem Leben genießt. Außerdem möchte ich ihm damit signalisieren, dass ich auf eigenen Füßen stehe und keinen Versorger suche, wie manche meiner Geschlechtsgenossinnen. Ansonsten bin ich, was Gesprächsthemen an-

geht, recht vielseitig. Ich habe sogar ein wenig Ahnung von Fußball.
Das lasse ich regelmäßig in die Konversation einfließen.«

Miriam, 38, Großhandelskauffrau:
»Ich habe zwei Katzen, mit denen ich mich den größten Teil meiner
Freizeit beschäftige. Sie stehen auch bei meinen Dates fast immer im
Mittelpunkt. Ich glaube, über Haustiere sprechen die meisten Män-
ner gerne. Die liefern immer Geschichten zum Lachen oder Schmun-
zeln. Manchmal können sie sogar als Lockmittel dienen. Meine
Freundin bekommt zum Beispiel mit ihrer Königspython jeden Kerl
ins Haus und ins Bett, weil sie jeder gleich angucken will und sie ir-
gendwie immer erotische Phantasien beim starken Geschlecht er-
weckt.«

Agathe, 34, Restauratorin:
»Mein Steckenpferd sind Kulturreisen. Von meinen Eindrücken da-
bei kann ich neuen männlichen Bekanntschaften stundenlang be-
richten. Besonders alte Kirchen haben es mir angetan. Da kann ich
mit wirklich sehr interessanten Details aufwarten, die mein Gegen-
über sonst fast nirgendwo zu hören bekommt.«

Cindy, 27, Friseurin:
»Ich finde es immer ganz witzig, mich mit meinen Eroberungen
über gemeinsame Bekannte auszulassen oder ein wenig über sie ab-
zulästern. Einen guten Einstieg bieten auch Promitratsch und
Klatsch. Männer, die sich damit nicht auskennen, sind mega-out. Da
kann ich mich ja gleich mit Joopie Heesters einlassen. Oder ist der
nicht schon gestorben?«

Laeticia liegt von ihrem Denkansatz her teilweise gar nicht mal
so verkehrt. Tatsächlich stehen Männer auf Evastöchter, die ihnen nicht auf der Tasche liegen. Eine reine Hausfrau an ihrer

Seite wünschen sich fast nur noch ausgesprochen antiquierte Vertreter des »starken« Geschlechts. Ihren Beruf in den Mittelpunkt des Flirtgesprächs zu stellen ist aber sicher nicht der Weisheit letzter Schluss. Allzu intensive Exkurse in die Arbeitswelt ihrer potenziellen Herzdame gehen der Herrenwelt nämlich ziemlich gegen den Strich und auf die Nerven. Zwar schätzt Mann den finanziellen Beitrag seiner besseren Hälfte zum Familienunterhalt, doch wie er zustande kommt, tangiert ihn eher peripher. Und schon gar nicht sollte sich die holde Weiblichkeit über ihren Job definieren, wie im Falle von Laeticia, sondern eher über ihre Rolle als Ehefrau und Mutter. Leider liegt Laeticia auch mit dem Thema Fußball ziemlich daneben. Das wollen Männer lieber unter ihresgleichen besprechen. Im Großen und Ganzen lautet das Fazit also: Thema verfehlt, setzen, 6.

Kaum besser fällt das Urteil über Miriam aus, bei der das Problem allerdings anders gelagert ist. Sie landet zwar mit dem Haustier-Sujet grundsätzlich einen Volltreffer, pointiert es aber zu stark, so dass die andere Seite den Eindruck gewinnen muss, sie sei eine fanatische Katzenmama.

Agathe schickt ein Thema ins Rennen, das maximal fünf Prozent aller Männer interessiert und im Detail vielleicht noch ein Prozent. Das heißt in letzter Konsequenz, dass sich unter 100 Prinzenkandidaten nur einer befindet, den sie damit einigermaßen hinter dem Ofen hervorlocken kann. Anstatt von ihren Kirchen zu »schwärmen«, wäre Agathe beim Dating besser beraten, einfach ein paar lustige Urlaubsanekdoten und Abenteuer zum Besten zu geben. »Reisen« turnt nämlich auch XY an, aber eben bitte ohne ausgiebiges Kulturprogramm.

Den Vogel schießt Cindy ab. Tratsch und Klatsch ist exakt das, was (ganze) Kerle überhaupt nicht brauchen. Dass der Bürgermeister von Werweißwo grob fahrlässig ein Stoppschild umgefahren hat, interessiert sie genauso wenig wie die aktuelle Haarfarbe von Lady Gaga. Yellow-Press-Themen sind typisch weiblich, weshalb wir ja auch im hiesigen Sprachgebrauch nur eine Tratschtante und keinen Tratschonkel kennen.

Mɪᴛ ᴡᴇʟᴄʜᴇɴ Tʜᴇᴍᴇɴ ᴋöɴɴᴇɴ Sɪᴇ ʙᴇɪ ᴅᴇʀ
ʜᴏʟᴅᴇɴ Mäɴɴʟɪᴄʜᴋᴇɪᴛ ᴘᴜɴᴋᴛᴇɴ, ᴡᴇɴɴ ꜱᴄʜᴏɴ ɴɪᴄʜᴛ ᴍɪᴛ
Iʜʀᴇʀ Aʀʙᴇɪᴛ, Kᴜʟᴛᴜʀ ᴏᴅᴇʀ Kʟᴀᴛꜱᴄʜ ᴜɴᴅ Tʀᴀᴛꜱᴄʜ?

1. Musik:
Rhythmisch beschallen lässt sich auch noch der größte Miesmuffel. Also werden Sie mit diesem Thema im wahrsten Sinne des Wortes selten auf taube Ohren stoßen. Zudem sorgt es gewöhnlich für gute Stimmung und erhöht damit Ihre Chancen, einen Flirterfolg zu landen. Ein echter Bringer ist der Austausch über Konzerterfahrungen.

2. Reisen:
Sonne, Strand und Meer: Ein echtes Gute-Laune-Thema, wenn Ihr männliches Gegenüber nicht gerade im Urlaub seine Verflossene an einen Papagallo oder sein Bein beim Baden an den Weißen Hai verloren hat. Abendfüllend, da sich Tausende Unterthemen finden lassen von A wie Anreise über L wie Land und Leute bis Z wie Zimmer.

3. Lieblingsfilme:
Finden Sie gemeinsame Blockbuster, können Sie vereint noch einmal über lustige Szenen lachen oder tragische Todesfälle beweinen. Als Frau dürfen Sie auch ruhig erwähnen, dass Sie die »Wilde Orchidee« oder »9 ½ Wochen« inspirierend finden. Damit deuten Sie Ihrem Prinzen in spe an, in welche Richtung der Zug fahren soll.

4. Sport:

Die meisten Männer betreiben Leibesertüchtigung oder interessieren sich zumindest dafür. Voller Stolz werden Ihnen die Sportskanonen von ihren grandiosen Siegen auf Tartanbahn und Co. berichten, während die Theoretiker mit ihrem Faktenwissen glänzen. Wählen Sie bitte Ihre Worte sorgfältig aus, wenn Sie Bemerkungen über seine Lieblingsmannschaft machen. Und reden Sie nur über Sportarten, von denen Sie auch wirklich Ahnung haben. Manchmal kann hier Schweigen Gold sein.

5. Marotten:

Erzählen Sie dem Prinzen in spe ruhig, welche Marotten und Spleens Sie haben, und fragen Sie ihn auch nach seinen. Wenn Sie ihm »beichten«, dass Sie abends zum Einschlafen noch Bibi-Blocksberg-CDs hören, und er Ihnen offenbart, dass er auf seiner Kellertreppe immer eine Stufe auslässt, um den 13. Schritt zu vermeiden, so wird das ziemlich zur Erheiterung beitragen.

6. Way of life:

Bezüglich des Lebensstils Ihres Herzblatt-Kandidaten bieten sich unzählige Fragen an: Lebt er, um zu arbeiten, oder arbeitet er, um zu leben? Ist er tag- oder nachtaktiv? Wie viel Schlaf braucht er? Genießt er das Hier und Jetzt, oder sorgt er sich mehr um die Zukunft? Bezeichnet er sich als Stadt- oder Landmensch? Welchen Stellenwert hat für ihn die Meinung anderer? Wie oft geht er pro Woche aus?

7. Ess- und Trinkgewohnheiten:

Ein wundervoll ergiebiger Gesprächsgegenstand, weil die Sorge für das leibliche Wohl auch beim »starken« Geschlecht ganz oben auf der Prioritätenliste steht. Wenn Mann schon nicht gerne kocht, so hat er doch zumindest Lieblingsgerichte und -getränke. Zudem sind die lukullischen stark mit den geschlechtlichen Genüssen verknüpft. Nicht umsonst heißt es: »Liebe geht durch den Magen.«

8. Haustiere:

Grundsätzlich unterhalten sich Männer gerne über alles, was in und um die heimischen vier Wände herum kreucht und fleucht. Allerdings kann hier ähnlich wie beim Thema Kinder oder Ex-Partner die Dosis das Gift machen, indem Sie Ihre tierischen Lieblinge zu sehr in den Gesprächsfokus rücken. Dann sieht nämlich Mister Right leicht seine Felle als zukünftige Nummer eins in Ihrem Herzen davonschwimmen.

9. Beruf:

Der Mann als Jäger erzählt natürlich gerne darüber, wie er das Mammut erlegt und vor die Höhle zerrt. Ihnen verrät sein Beruf viel über seine Talente, Vorlieben und Neigungen. Wenn er allerdings bei seinen Ausführungen darüber zu sehr ins Detail geht, können Sie ihn ruhig einbremsen, indem Sie das Thema wechseln. Schließlich wollen Sie ja auch noch seine anderen Facetten kennenlernen.

10. Small Talk:

Als Gesprächseinstieg können Sie ruhig auch banalere Themen kurz anreißen, zum Beispiel das aktuelle Wetter. Als ideal erweist es sich hier natürlich, ein Loblied auf den wundervollen Sonnenschein zu singen, während Klagen über die ewige »Schweinekälte« gleich die Stimmung eintrüben. Geeignet sind auch der Anfahrtsweg zum Treffpunkt, die Atmosphäre der Date-Location oder die Hintergrundmusik.

11. Lektüre:

Gehen Sie davon aus, dass Ihr Gegenüber anders liest als Sie. Während Sie als Frau vermutlich Beziehungsratgeber und Belletristik bevorzugen, steht er als Mann eher auf Fachliteratur und Magazine. Eine »Kompromisslösung« könnten Humorbücher sein. Gemeinsames Lachen bricht das Eis bei jedem Date. Wände errichten Sie dagegen vermutlich durch die Bezugnahme auf esoterische Literatur.

12. Sex:

Was für das »starke« Geschlecht absolut tabu ist, kann Ihnen sogar taktische Vorteile einbringen: das Thema Sex. Natürlich sollten Sie dabei nicht allzu sehr in die Tiefe gehen, aber bereits anzudeuten, dass für Sie Intimität eine große Rolle spielt, erhöht auf der anderen Seite wahrscheinlich die Motivation, Sie wiedersehen zu wollen.

AUCH MÄNNER STEHEN AUF GUTE MANIEREN

Ulf, 41, Mediengestalter:
»Ich schicke Frauen grundsätzlich in die Wüste, wenn sie nicht ›danke‹ sagen können. Meine letzte Internet-Bekanntschaft habe ich dreimal groß zum Essen eingeladen, und glauben Sie, ihr ist ein einziges Mal das Zauberwort mit ›d‹ über die Lippen gekommen? Völlige Fehlanzeige! Ich erwarte ja nun wahrlich keinen Kniefall für jede Wohltat, die ich einer Dame erbringe, aber ab und zu ein Dankeschön gehört für mich einfach zu einer guten Kinderstube dazu.«

Jens, 28, Radiomoderator:

»Lauthals mit der Bedienung über irgendeinen Furz zu diskutie-
ren, der nicht passt, ist für mich absolut No-Go. Vor einigen Wochen
hatte ich ein Date mit einer Sozialpädagogin. Die hatte echt an
allem etwas auszusetzen. Ihre Pizza ließ sie unter wildem Gezeter,
so dass es jeder in dem Lokal mitbekam, in die Küche zurückgehen,
nur weil eine winzige Ecke von einem Schinkenstück verbrannt
war. Echt, das konnte man mit bloßem Auge kaum sehen. Zwei
Minuten später kam eine ›neue‹ Pizza, 100-prozentig dieselbe, ›nur
ohne‹ die verbrannte Schinkenecke. Die nahm sie dann interessan-
terweise anstandslos entgegen, aber wie wollte sie denen auch etwas
beweisen. Was in der Küche womöglich sonst noch mit der Pizza
passiert war, daran wollte ich lieber nicht denken, während wir
aßen.«

Jörg, 49, Bankkaufmann:

»Ich weiß nicht, vielleicht bin ich da zu empfindlich oder humorlos,
aber mich nervt es tierisch, wenn eine Frau beim ersten Date gleich,
ohne zu fragen, in meinem Essen rumstochert. Also ich finde, sie
könnte wenigstens mal fragen, ob sie davon probieren darf. Einfach
so, das geht vielleicht nach 20 Jahren Ehe. Für mich stellt diese Art
Mundraub eine eindeutige Grenzverletzung dar. Umgekehrt bekäme
ich wahrscheinlich dafür eine Gardinenpredigt gehalten.«

Jörgs Aussage impliziert, dass von Männern in der Kennenlernphase mehr Toleranz gegenüber dem »schwachen« Geschlecht
erwartet wird als umgekehrt. Bis zu einem gewissen Punkt teile
ich diese Auffassung. So sollte etwa Romeo »heiter darüberstehen«, wenn sich seine Julia in spe zum Treffen um ein Viertel-
stündchen verspätet oder ihr Portemonnaie vergisst. Für die
Herren der Schöpfung wären dies indes schwere Fauxpas.
Schließlich obliegt es ihnen, um das Herz ihrer Angebeteten zu

werben, und da sind optimale Vorbereitung und ein Höchstmaß an Engagement erste Bürgerpflicht.

Eine relative Schmerzfreiheit seitens der Männer spiegelt auch die Dating-Realität wider. Relativ heißt aber eben nicht absolut. Dort, wo Lässigkeit endet und schlechte Manieren beginnen, ist auch bei ihnen der Rubikon der Nachsicht überschritten. Im Bereich der Ungeschlachtheit können dann aber leider schon kleinste »Vergehen« zur Verärgerung des potenziellen Herzbuben führen. So echauffierte sich kürzlich ein männliches Mitglied meines Single-Kreises darüber, dass ihm seine Date-Partnerin im Café während seines Toilettenbesuchs einfach den Keks von seinem Teller stibitzte. Ich staunte selbst ein wenig darüber, aber das war einer der Hauptgründe, warum er später den Kontakt zu ihr abbrach. Seine (Über-)Reaktion ist vielleicht damit zu erklären, dass es sich ähnlich wie bei dem Mundraub von Jörgs Date um eine Revierverletzung und somit Todsünde gegenüber der territorialen Spezies XY handelte. Der Teller war sozusagen (noch) »Feindesland«. Toppen kann das Frau eigentlich nur noch, indem sie versucht, unangemeldet in das Wohnumfeld ihrer neuen männlichen Bekanntschaft einzudringen.

Aufgrund der Statements vieler hundert Männer in meinen Single-Gruppen habe ich **eine Top-20-Liste der gravierendsten Benimmverstöße der Damenwelt beim Flirten und Dating** zusammengestellt. Falls Sie darin eigene Fauxpas wiedererkennen, kann sie Ihnen helfen, aus Schaden klug zu werden, falls nicht, umso besser:

1. Offensichtliches Flirten mit anderen Männern während des Rendezvous
2. Mehrfaches Verlassen der Date-Location zum Rauchen
3. 99 Prozent des Essens im Restaurant bleiben auf dem Teller

4. »Unangekündigte« Verspätungen von mehr als einer Viertelstunde
5. Ständig ins Wort fallen oder nicht zu Wort kommen lassen
6. Ausgiebige kosmetische Auffrischungen und Zahnpflege am Tisch
7. Ohne Absprache dritte Personen oder Haustiere als Date-»Eskorte«
8. Respektloser Umgang mit der Bedienung
9. Unnötiges Telefonieren, Simsen, Posten, Twittern
10. Nicht zuhören
11. Ausgiebige Gespräche mit anderen Anwesenden (Gäste, Kellner, Barkeeper)
12. Ständig auf die Uhr schauen
13. Emotionale und körperliche Distanzlosigkeit
14. Ausfälligkeit nach übermäßigem Alkoholkonsum
15. Herablassendes Ausspielen der eigenen Überlegenheit
16. Angriffe unter die Gürtellinie und maßlose Beschimpfungen
17. Konfrontation mit charakterlichen und optischen Defiziten
18. Unterhaltung der Nachbartische durch ein zu lautes Organ
19. Offene Demonstration von Desinteresse
20. Überhastetes Verschwinden, ohne sich vernünftig zu verabschieden

... UND ALS SPECIAL NOCH DIE TOP TEN
DER SKURRILSTEN BENIMMVERSTÖSSE VON FRAUEN
BEIM FLIRTEN UND DATING:

1. Stillen des Säuglings beim ersten Date
2. Mit dem Kaugummi Blasen machen oder mit ihm schmatzen
3. Sich zwei Bissen Essensreste einpacken lassen
4. Ausgiebiges Nägelkauen

5. Anpumpen/Betteln oder um Erstattung der Fahrtkosten zum Treffpunkt bitten
6. Vorlage des Personalausweises vom Gegenüber zur Legitimierung verlangen
7. Leidenschaftliches Füßeln
8. Küssen des mitgebrachten Hundes auf den Mund
9. Geschenkwünsche für weitere Treffen äußern
10. Verbergen der Augen hinter einer Sonnenbrille

Vermeiden Sie Tabufragen

In meinen Single-Gruppen bat ich vor einiger Zeit die Männer, Fragen aufzuschreiben, die ihnen Frauen beim Dating absolut nicht stellen dürfen, und ihre Auswahl kurz zu begründen. Obwohl das starke Geschlecht diesbezüglich sehr viel schmerzfreier als das schwache ist, kam doch insgesamt eine recht ansehnliche Liste zusammen.

Vielleicht kann Ihnen der kleine Auszug daraus helfen, zukünftig einige Fettnäpfchen bei der Prinzenjagd geschickt zu umschiffen:

Nino, 54, Gastronom:
»Also, ich hasse es, wenn mich Frauen direkt oder durch die Blume nach meinem Einkommen fragen. Dann mache ich sofort dicht, weil ich glaube, ich habe es mit einer Goldgräberin zu tun, die nur auf Kohle aus ist.«

Dirk, 47, Rettungssanitäter:
»Mich hat schon einmal eine Frau gefragt, ob es mich stören würde, dass ihr Kalb von Hund bei ihr im Bett schlafe. Ich fand die Vorstel-

lung ziemlich abturnend, und artgerechte Tierhaltung sieht für mich anders aus.«

Christopher, 35, Musiker:
»Die Frage Sitzpinkler oder Stehpinkler beantworte ich grundsätzlich nicht. Geht die Frau null Komma null an. Als Single putze ich mein Klo doch ohnehin selbst. Und ihres werde ich vermutlich erst benutzen, wenn die Geschichte intim wird.«

Ingo, 39, Betriebswirt:
»Ich werde nur ungern auf Trennungsgründe von meinen Verflossenen angesprochen. Irgendwie fühle ich mich dadurch in die Ecke gedrängt.«

Maik, 29, Mechatroniker:
»Fies finde ich Fragen, die darauf abzielen, mich zu verändern; zum Beispiel keinen Alkohol mehr zu trinken oder das Motorradfahren zu lassen. Ich bin nämlich ein extrem freiheitsliebender Mensch, außerdem ein ziemlicher Sturkopf.«

Andre, 32, Feinoptiker:
»Das Verhältnis zu meiner Mutter sollte außen vor bleiben. Ich vermute dahinter immer so verkappte Versuche, mich zu psychoanalysieren. Und davon halte ich echt gar nichts.«

Marco, 35, Sportpädagoge:
»Ich arbeite als Tennislehrer und kriege die Krätze, wenn mich Frauen fragen, ob ich davon leben kann. Doofe Frage! Logisch kann ich davon leben, denn sonst wäre ich ja schon längst Hungers gestorben. Aber mir ist schon klar, dass es dabei um meine Versorgertauglichkeit geht. Angedeutete Zweifel an seinen Fähigkeiten, das Mammut zu erlegen, hört natürlich kein Mann gerne.«

Sven, 41, Informatiker:

»*Warum interessieren sich Frauen eigentlich dafür, wie viele Dates ich vor ihnen schon hatte? Wollen sie mich dadurch als Ladenhüter entlarven, weil ich gerade irgendwelchen Bockmist baue, oder einfach nur ihre Exklusivität bestätigt bekommen? Also das habe ich bis heute nicht verstanden.*«

Thomas, 44, Vertriebsmitarbeiter:

»*Es gibt Fragen, bei denen kannst du dich als Mann echt abschießen, zum Beispiel, wenn es um deine Einstellung gegenüber Pornos geht. Bei einer Emanze bist du gleich unten durch, wenn du zugibst, dass du darauf stehst, und bei einer geilen Sau hast du vielleicht verloren, wenn du den Moralapostel gibst.*«

Klaus-Dieter, 52, Polizist:

»*Mich sollte eine Frau beim Kennenlernen niemals fragen, ob ich sie zu irgendetwas einlade. Das verrät keine gute Kinderstube, und außerdem mache ich ›Geschenke‹ entweder von selbst oder überhaupt nicht.*«

Frank, 43, Streetworker:

»*Meinen beruflichen Werdegang würde ich schon gerne freiwillig schildern, nicht auf Zuruf. Sonst bekommt das Date für mich den Touch eines Bewerbungsgesprächs, womit immer Stress und das Gefühl von Untergebenheit verbunden sind.*«

Guido, 47, Forstwirt:

»*Fragen nach meinen sexuellen Gewohnheiten zum Beispiel, ob ich onaniere, schon mal in einem Swinger-Club war oder auf bestimmte Praktiken stehe, finde ich total daneben. Ich kann darüber einfach nicht so offen reden wie viele andere. Dafür bin ich zu katholisch erzogen.*«

Thorsten, 36, Reiseleiter:
»*Mich nervt es extrem, wenn eine neue Bekanntschaft zu sehr bezüglich meiner früheren Beziehungen nachbohrt. Besonders möchte ich nicht bis ins kleinste Detail die jeweiligen Trennungsgründe preisgeben, das wirft teilweise kein gutes Licht auf mich.*«

Jens, 29, Autohändler:
»*Letztens wollte eine Tussi beim Date gleich von mir wissen, wann ich zuletzt mit einer Frau im Bett gewesen sei. Das brachte mich im ersten Moment ziemlich in Verlegenheit, weil ich am selben Morgen noch spontan Sex mit der Ex gehabt hatte. Davon abgesehen, eine merkwürdige Frage. Ich verstehe bis heute nicht ihren Sinn.*«

Alex, 38, Geschäftsführer:
»*Ich möchte weder Auskunft darüber geben, ob ich Haare am Rücken, Pimmel oder unter den Achseln habe, noch, ob ich genital beschnitten oder gepierct bin. Wenn ich solche intimen Sachen eine Frau fragen würde, wäre vermutlich die Hölle am Kochen und Ende Gelände.*«

Wolfgang, 51, Ingenieur:
»*Wie viele Sexualkontakte ich in meinem Leben schon hatte; die Frage ist für mich echt No Go. Erstens führe ich darüber nicht Buch, und zweitens spielt das für eine neue Beziehung auch keine Rolle. Höchstens vielleicht, ich wäre noch unberührt, aber dann müssten ja alle meine vier Kids Kuckuckskinder sein.*«

Auch das »starke« Geschlecht möchte um seiner selbst willen geliebt werden. Deshalb verbieten sich weiblicherseits Fragen nach seinem Einkommen. Überhaupt hat das Thema Geld beim Dating nur einen sehr geringen Romantikfaktor. Als heftigen Affront empfinden Männer indes implizite Zweifel an ihren

Versorgerqualitäten. Eine Frau, die ihnen nicht zutraut, das Mammut vor die Höhle zu zerren, ist für sie absolut No-Go, weil sie ihnen das Gefühl vermittelt, ein beruflicher Versager zu sein. Ob er bereit wäre, andere Götter neben sich zu dulden, bedeutet für Romeo die Frage nach der Duldung eines Hundes in Julias Bett. Wäre er natürlich nicht. Dazu kommen vermutlich noch der hygienische Aspekt sowie der Faktor Furcht oder zumindest Respekt vor dem (Riesen-)Tier.

Hinter bestimmten Fragen bezüglich ihrer Lebensgewohnheiten vermutet die Herrenwelt eine subtile Fehlersuche, so hinter der Frage nach Körperbehaarung am Rücken, Pornokonsum oder ihrer Pinkelposition. Manchen ihrer Vertreter sind sie aber schlicht auch zu delikat. Von seinen Abenteuern aus tausendundeiner Liebesnacht berichtet die holde Männlichkeit zwar mitunter recht gerne, aber nur selten auf Zuruf. Meist fühlt sie sich nämlich dadurch in die Ecke gedrängt. Ausufernde Frageunden über frühere Beziehungen und die Gründe ihres »Scheiterns« gehen Männern gegen den Strich, weil sie es einerseits hassen, in der Vergangenheit herumzuwühlen, und andererseits nicht immer gut dabei wegkommen. Schließlich zerschneiden in etwa zwei Dritteln aller Zweisamkeiten die Frauen das Tischtuch; sicher kaum je ohne triftigen Anlass, besonders wenn Kinder im Spiel sind.

Sofort in die Flucht treiben den potenziellen Prinzen beim Dating Fragen, die darauf abzielen, sein Leben zu verändern. Das Rauchen gewöhnt er sich vielleicht für seine Herzdame ab, und womöglich besucht er ihr zuliebe auch seltener die Spiele seiner Lieblings-Hockeymannschaft, aber doch nicht alles am ersten Abend. Auf Rückzug schaltet Mann gleichermaßen bei »fraglichen« Versuchen, das Verhältnis zu seiner Frau Mama zu analysieren. Dahinter wittert er zu Recht die alles andere als schmeichelhafte Schublade Muttersöhnchen.

Einmal abgesehen von »interrogativen« Tabubrüchen, sind Fragen unerlässlich für das Kontakten. Ein Date etwa, bei dem keine Fragen gestellt werden, ist fast immer ein misslungenes Date, weil nicht genügend Interesse der Partnersuchenden aneinander besteht. Wegen der enormen Tragweite des Themas ist es von Vorteil, als Trockenübung für spontane Flirts und Verabredungen immer wieder »gute« Fragen an das potenzielle Gegenüber zu entwickeln. Hier eine Auswahl speziell für Sie als Frau:

- Was wolltest du als Kind beruflich werden?
- Hast du schon einmal darüber nachgedacht auszuwandern?
- Bist du eher Tag- oder Nachtmensch?
- Reist du gerne?
- Liebst du eher den Norden oder den Süden?
- Bist du ein romantischer Typ?
- Magst du Sport?
- Was sind deine Lieblingsgerichte?
- Wo leben deine Eltern?
- Hast du noch Geschwister?
- Bist du hier aufgewachsen?
- Welche Musik hörst du gerne?
- Wohin gehst du am liebsten aus?
- Wo hast du dieses schicke Hemd gckauft?
- Was magst du an deinem Beruf besonders?
- Hast du Haustiere?
- Was würdest du mit einem Lotto-Millionengewinn machen?
- Welche Jahreszeit magst du am liebsten?
- Was magst du überhaupt nicht?
- Welchem Menschen hast du am meisten zu verdanken?
- Bist du eher Stadt- oder Landmensch?
- Fährst du gerne Auto?
- Machst du manchmal verrückte Sachen?

- Interessierst du dich für Astrologie?
- Was war dein lustigstes / aufregendstes Urlaubserlebnis?
- Könntest du dir vorstellen, eine Zeitlang auf einer einsamen Insel zu leben?
- Hast du irgendwelche lustige Macken und Marotten? *(Tipp: zuerst eigene nennen!)*
- Über welche Dinge kannst du lachen?
- Was ist dein Lieblingsort?
- Gibt es momentan ein großes Ziel, das du verfolgst?

Noch ein Tipp zum Schluss, bevor Sie bei Ihrem nächsten Stelldichein loslegen: Setzen Sie Ihre Fragen dosiert ein, und vor allem stellen Sie nicht mehrere Fragen direkt nacheinander. Männer hassen es, wenn sie das Gefühl haben, sie befänden sich in einem Kreuzverhör. Derart in die Ecke gedrängt, können sie ausgesprochen genervt reagieren. Zudem lautet eine bekannte Managerweisheit: »Wer fragt, der führt«, und grundsätzlich sollte beim Dating eher der Mann die Gesprächsführung innehaben.

Umschiffen Sie die typisch weiblichen Dating-Fehler

Tobias, 46, Musiker:
»Manche Frauen kommen mit einem richtigen Fragenkatalog zum Date. Den arbeiten sie dann stakkatomäßig ab. Wegen Hanfanbaus bin ich als junger Kerl mal von der Polizei verhört worden. Da habe ich mich ähnlich gefühlt. Ich kann ja verstehen, dass viele Mädels schon schlechte Erfahrungen mit Kerlen gemacht haben und sich daher absichern möchten. Aber deshalb müssen sie nicht gleich jeden

Mann wie einen potenziellen Schwerverbrecher behandeln, indem sie ihn ausquetschen wie eine Zitrone.«

Jan-Eric, 51, Psychotherapeut:
»Mir fällt auf, dass heute viele Frauen so eine pseudo-toughe Nummer abziehen. Spätestens nach zehn Minuten weiß ich ganz genau, wie der Hase läuft. Dann könnte ich mit einer gezielten Bemerkung die ganze Fassade zum Einstürzen bringen. Aber meist lassen die Damen schon freiwillig die Hosen runter, wenn sie das Gefühl haben, ich sei vertrauenswürdig. Davon gehen sie bei mir ja meist schon berufsbedingt aus.«

Stephan, 33, Event-Manager:
»Meine Partnerin muss mir Paroli bieten können. Deshalb stehe ich auf selbstbewusste Frauen. Leider begegnet mir immer wieder dieser Groupie-Typ, der förmlich in Ehrfurcht erstarrt, sobald er nur einen erfolgreichen Mann wittert. Oft reden sich diese Mädels dann auch noch künstlich klein. Das turnt mich total ab und nervt mich ehrlich gesagt maximal.«

Arne, 39, technischer Angestellter:
»Ich schalte ab, wenn mir Frauen Tausende Namen von Freundinnen um die Ohren knallen, die ich mir sowieso niemals merken werde. Ich frage mich dann regelmäßig nach dem Sinn dieser Übung. Wollen die mir zeigen, wie gut sozial integriert sie sind, oder durch die Blume sagen, dass sie nur wenig Zeit für Beziehung haben?«

Eine der größten partnerschaftlichen Ängste des »starken« Geschlechts besteht darin, auf der Prioritätenliste seiner besseren Hälfte unter ferner liefen zu stehen. Das ist schon entwicklungspsychologisch zu erklären. Männliche Säuglinge erhalten von ihren Müttern in den ersten Lebensmonaten signifikant mehr körperliche Zuwendung als weibliche. Die »Prinzenrolle« behält die Herrenwelt auch im Erwachsenenleben bei, indem sie den Wunsch nach Aufmerksamkeit und Bewunderung zu ihrem Credo erklärt. Mit jeder Freundin mehr, die Sie beim Date ins Spiel bringen, sieht Ihr potenzieller Herzbube seine Felle weiter davonschwimmen. Möglicherweise fasst er es ähnlich wie Arne auch als Hinweis auf, dass Sie wenig Zeit für ihn haben werden. Damit schrecken Sie die meisten Kandidaten ab, vorausgesetzt natürlich, Sie suchen nicht einen mehr oder weniger unverbindlichen (intimen) Kontakt. Zudem schüren Sie durch Ihre Erzählungen von tausendundeiner Freundin bei vielen Männern Minderwertigkeitskomplexe und Neid, weil sie meist nur relativ wenige enge soziale Kontakte vorweisen können. Laut Untersuchung haben zwei Drittel aller Männer keinen besten Freund. Ich würde Ihnen als Frau daher raten, die Bälle bezüglich Ihrer Buddies ein wenig flach zu halten. Stecken Sie losere Freundschaften bei Ihren Date- und Flirtgesprächen eher in die Schublade Bekanntschaften, anstatt weitläufige Bekanntschaften zu Freundschaften zu pimpen.

Gleichermaßen wie »Girlfriend-Girls« sind Männern Evastöchter ein Graus, die sich ständig selbst runtermachen oder zumindest ihr Licht zwanghaft unter den Scheffel stellen müssen. Das klingt für Prince Charming nach Dauer-Katzenjammer, gepaart mit viel Aufbauarbeit oder Fishing for Compliments. Ständig den Therapeuten geben zu müssen beziehungsweise unter einer Komplimente-Bringschuld zu stehen sind sicher keine prickelnden Optionen für den bindungswilligen Romeo. Andererseits zündet bei der Spezies XY auch nicht der vermeintliche Nimbus der Unbesiegbarkeit. Den können Sie ohnehin kaum aufrechterhalten, wie Jan-Eric uns erklärt, weil er fast immer hohl ist. Und selbst wenn, werden Sie damit nur unglücklich. Echte Helden stehen auf feminine Frauen. Die Amazone Brünhild hat in der Nibelungensage bei Siegfried das Nachsehen gegenüber der (anfangs) lieblichen Kriemhild. Mit ihrer »Tough-Lady-Show« zieht sie indes den »Schwächling« Gunther an. Wenn Sie das Brünhilde-Gen tragen, dämmert es Ihnen vielleicht jetzt, warum Sie immer nur an »Pflegefälle« von Kerlen geraten, die Ihnen permanent am Rockzipfel hängen: Sie vermitteln eine Stärke, hinter der sie sich glauben verstecken zu können. Um Mister Right zu finden, müssen Sie also Ihren Habitus zumindest vorübergehend ein Stück weit auf »Erlös-mich-Prinz«-Modus umstylen.

Einen weiteren »weiblichen« Dating-Fauxpas, nämlich das Ausfragen, beschreibt Tobias. Mit seiner Analyse, dass viele Frauen ein erhöhtes Sicherheitsbedürfnis aufweisen, weil sie partnerschaftlich gebrannte Kinder sind, trifft er voll ins Schwarze. Das rechtfertigt aber nicht ihre zum Teil inquisitorischen Verhörmethoden beim Suchen und Finden der Liebe. Die Spezies Mann fühlt sich dadurch in die Ecke und in eine inferiore Rolle gedrängt. Wer verhört, hat Macht, und wer verhört wird, untersteht dieser Macht. Davon abgesehen, bringen die »peinlichen Befragungen« allzu misstrauischer Frauen nur allzu wenig Licht ins Dunkel männlicher Beziehungshistorie. Einen Fremdgänger bezüglich seiner Einstellung zur Treue abzuklopfen wird wohl ebenso wenig die Wahrheit zutage fördern wie der Versuch, das Trinkverhalten eines Alkoholikers interrogativ zu erforschen. Dass bestimmte Fragen, etwa nach möglichen ansteckenden Krankheiten oder sexuellen Abartigkeiten, auch massiv übergriffig sind, bedarf wohl kaum einer besonderen Erwähnung. Die lockere Atmosphäre und gute Stimmung, die ein Date prägen sollten, sind danach garantiert passé.

In meinen Single-Gruppen habe ich die Männer gefragt, **welche weiblichen Verhaltensweisen** ihnen **beim persönlichen Beschnup-**

pern am meisten gegen den Strich gehen. Hier sind die Ergebnisse:

Strikte Weigerung, sich vom potenziellen Herzbuben einladen zu lassen.
(Betrachten viele Männern als Affront.)
Nicht zwingend notwendiges Telefonat mit der besten Freundin oder mit den Kids während des Rendezvous.
(Männer fühlen sich dadurch schnell zurückgestellt.)
Herumreiten auf völlig banalen Themen (Wetter, Trash-TV-Sendungen, Tratsch und Klatsch).
(Ödet Männer einfach nur an.)
Schwärmen von einem bekannten Schauspieler, Musiker, Sportler …
(Achtung: Eifersuchtsalarm)
Idolatrische Bewunderung und übertriebene Komplimente.
(Macht Männer misstrauisch.)
»Wochenrückblick« oder »-ausblick« mit unzähligen Freizeitunternehmungen oder »Klage« über zu viele Verpflichtungen.
(Männer sehen keinen Raum für sich.)
Missionierungsversuche etwa bezüglich Vegetarismus, Kleidungsstil oder Medienkonsum, verbunden mit Kritteleien am Status quo.
(Bei zu offensichtlicher Manipulation stellen Männer völlig auf stur.)
Überprononcierung der sexuellen Erfahrenheit und Libido.
(Verursacht bei Männern Versagensängste oder Zweifel am Wahrheitsgehalt.)
Kindisches Benehmen: ständiges Gickeln, Herumalbern, Quengeln.
(Mann sucht Frau.)

Ständige Beschäftigung mit der eigenen Optik; verbal oder »kosmetisch«.

(Narzissmus empfinden Männer als anstrengend.)

Selbstverständliche Erwartung, dass der Mann die Rechnung übernimmt.

(Männer verbinden damit eine Goldgräberin.)

Fokussierung der Aufmerksamkeit auf ein mitgebrachtes Haustier.

(Im Mittelpunkt möchte einzig und allein der Mann stehen.)

Darstellung der eigenen Therapieerfahrungen von der Kindheit bis heute in epischer Breite.

(Männer brauchen keine Problemfälle.)

Darüber Nachsinnieren, ob das Leben zu zweit oder alleine schöner ist.

(Das hätte sie sich eigentlich schon vorher überlegen können.)

Präsentation eines »Erwartungskatalogs« an den potenziellen Prinzen in der zukünftigen Partnerschaft.

(Männer auf der Flucht!)

Ihn mit der Nase auf ein konkretes Fehlverhalten beim Date stoßen.

(Passt nicht zum grandiosen Selbstbild von Männern.)

Versuche, psychoanalytisch zu ergründen, warum sich der Prinz wie ein Frosch verhält.

(Männer hassen unfreiwilligen Seelen-Striptease.)

Glorifizierung von Leistungen und Erfolgen der eigenen Kinder beim Sport, in der Schule oder bei Casting-Events.

(Nervt Männer und kann zu Minderwertigkeitsgefühlen ihrerseits führen.)

Schilderung des Rosenkrieges mit dem Ex- oder Noch-Mann.

(Zeigt Männern die mögliche eigene Perspektive im Falle einer Trennung auf und ruft Geschlechtersolidarität hervor.)

Date-Gespräch mutiert zu einer Auflistung von No-Gos. *(Die Herrenwelt sieht sich schnell durchs Raster fallen und verpasst dem Treffen einen negativen Touch.)*

Erzählen Sie dem Prinzen in spe von Ihrem Ex

Eva, 27, Wirtschaftspädagogin:
»Ich bin ein echter Flirtratgeber-Junkie. Natürlich kenne ich die Regel der Experten, den Verflossenen beim Dating außen vor zu lassen, und halte mich auch strikt daran. Wenn ein Typ versucht, etwas über mein Beziehungsvorleben zu erfahren, lenke ich das Gespräch sofort auf ein anderes Thema. Zwar hakt er dann meist nicht mehr nach, aber irgendwie spüre ich, dass ihm die Sache weiter im Kopf herumschwirrt, fast so, als wäre ein Film dauerhaft auf Replay gestellt. Eine vernünftige Erklärung dafür habe ich nicht. Eigentlich könnte mein Gegenüber doch froh sein, dass keine fiktive Konkurrenz mit am Tisch sitzt.«

Kontrovers zur allgemeinen »Lehrmeinung« halte ich wenig davon, das Thema Ex beim Dating »zwanghaft« zu vermeiden, weil leicht der Verdacht entstehen könnte, man habe Beziehungsleichen im Keller oder sei liebestechnisch noch völlig unbeleckt, was die Fühlungnahme ab einem gewissen Alter sicher nicht einfacher macht. Zudem sind speziell Männer stark wettbewerbsorientiert. Daher loten sie bei jeder neuen weiblichen Bekanntschaft aus, welche Position sie im Ranking mit ihren Ex-Partnern einnehmen. Die »richtige« Plazierung gelingt natürlich nur, wenn ihnen genügend Fakten über die Vorgänger zur Verfügung stehen.

Geben Sie Ihrer neuen Bekanntschaft also ruhig Futter, und verleihen Sie Ihren früheren Lovern ein Gesicht. Achten Sie dabei aber auf einen sachlichen Ton. Sowohl ein schwärmerischer als auch ein heftig abwertender Duktus sind ausgesprochen kontraproduktiv. Eine zu starke Idealisierung des Ex wird bei Ihrem potenziellen Herzbuben die Befürchtung nähren, niemals Platz eins in Ihrer Partnerrangfolge erreichen zu können, weshalb er vermutlich den Rückzug antritt, während eine Verteufelung zu einem Akt der Geschlechtersolidarisierung führen dürfte.

Tabu sollten bei der Beschreibung des Ex seine Fähigkeiten als Liebhaber sein. Eine Litanei, wie sie Andie MacDowell in der britischen Komödie »Vier Hochzeiten und ein Todesfall« »herunterbetet«, findet kein Mann wirklich prickelnd. Besonders die Schilderung horizontaler Großtaten ist absolut No-Go. Den »Fick des Jahrhunderts« möchte Ihnen nämlich niemand anderes als Ihr zukünftiger Herzbube bereiten.

Sicher auch kaum Begeisterungsstürme lösen Sie auf der anderen Seite aus, indem Sie die beruflichen, gesellschaftlichen oder sportlichen Triumphe Ihrer Verflossenen erwähnen. Das kann bei einem diesbezüglich weniger erfolgreichen Mann leicht zu Minderwertigkeitskomplexen führen.

Lassen Sie während der Exkurse in Ihre partnerschaftliche Vergangenheit last, but not least niemals den Grundsatz außer Acht: »Die Dosis macht das Gift.« Geben Sie dem Sujet »mein Ex« im Date-Gespräch also keine zentrale Rolle, sondern behandeln Sie es eher nur am Rande. Ansonsten erwecken Sie den Eindruck, dass Ihnen das Gegenüber ziemlich gleichgültig sei oder dass Sie noch nicht wirklich mit der Vergangenheit abgeschlossen hätten. Und diesen Eindruck möchten Sie doch eigentlich vermeiden, nicht wahr?!

Da Angelina, 39, Verkäuferin in einem Jeansladen, eine ausgesprochen attraktive Frau ist, hat sie keinerlei Probleme, sich im Internet oder auf freier Wildbahn Dates zu verschaffen. Nach unzähligen Flops sieht sie die Sache aber inzwischen ganz pragmatisch. Wenn ein Typ beim Treffen überhaupt nicht ihrem Beuteschema entspricht, möchte sie sich wenigstens einen schönen Abend machen.

Noch bevor die Bedienung in der Kneipe die Bestellung aufnimmt, »beichtet« sie den durchgefallenen Kandidaten nach heftigem Kramen in ihrer Handtasche scheinbar peinlich berührt, dass sie ihr Portemonnaie zu Hause vergessen habe und daher leider wieder gehen müsse. Natürlich erwacht dadurch beim Gegenüber sofort der männliche Retterinstinkt, und sie wird eingeladen. Ganz selbstverständlich arbeitet sich Angelina dann durch die Getränkekarte, und mit steigendem Alkoholpegel fällt ihr meistens auch noch ein, dass sie den ganzen Abend noch nichts Vernünftiges gegessen hat. Zwischendurch setzt sie immer wieder geschickt ihre weiblichen Reize in Szene, um Mister Wrong bei Laune zu halten. Die vergeht ihm aber endgültig, sobald es ans Bezahlen geht.

Angelina betont zwar am Ende immer, dass sie sich beim nächsten Date revanchieren werde, aber dazu kommt es nie. Das zum Abschied hastig hingeworfene »Ich melde mich wieder bei dir, ganz sicher« ist regelmäßig das Letzte, was die andere Seite persönlich von ihr hört.

Von Dates, bei denen das Prinzip »verbrannte Erde« praktiziert wird, höre ich in meiner Berufspraxis als Single-Coach leider nur allzu oft. Sobald die Luft raus ist, kommt es zu einseitigen oder gegenseitigen Verletzungen etwa in Form von offen zur Schau gestelltem Desinteresse, Respektlosigkeiten oder sogar Beleidigungen.

Dabei vergessen die Amokläufer des Single-Marktes allerdings ein weiteres Prinzip, nämlich dass es immer ein zweites Mal im Leben gibt. Angenommen, Sie haben beim Date mit einem potenziellen Herzbuben ähnlich gewütet wie Angelina in unserem Fallbeispiel und bei Ihrem nächsten Beutezug im Internet lernen Sie zufällig den besten Freund Ihres »Opfers« kennen. Zu einem persönlichen Beschnuppern kommt es aber nie, weil die beiden Männer miteinander im regen Austausch über ihre Jagderlebnisse stehen und gemeinsam eine schwarze Liste der absoluten No-go-Girls führen. Raten Sie einmal, wer dort ganz weit oben steht? Noch schlimmer wäre es für Sie, wenn die beiden Jungs gar einen Rachefeldzug gegen Sie gestartet und er Sie beispielsweise an einem vereinbarten Treffpunkt versetzt hätte, um sich aus dem Hintergrund köstlich über Ihr dummes Gesicht zu amüsieren. Peinlich, zumindest für einen Teil, ist auch, wenn sich die Beteiligten an einem völlig verunglückten Date zufällig wieder in meinen Single-Gruppen begegnen. Dann sind kleine Dramen nach dem Motto »Mit ihr/ihm aber bitte nicht« vorprogrammiert oder die Luft im Gruppenraum brennt. Die Wahrscheinlichkeit einer zweiten Begegnung der unangenehmen Art wächst übrigens mit der zunehmenden Vernetzung der Singles durch Facebook und Co. rapide an.

Natürlich kann niemand von Ihnen erwarten, dass Sie bei einem Date Vollgas geben, bei dem schon nach wenigen Augenblicken klar ist, dass keinesfalls etwas daraus werden kann. Das wäre sogar hochgradig unfair, weil Sie dadurch möglicherweise unberechtigte Hoffnungen erwecken. Aber nachdem Sie Ihre anfängliche Enttäuschung, vielleicht sogar Schockstarre überwunden haben, sollten Sie alles daransetzen, ein nettes Gespräch mit Ihrer neuen männlichen Bekanntschaft aufzubauen, das Sie ja nach einem gemeinsamen Kaffee schon wieder beenden können. Manchmal lohnt es sich meiner Erfahrung nach aber auch, ein wenig Durchhaltevermögen an den Tag zu legen. Das Tête-à-tête von Stefanie, einer Coaching-Klientin, mit Patrick führte zwar nicht geradewegs ins Liebesglück, aber da die beiden in freundschaftlichem Kontakt blieben, stellte er ihr eines Tages Wolfgang, ihren zukünftigen Ehemann, vor.

Aber auch wenn kein Happy End, wie in dieser Geschichte, zu erwarten ist, sollte Ihre oberste Prämisse beim Dating Fairness sein, so dass Sie all Ihren Rendezvous jederzeit wieder ins Gesicht schauen können, ohne sich für früheres Verhalten schämen zu müssen.

Verteilen Sie Komplimente

Larissa, 32, Salesmanagerin:
»Ich habe mal einer Internet-Bekanntschaft beim Date ein Kompliment bezüglich seines Outfits gemacht. Seine Reaktion darauf war irgendwie total abweisend, so, als fühlte er sich plump angemacht. Dabei wollte ich gar nichts von dem Typen, sondern ihm einfach nur etwas Gutes tun. Seitdem überlege ich mir immer zweimal, bevor ich einem Kerl Süßholz raspele.«

Rita, 53, Zahnärztin:
»Meiner Meinung nach sollte eher der Mann der Frau beim Kennenlernen Komplimente machen. Schließlich möchte ja immer noch der Mann die Frau erobern, und dazu gehören einfach die kleinen Schmeicheleien. Wenn ich Geschlechtsgenossinnen sehe, die den

Spieß umdrehen, denke ich immer: Die müssen es aber nötig haben. Aber vielleicht liege ich mit meiner Denke auch nicht mehr am Puls der Zeit. Meine 17-jährige Tochter ist zumindest fest davon über- zeugt, dass ich mega-out bin.«

Bärbel, 46, Arbeitsberaterin:
»Wenn ich mit einem Mann fest zusammen bin, mache ich ihm schon das eine oder andere Kompliment, aber vorher fühle ich mich in dieser Hinsicht einfach befangen. Bei neuen Bekanntschaften muss ich erst abchecken, ob sie überhaupt darauf stehen. Außerdem glaube ich, dass höchstens 20 Prozent der Herrenwelt angemessen mit Komplimenten umgehen können, weil sie viel zu selten in den ›Ge- nuss‹ davon kommen.«

Angela, 44, Friseurmeisterin:
»Ich höre zwar an meinem Arbeitsplatz ständig nette Komplimente von Männern, fahre aber umgekehrt eher einen Sparkurs. Ehrlich gesagt, weiß ich auch überhaupt nicht so wirklich, auf was die Her- renwelt in dieser Hinsicht steht.«

Ich vertrete die vielleicht etwas altmodische Auffassung, dass der Mann in der Kennenlernphase als klassischer Jäger immer noch den größeren Teil der Balzaktivitäten übernehmen sollte. Dazu gehören etwa die Gesprächseröffnung beim Flirt, die Auswahl von geeigneten Date-Locations, diverse Einladungen und natürlich auch das Verteilen von Komplimenten.
Rein physisch gesehen, hat es die Evolutionsgeschichte schon ge- schickt eingerichtet, dass Frauen viel mehr Aufhänger für Kom- plimente bieten als Männer. Einer Frau schöne Haare zu attes- tieren ist ein echter Bringer, während der oft schon schüttere Schopf des »starken« Geschlechts kaum je Anlass für einen Lobgesang sein dürfte. Und selbst wenn eine edle Mähne sein

Haupt ziert, liegt es im Ranking der Komplimente bestenfalls im unteren Mittelfeld. Einen Hymnus auf die sinnlichen Angelina-Jolie-Lippen einer Frau in der fortgeschrittenen Werbungsphase zu verfassen trifft sicher mitten ins Herz. Bei einem Mann erweckt er womöglich die Assoziation, weibisch zu sein oder Harald-Glööckler-schwul. Einen meiner Mitschüler in der Schule nannten wir wegen seiner langen schlanken Beine Gazelle. Sein Lächeln darüber war regelmäßig ein eher gequältes. Einem weiblichen Wesen dürfte der Vergleich mit dem grazilen Huftier indes ein Honigkuchenpferd-Strahlen entlocken. Einige der weiblichen Eyecatcher wie Busen oder Wespentaille sind bei der Herrenwelt gleich ganz Fehlanzeige.

Nichtsdestoweniger hat auch das »starke« Geschlecht einige »Körperteile« zu bieten, die eine positive Erwähnung wert sind. So freut sich Ihr männliches Gegenüber gewiss, wenn Sie seine schönen blauen Augen oder Pianistenhände hervorheben. Ebenso dürften Ihre bewundernden Blicke auf seinen Bizeps, Waschbrettbauch oder Knackpo, gepaart mit einem Schmachtkommentar, Türen für Sie öffnen. Und welcher Romeo hört nicht gerne, dass er wundervolle breite Schultern zum Anlehnen hat. Wie bei Eva knallen bei Adam sogar allgemeine Komplimente, die auf die optische Gesamterscheinung (»attraktiver Mann«) oder das Charisma (»maskuline Ausstrahlung«) Bezug nehmen.

JENSEITS DER LEIBLICHEN HÜLLE FINDEN SICH
JEDE MENGE KOMPLIMENTE, MIT DENEN SIE DEN HAHN
ZUM KRÄHEN BRINGEN:

»Mit dir zu tanzen ist echt himmlisch.«

»Du hast eine sehr angenehme Stimme.«

»Mit deiner Allgemeinbildung könntest du zu Günther Jauch gehen.«

»Super, wie du das wieder zum Laufen gebracht hast.«

»Wahnsinn, was du schon alles von der Welt gesehen hast.«

»Du bist der perfekte Gentleman.«

»Die Einrichtung deiner Wohnung beweist Geschmack.«

»Du bist ein klasse Autofahrer.«

»Toll, welchen beruflichen Aufstieg du hingelegt hast.«

»Wenn wir uns nicht sehen, denke ich oft an dich.«

»Es macht Spaß, sich mit dir zu unterhalten.«

»Du inspirierst mich.«

»Unglaublich, wie du das alles schaffst.«

»Ich mag deine Einstellung.«

»Deine Berührungen elektrisieren mich.«

»Du hast eine sehr schöne Handschrift.«

»Ich würde dir blind vertrauen.«

»Du bringst mich immer wieder zum Lachen.«

»Woher nimmst du nur den Mut, das alles zu tun?«

»Dein Duft gefällt mir.«

»Du bist ein echter Charmeur.«

»Bewundernswert, mit welcher Power du dich für andere Menschen einsetzt.«

»Du kochst ausgezeichnet.«

»Ich fühle mich in deiner Gegenwart geborgen.«

»Du hast interessante Gedanken.«

»Ich bin froh, dass ich dich kennengelernt habe.«

... UND WENN SIE SCHON INTIM MIT DEM PRINZEN SIND:

»Ich fühle dich ganz tief in mir.«

»Du küsst fantastisch.«

»Du hast einen geilen Schwanz.«

»Das war der Fick des Jahrhunderts.«

»Der Sex mit dir ist gigantisch.«

An Ideen für Komplimente wird es Ihnen vermutlich überhaupt nicht mangeln. Ich habe das Thema erst kürzlich wieder in meinen Single-Gruppen behandelt, wobei die Frauen nur so von Ideen sprudelten. Aber vielleicht fürchten Sie ähnlich wie Larissa und Bärbel eine inadäquate Reaktion Ihres (potenziellen) Prinzen. Das sollte Sie dennoch nicht von Komplimenten in seine Richtung abhalten. Dass er vielleicht nicht die einzig richtige Reaktion zeigt, nämlich sich mit einem Lächeln bei Ihnen dafür zu bedanken, bedeutet keineswegs, dass sie spurlos an ihm vorübergehen. Im Gegenteil, selbst wenn er Ihre Nettigkeiten herunterspielt oder Sie scheinbar damit auf taube Ohren stoßen, so werden sie ihm doch runtergehen wie Öl und einen nachhaltigen positiven Effekt bewirken. Mark Twain sagte einmal: »Von einem guten Kompliment kann ich zwei Monate lang leben.«

ZEHN GOLDENE REGELN WERDEN IHNEN (MEHR) SICHERHEIT IM GEBRAUCH VON KOMPLIMENTEN VERSCHAFFEN:

1. Ein Kompliment muss immer ehrlich gemeint sein, sonst wird es leicht zur Beleidigung.

2. Verteilen Sie Komplimente nicht inflationär, andernfalls entwerten Sie jedes einzelne und vermitteln den Eindruck von Bedürftigkeit, Speichelleckerei oder Berechnung.

3. Lassen Sie einem Kompliment niemals gleich ein Gegenkompliment folgen. Das wirkt wie ein Tauschgeschäft und meist wie aus der Nase gezogen.

4. Nehmen Sie dem Mann als Eroberer niemals die Komplimentehoheit aus der Hand.

5. Vermeiden Sie Superlative (»der Beste, der Größte, der Schönste«), weil das unglaubwürdig klingt.

6. Nutzen Sie Komplimente nicht zur Gesprächseröffnung, sonst fallen Sie mit der Tür ins Haus.

7. Machen Sie Ihrem (potenziellen) Herzbuben vor anderen keine allzu persönlichen Komplimente. Damit könnten Sie ihn kompromittieren.

8. Stehen Sie heiter darüber, wenn das männliche Gegenüber unangemessen auf Ihre Komplimente reagiert. Vermutlich muss es den adäquaten Umgang damit erst noch lernen.

9. Relativieren Sie Ihre Komplimente nicht durch »halbherzige« Adverbien wie »eigentlich«, »ganz« oder »ziemlich«.

10. Verteilen Sie an Mister Right Komplimente, die so außergewöhnlich sind, dass er sie vielleicht noch nie gehört hat, und über Dinge, von denen Sie wissen, dass sie ihm wichtig sind.

Achten Sie bei Ihren Dates auf Qualität anstatt auf Quantität

Frauke, 35, kaufmännische Angestellte:
»Ich wünsche mir auf jeden Fall noch Kinder, aber langsam beginnt meine biologische Uhr zu ticken. Bei der nächsten oder spätestens übernächsten längeren Beziehung sollte es klappen, sonst ist der Zug wahrscheinlich abgefahren. Zwei, drei lustige Dates pro Monat reichen jetzt nicht mehr aus. Die müssen es schon mindestens pro Woche sein. Das erhöht die Wahrscheinlichkeit, dass Mister Right irgendwann dabei ist.«

Manuela, 38, Arztsekretärin:
»Höchstens ein kurzes Telefonat, dann verabrede ich mich mit meinen Internet-Bekanntschaften zum Date. Manchmal läuft das auch alles nur schriftlich. Warum soll ich vorher lange herumeiern? Beim

Treffen entscheidet sich sowieso im Bruchteil einer Sekunde, ob mit den Typen etwas gehen kann. Ich verliebe mich entweder auf den ersten Blick oder gar nicht.«

Lucy, 29, Stewardess:
»Wenn es uns einmal wieder packt, geben meine beste Freundin Tamara und ich zusammen eine Kontaktanzeige auf. Weil wir uns als attraktiv beschreiben, bekommen wir meistens einen Haufen Zuschriften. Tamara sortiert immer schon am Telefon aus und löchert die Männer mit Fragen. Ich gehe spontaner an die Sache ran, um mir die Spannung zu bewahren. Dafür erlebe ich eben auch so manche böse Überraschung. Das stört mich aber kaum. Doof ist nur, wenn ich die Typen dann nicht mehr loswerde.«

Birgit, 46, Ernährungsberaterin:
»Mein Single-Dasein möchte ich lieber heute als morgen beenden. Deshalb treffe ich mich ständig mit irgendwelchen Männern. Manchmal finde diese ewige Daterei aber auch ziemlich nervig und ermüdend. Dann hoffe ich nur, dass mir die andere Seite nichts davon anmerkt.«

Frauke, Manuela, Lucy und Birgit. Vier Single-Frauen, die beim Dating allesamt auf das Prinzip der großen Zahl setzen und damit ganz offensichtlich Schiffbruch erleiden.
Frauke ändert ihre Date-Schlagzahl unter dem Druck der biologischen Uhr von gerade noch gesunden zwei bis drei Treffen pro Monat auf irrwitzige zwei bis drei Treffen pro Woche. Macht pro Jahr 100 bis 150 Herzblatt-Kandidaten, 100- bis 150-mal Vorbereitung und höchste Anspannung, 100 bis 150 Versuche, entweder das Beste zu geben oder möglichst schnell wieder aus der Situation herauszukommen, 100 bis 150 enttäuschte Erwartungen, 100 bis 150 Fehlinvestitionen von Lebenszeit und

Geld. Viel mehr, als ein Normalsterblicher in dieser Zeit leisten und wegstecken kann, ohne sich auf breiter Front zu überfordern. Wobei natürlich in dieser Modellrechnung für jede Bekanntschaft nur ein Rendezvous veranschlagt wurde, was nicht ganz der Realität entspricht. Doch selbst unter Einbeziehung von »Wiederholungstaten« bleibt die Zahl an neuen Kontakten noch zu hoch. Nicht zuletzt steigt dadurch auch die Gefahr, Geschichten durcheinanderzubringen. Spätestens, wenn Sie sich nur noch schwerlich daran erinnern können, mit wem Sie am Tag zuvor aus waren, oder beginnen, »Ihre« Männer mit falschem Vornamen anzusprechen, sollten Sie ernsthaft darüber nachdenken, Ihre Date-Frequenz wieder zurückzufahren. Aber auch ohne solche »Verwechslungen« werden Ihre potenziellen Prinzen sehr schnell bemerken, dass Sie mehrere Eisen im Feuer haben, indem ständig Telefonate, SMS oder E-Mails der »Konkurrenz« bei Ihnen eingehen beziehungsweise sie Ihnen persönlich über den Weg läuft. Wahrlich kein pralles Kompliment für das starke Geschlecht, alles andere als ein exklusiver Bewerber zu sein.

Manuela und Lucy tun im Prinzip gut daran, sich relativ spontan mit ihren Internet- beziehungsweise Kontaktanzeigenbekanntschaften zu verabreden, anstatt vorher lange herumzuplänkeln. Wochenlanges Schreiben und Telefonieren sind nämlich sofort Makulatur, wenn beim persönlichen Beschnuppern absolut nichts rüberkommt.

Besonders für Manuela als »Liebe-auf-den-ersten-Blick«-Typ entscheidet schon der Bruchteil einer Sekunde über Top oder Flop. Dennoch könnten sich die beiden jungen Damen vermutlich die eine oder andere Enttäuschung ersparen, indem sie, ähnlich wie Lucys Freundin Tamara, ihre zukünftigen Date-Partner vorab besser auf Passgenauigkeit hin checken.

Lucy ist aber dafür nicht bereit, die Spannung durch den Reiz des Unbekannten zu opfern. Ihr eigentliches Dilemma besteht ohnehin weniger in den falschen Prinzen selbst als vielmehr darin, dass sie sich vermutlich zunächst aufgrund ihrer optischen Attraktivität in sie verlieben und zur Landplage werden. Auch dem könnte sie nur durch eine bessere Selektion Vorschub leisten, so dass sie einem Großteil der Mismatches ihren hormontreibenden Anblick a priori »erspart«.

Birgit hat offensichtlich schon das Schicksal ereilt, das Frauke womöglich noch bevorsteht: Sie leidet an einem Dating-Burnout. Sie gehört nicht auf die Piazza der einsamen Herzen, sondern auf eine Psychologencouch. Zumindest aber sollte sie dringend eine Date-Pause einlegen, um neue Kraft für die Pirsch nach Mister Right zu sammeln und den Spaß an der Sache zurückzugewinnen. Ansonsten wird sie sich immer weiter in einen Teufelskreis verstricken. Je schlechter ihre Laune beim Suchen und Finden der Liebe, desto fruchtloser werden ihre Rendezvous verlaufen, und je fruchtloser ihre Rendezvous verlaufen, desto schlechter wird ihre Laune beim Suchen und Finden der Liebe. Birgits Hoffnung, dass die Männer ihrer psychischen Verfasstheit nicht gewahr werden, ist schlicht illusionär. Das starke Geschlecht mag zwar insgesamt ein wenig dumpf sein, aber seinen nur halbwegs achtsamen Vertretern entgeht keineswegs, wenn einer Frau die Mundwinkel bis zum Kinn hängen und sie ungefähr so viel Lust auf das Treffen hat wie auf Telefonsex mit einem Stalker.

Weitere Gründe für Klasse statt Masse beim Dating über die genannten hinaus sind:

- In einer überschaubaren Ansammlung von Solitären wie in einem Single-Club oder an einem Single-Stammtisch geraten

Sie durch Dates am laufenden Band schnell in den Ruf von Wahllosigkeit und/oder übermäßiger Bedürftigkeit.

- Durch die Adrenalinschübe, die Dates auslösen, können Sie leicht zum Date-Junkie mutieren.

- Inflationäres Dating kann dazu führen, dass Sie sich auf einzelne Bekanntschaften nicht mehr hinreichend tief einlassen und emotional veröden.

- Zu viel Date-Routine lässt bei der anderen Seite womöglich die Befürchtung aufkommen, dass Sie ein männermordender Vamp seien.

- Als Date-Profi sticht Ihnen beim Tête-à-tête jeder kleinste Fauxpas Ihrer neuen männlichen Bekanntschaft sofort ins Auge, wodurch kaum noch jemand Ihren Ansprüchen an eine gelungene Performance zu genügen vermag.

- Ihre Professionalität beim Dating verhindert weitgehend, dass Sie selbst einmal richtig ins Fettnäpfchen treten, was so wunderbar menschlich macht.

- Erleben Sie zu viele Dating-Desaster innerhalb kurzer Zeit, so erhöht das Ihre Neigung, negative Pauschalurteile über das andere Geschlecht zu fällen.

- Mehrere fest eingeplante Dates pro Woche nehmen Ihnen ein Stück weit den Spielraum für spontane Aktivitäten auf der Piazza der einsamen Herzen.

- Dates ohne Grenzen erhöhen die Gefahr von Typisierungen (Luftpumpe, Womanizer, Muttersöhnchen, …), so dass der einzelne Kontakt nicht mehr als Individuum gesehen wird.

- Die Reizschwelle, Ihnen beim persönlichen Beschnuppern noch etwas Besonderes zu bieten, wird für die Herren der Schöpfung immer unüberwindlicher, je mehr Date-Erfahrung Sie mitbringen.

Machen Sie Ihre Dates zu einer
Win-win-Situation

Bea, 33, Vermögensberaterin:
»*Eine meiner Freundinnen ist Partnervermittlerin. Sie bat mich, ab und zu mal mit einem ihrer männlichen Kunden auszugehen, um sie bei Laune zu halten. Zuerst wollte ich nicht so recht, weil ich das den Männern gegenüber ziemlich unfair finde. Aber ihr Argument, dass dabei zumindest immer ein leckeres Abendessen herausspringt, hat mich dann doch überzeugt. Außerdem werden wir Frauen auch genug von Kerlen verarscht.*«

Alexandra, 45, Rechtsanwältin:
»*Binden möchte ich mich nicht. Mir reicht es eigentlich schon, zu wissen, dass ich noch begehrenswert bin. Wenn ich meinen Marktwert testen möchte, schalte ich eine Kontaktanzeige und schaue bei den Treffen, wie die Männer auf mich reagieren. Bis jetzt war immer alles im ›grünen Bereich‹. Ist nur manchmal nervig, die verliebten Gockel wieder loszuwerden.*«

Maren, 31, Pastorin:
»*Ehrlich gesagt, habe ich bisher noch nicht den Mut gefunden, mich in meiner Familie und in meiner Gemeinde als lesbisch zu outen. Um den Schein zu wahren, date ich mich regelmäßig mit Männern. Manchmal tun mir die armen Kerle richtig leid, und ich fühle mich echt schäbig dabei.*«

Yvette, 29, Pilotin:
»*Kürzlich hat ein Typ während des Dates behauptet, ich würde förmlich auf Fehler seinerseits lauern, um mich dann genüsslich an ihnen zu weiden. Das ist wahrscheinlich meine Art, mir die Herren*

der Schöpfung vom Leib zu halten. Langsam glaube ich wirklich, dass ich an Bindungsängsten leide.«

Bea, Alexandra und Maren beschreiben asymmetrische, das heißt unausgewogene Date-Konstellationen, weil nur sie davon profitieren können, während die Männer stets das Nachsehen haben. Es handelt sich dabei also um klassische Win-lose-Settings. Bea zieht nach anfänglichem Zögern ihren Nutzen aus den Partnervermittlungstreffen, indem sie aufgrund der Essenseinladungen durch ihre »Kontaktvorschläge« die eigene Haushaltskasse schont. Hauptprofiteurin der gefakten Dates ist eigentlich ihre Freundin, die auf diese Weise ihre männlichen Kunden ruhig hält. Leider eine gängige Praxis bei klassischen PVs, um sich vor Klagewellen ihrer enttäuschten Klientel zu schützen. In dem Fernsehfilm »Der Heiratsvermittler« mit Elmar Wepper und Michael Fitz sind die Frauen die Betrogenen. Hier finanziert der Spezi des Geschäftsinhabers seinen Porsche mittels »Escortservice« für die Mauerblümchen der Institutskartei. Wie auch immer, jedenfalls ist immer der zahlende Kunde der Dumme. Seine Chance, das Herz der bezahlten oder einen Gefälligkeitsdienst verrichtenden Begleitung zu erobern, geht gegen null.

Alexandra hingegen zieht einen einseitigen psychologischen Gewinn aus ihren Rendezvous. Er besteht darin, dass die Verliebtheitsbekundungen ihrer männlichen Anzeigenbekanntschaften ihr ein positives Marktwert-Feedback verschaffen und somit ihr Ego aufboosten. Die Männer indes sind wie bei Bea »nur Randfiguren in einem bösen Spiel«.

Maren gehört bezüglich ihres Dating-Verhaltens weniger an den Pranger als vielmehr auf die Psychologencouch. Vermutlich würde ihr eine Psychotherapie helfen, genügend innere Stärke zu finden, um ihre Homosexualität publik zu machen. Stattdessen zieht sie zu deren Verschleierung arglose Heten-Männer in ihr Dilemma hinein, die mit »betrogenen Gefühlen« zurückbleiben, sofern sie sich in sie verlieben. Leider scheint bei Maren die Angst vor der Entdeckung ihrer sexuellen Orientierung so groß zu sein, dass sie keine andersgeschlechtlichen Vertrauten einweiht. Ansonsten könnten sie zur Wahrung des heterosexuellen Scheins als Begleiter eingesetzt und echte Bewerber vor Enttäuschungen bewahrt werden.

Aus Amors Blickwinkel betrachtet, stellen die Stelldicheins der drei Frauen sogar Lose-lose-Situationen dar, weil daraus niemals beziehungsweise kaum je Liebesbeziehungen entstehen können. Gänzlichen Lose-lose-Charakter kennzeichnen fraglos Yvettes Treffen. Durch ihren unbewussten Wegbeiß-Mechanismus vergiftet sie die Date-Atmosphäre und nimmt sich jegliche Chance, näheren Kontakt zu ihrem Gegenüber aufzubauen. Ins Schwarze trifft bei ihr nicht Amors Pfeil, aber die Vermutung, dass ihr Habitus Ausdruck von Bindungsängsten sei. Ihr wäre zunächst eine Psychoanalyse zu empfehlen, um die Ursachen ihrer Näheproblematik zu entschlüsseln. Anschließend würde ihr eine Verhaltenstherapie helfen, konkrete Maßnahmen zu deren Überwindung zu ergreifen.

Die Fallbeispiele zeigen Date-Settings, in denen es entweder keinen oder nur einen »Sieger« gibt. Den Lorbeerkranz der Liebe können Paare aber niemals gegeneinander oder nebeneinanderher gewinnen, sondern nur gemeinsam. Daher möchte ich Ihnen gerne **25 Basics** nahebringen, **wodurch sich ein Win-win-Date kennzeichnet**. Im Folgenden wird es alternativ **auch das perfekte Date genannt**. Sie können es als Richtmaß für Ihre zukünftigen Stelldicheins nehmen:

1. Beide Date-Partner sind zum Date aufgebrochen und haben den Date-Treffpunkt auch ohne größere Irrfahrten, längere Staus, Parkplatzsuche und Zeitdruck entspannt erreichen können.

2. Beide Date-Partner lassen in puncto Körperpflege keine Wünsche offen, sind dem Anlass entsprechend adrett gekleidet und haben auch ansonsten optisch das Beste aus sich gemacht.

3. Beide Date-Partner sind gut gelaunt, zeigen Humor und verbreiten eine optimistische Stimmung.

4. Beide Date-Partner fühlen sich im Ambiente der Location wohl. Sofern eine Seite in irgendeiner Form (»ungemütlich«, »zu laut«, »zu viele bekannte Gesichter«, »zu warm«, »zu kalt«) Unbehagen darüber äußert, sollte die andere anstandslos bereit sein, einen Ortswechsel vorzunehmen.

5. Beide Date-Partner sind aus der gleichen (lauteren) Motivation zum Treffen erschienen, nämlich im Idealfall eine tragfähige Partnerschaft mit dem Gegenüber aufzubauen.

6. Beide Date-Partner begegnen sich vorurteilsfrei und mit größtmöglichem Wohlwollen. Dem potenziellen Herzblatt wird ein gewisser Vertrauensvorschuss gewährt.

7. Beide Date-Partner sind in der Lage, sich ohne Unterbrechungen und Maßregelungen frei zu entfalten sowie darzustellen. Absoluter Respekt prägt die Szenerie.

8. Das Gespräch ist im Fluss: Bälle werden sich gegenseitig zugeworfen und spielend leicht zurückgepasst. Der Anteil der Redebeiträge macht auf beiden Seiten etwa die Hälfte aus.

9. Vom lockeren Small Talk bewegt sich die Konversation in den persönlichen Bereich, bremst da jedoch ab. Intime Gesprächsthemen (Krankheiten, sexuelle Vorlieben, schwerwiegende persönliche Probleme) bleiben vor allem beim ersten Date außen vor.

10. Das perfekte Date findet einen guten Mittelweg zwischen (alberner) Oberflächlichkeit und bleischwerer Tiefgründigkeit.

11. Die Gesprächsthemen interessieren beide Seiten gleichermaßen. Kommt von einer Seite wenig oder gar keine Resonanz auf ein Thema, erfolgt zügig der Übergang zu einem »Konsensthema«.

12. Das Gesprächsverhalten ist deutlich mehr von gegenseitiger Zustimmung als von Widerspruch geprägt. Konfliktanfällige Themen wie Politik oder Religion werden ausgespart.

13. Beide Date-Partner schenken sich ungeteilte Aufmerksamkeit. Störungen wie Handyanrufe, SMS lesen/schreiben, Postings, Gespräche oder Flirts mit anderen Anwesenden werden (wenn möglich) vermieden.

14. Beide Date-Partner vermitteln sich gegenseitig Interesse aneinander (zugewandte, offene Körperhaltung, Lächeln, intensiver Blickkontakt, Fragen/Nachfragen, aktives Zuhören).

15. Komplimente werden dosiert »eingesetzt«, niemals inflationär, sind immer ernst gemeint, persönlich und spontan. Von »Gegenkomplimenten« ist eher abzuraten, weil sie meist ein wenig gezwungen im Sinne einer Konzession wirken.

16. Das perfekte Date spielt sich weitgehend im Hier und Jetzt ab. Weder wird zu viel in der Vergangenheit herumgewühlt, noch werden schon gemeinsame Zukunftspläne geschmiedet.

17. Beide Date-Partner respektieren die Grenzen des Gegenübers sowohl physisch als auch psychisch.

18. Beide Date-Partner verhalten sich unprätentiös und sind problemlos in der Lage, über kleine Unzulänglichkeiten seitens des Gegenübers oder der Umstände hinwegzusehen.

19. Die Szenerie des Win-win-Dates ist von beidseitigem Engagement und gegenseitiger Unterstützung geprägt (Ge-

sprächsführung, Essensempfehlung, Schaffung einer Wohlfühlatmosphäre).

20. Beide Date-Partner sind authentisch, indem sie ein realistisches Bild von sich entwerfen. Wahrhaftigkeit stellt für sie ein hohes Gut dar.

21. Beide Date-Partner legen gute Manieren an den Tag (kultivierte Nahrungsaufnahme, »bitte« und »danke« sagen, diskrete Lautstärke bei der Konversation).

22. Der Mann übernimmt am Ende des Dates anstandslos die Rechnung, sofern die Frau kein Veto dagegen einlegt. Sie bietet dafür an, sich beim nächsten Mal zu revanchieren.

23. Ein Win-win-Date wird rechtzeitig beendet, noch bevor bei einer oder beiden Seiten (ernsthafte) Ermüdungserscheinungen (Unkonzentriertheit, Gähnen, kurzes Einnicken) auftreten.

24. Bevor beide Seiten nach einem geglückten ersten Date auseinandergehen, wird ein kurzes positives Resümee gezogen und konkret geklärt, wer wen wann wieder anruft.

25. Der Mann bietet der Frau an, sie zum Auto, Zug, Bus zu begleiten. Lehnt sie ab, respektiert er das sofort. Zum Abschied erfolgt immer Körperkontakt, der nach dem ersten Date von einem Händedruck bis hin zu einer kurzen Umarmung oder Küsschen auf die Wange reichen kann.

KLÄREN SIE NACH DEM DATE DIE VERHÄLTNISSE

Mia, 35, ist eine begehrte junge Dame. Neben ihrem ausgeprägten Sexappeal verfügt sie über einen entwaffnenden Charme und strahlt unbändige Lebensfreude aus. An Kontaktmöglichkeiten zum anderen Geschlecht mangelt es ihr nie, zumal sie auch noch als Assistentin der Geschäftsführung in einem großen technischen Planungsbüro mit 90 Prozent Männeranteil arbeitet. Wenn sie wollte, könnte sie mindestens drei Rendezvous pro Woche ausmachen, aber da ihr Leben nicht nur aus Prinzen-Casting besteht, nimmt sie sich gewöhnlich höchstens Zeit für eines. Die Treffen laufen dann immer wieder nach demselben Muster ab. Die Kandidaten sind hellauf begeistert von Mia und vollführen Balztänze wie ein liebestoller Auerhahn, während sich ihre Begeisterung eher in Grenzen hält. So wirklich ihr Herz berühren konnte schon lange kein Mann mehr. Äußert das Gegenüber am Ende des Abends den Wunsch, sie wiederzusehen, ergießt sie sich in Floskeln, obwohl sie eigentlich schon genau weiß, dass sie kein Interesse daran hat.

Um für klare Verhältnisse zu sorgen, fehlt ihr der Mut. Damit ist die Sache dann aber meist noch nicht erledigt. Ohne eindeutige Absage versucht der Möchtegern-Prinz weiterhin sein Glück. Er bombardiert Mia mit SMS, Mails und Anrufen, um sie zu weiteren Dates zu bewegen. Ihre Strategie bei der »Hängepartie« lautet Vertrösten. Wenn der Typ nur lange genug hingehalten wird, so hofft sie, wird er irgendwann von selbst das Handtuch werfen. Bis es aber so weit ist, gehen oft Wochen ins Land.

Der Berliner Single-Berater Christian Thiel glaubt, dass Sie 100 Frösche küssen müssen, bis Sie den Märchenprinzen treffen. Angenommen, die Zahl stimmt und nur ein Teil der Frösche blockiert Sie auf dem Weg dorthin für mehrere Wochen, weil Sie sie nicht gleich zurück in ihren Brunnen werfen, sprich, ihnen eine klare Absage erteilen, so verlängert sich Ihre Prinzensuche vermutlich um mehrere Jahre. Tatsächlich ist das auch einer der Hauptgründe, warum Singles unnötig lange allein bleiben. Ungeklärte Verhältnisse beim Date-Abgang stellen nämlich leider heute nicht mehr die Ausnahme, sondern die Regel dar. Als Vorbild dafür dient das virtuelle Beschnuppern im Internet, bei dem die Frösche meist einfach kommentarlos weggeklickt werden und mit einem Fragezeichen im Kopf zurückbleiben.

Warum aber setzen so viele Solitäre anstatt auf das Ende mit Schrecken lieber auf ein Ende ohne Schrecken? Entweder weil ihnen wie Mia der Mut fehlt, dem Date reinen Wein einzuschenken, oder weil sie glauben, nicht die richtigen Worte zu finden. Ich kann Ihnen **vier Varianten der Klärung** anbieten, **die die »Verletzungsgefahr« praktisch gegen null gehen lassen:**

1. Am leichtesten kommen Sie aus der Geschichte raus, wenn Ihre Hobbys, Freizeitinteressen, Lebensgewohnheiten, Ziele, Beziehungsvorstellungen und die Ihrer neuen Bekanntschaft zu stark voneinander abweichen, um eine harmonische Zweisamkeit aufzubauen. Das können Sie der anderen Seite nämlich mitteilen, ohne um den heißen Brei herumzureden, weil damit keine Wertung einhergeht. Es ist weder gut, dass Sie gerne Urlaub am Meer machen, noch ist es schlecht, dass Ihr Date diesbezüglich die Berge bevorzugt, sondern kennzeichnet einfach nur Unterschiedlichkeit in den Reisegewohnheiten.

2. Sind Sie während Ihrer Dating-Kampagne zu dem Entschluss gelangt, (zunächst) doch lieber allein bleiben zu wollen, so können Sie das Ihrem neuen männlichen Bekannten ohne Bedenken mitteilen. Versichern Sie ihm aber noch im gleichen Atemzug, dass er absolut nicht der Grund dafür ist, sondern Ihre eigene Befindlichkeit.

3. Schwieriger wird die Chose, wenn es die Optik ist, die Sie bei Mr. Lonelyheart überhaupt nicht anspricht. Wohl jeder

Date-Partner würde sich brüskiert fühlen, wenn Sie ihm eröffneten, dass er von seinem Äußeren Lichtjahre von Ihrer Wunschvorstellung entfernt liegt. Berufen Sie sich in diesem Fall auf die berühmte Floskel von der Chemie, die zwischen Ihnen beiden nicht stimmt. Oder verweisen Sie auf Ihr Bauchgefühl, das Ihnen sagt, dass eine Beziehung nicht funktionieren könnte. Möchte sich Ihr Gegenüber damit nicht abfinden und hakt nach, so geben Sie ihm unmissverständlich zu verstehen, dass das als Erklärung ausreichen muss. Sie sind ihm keine weitere Rechenschaft schuldig!

4. Eine Elfmetervorlage beschert Ihnen Ihr Date durch grobes Fehlverhalten, indem es beispielsweise ständig nach anderen Frauen Ausschau hält, gegen Ihren Willen »handgreiflich« wird oder Sie verbal beleidigt. Dann können Sie das Kind wieder direkt beim Namen nennen, sich jeden weiteren Kontakt strikt verbitten und rasch auf Nimmerwiedersehen entfleuchen.

Dringend abraten würde ich Ihnen indes bei Ihrem Rückzug von Lügen, denn die können Sie leicht in unangenehme Situationen bringen. Sicher keine Sternstunden werden Sie beispielsweise erleben, wenn Sie Mister Wrong erzählt haben, sie müssten den Kontakt mit ihm auf Eis legen, weil ein mehrmonatiger beruflicher Auslandsaufenthalt für Sie ansteht, und Sie laufen ihm in dieser Zeit mehrmals wieder über den Weg. Geraten Sie ihm gegenüber unter Rechtfertigungsdruck, bringt Sie auch eine weitere Lüge nach dem Motto »Die Dienstreise fiel aus« kaum wesentlich weiter. Spätestens nämlich durch die Frage Ihres verhinderten Prinzen, warum Sie ihn dann nicht wieder angerufen haben, dürften Sie schwer in die Bredouille geraten. Eine wirklich überzeugende Antwort darauf werden Sie wohl kaum finden.

Noch eindeutiger kann Sie Ihr Ex-Date-Partner als Baronin Münchhausen entlarven, nachdem Sie die »Ich bin noch nicht so weit«-Variante des Abgangs gewählt haben, und er entdeckt schon am nächsten Wochenende wieder Ihre Kontaktanzeige in der Tageszeitung, oder Sie begegnen ihm einige Tage später mit Ihrem neuen Herzbuben im Schlepptau.

Bleibt nur noch zu klären, welche Kommunikationsform Sie wählen sollten, wenn Sie sich des Pseudo-Prinzen nicht gleich beim Stelldichein entledigt haben und dies nun nachträglich tun möchten. Ich empfehle Ihnen dafür einen Anruf. Das fernmündliche Gespräch ist viel persönlicher als eine E-Mail oder SMS und entspricht somit eher dem Status, den Ihr Kontakt bereits erreicht hatte. Ein weiteres Treffen, nur um adieu zu sagen, grenzt dagegen meiner Meinung nach schon an seelische Grausamkeit, weil dadurch mögliche Gefühle Ihres Gegenübers noch einmal unnötig in Aufruhr versetzt werden.

4.
MISTER BOMBASTIC AM HAKEN HALTEN

TREIBEN SIE KEINE TAKTISCHEN SPIELCHEN

Kiara, 31, Fachübersetzerin:
»Wenn mir ein Mann nach einem heißen Flirt seine Telefonnummer gibt, warte ich mindestens eine Woche, bis ich mich bei ihm melde. Typen, die dann schon das Interesse verloren haben, bin ich einfach nicht genug wert oder tanzen auf mehreren Hochzeiten. Ich finde auch, Frauen sollten sich ruhig ein wenig zieren. Das macht sie viel begehrenswerter.«

Nastassja, 27, Schauspielstudentin:
»Meine Freundin schnappt nach jedem Mann, der sich ihr nähert, wie eine hungrige Forelle nach der Fliege. Und was ist das Ergebnis? Sie wird von hinten bis vorne nur verarscht, weil sie eine viel zu leichte Beute ist. Ich halte mich lieber an den Spruch ›Willst du etwas gelten, mach dich selten.‹«

Judith, 41, Meteorologin:
»Ich bin mir immer noch nicht ganz klar darüber, welche Strategie bei Männern die richtige ist. Seinen Gefühlen zu folgen und sich gleich auf eine Beziehung einzulassen oder den Verstand einzuschalten und die andere Seite eine Zeitlang zappeln zu lassen. Mit beidem habe ich nämlich schon Schiffbruch erlitten.«

Desiree, 34, Industriekauffrau:
»Mein Motto lautet: ›Männer musst du schlagen, damit sie dich auf Händen tragen.‹ Das geht bei mir so: Ich locke sie erst an und gebe mich dann unnahbar. Dadurch wird erst richtig der Jagdinstinkt in ihnen geweckt. Bevor ich ihr Flehen erhöre, lasse ich mindestens zwei Monate vergehen. Dazwischen gehe ich noch mehrmals auf Rückzug. Im Märchen muss der Prinz ja auch erst verschiedene Prüfungen bestehen, bis er das Herz der Prinzessin erobert.«

Männer lieben Herausforderungen, aber sie hassen Herausforderungen, die sie nicht in absehbarer Zeit bewältigen können. Wenn sie auf die Jagd gehen, möchten sie möglichst noch am selben Tag mit Beute nach Hause zurückkehren. Desiree hält ihre Verehrer trotz oder gerade wegen ihrer Nähe-Distanz-Spielchen vermutlich nur über einen Zeitraum von mindestens zwei Monaten bei der Stange, weil sie über eine außergewöhnliche Anziehungskraft verfügt und »ihre« Männerbekanntschaften zudem unter einer dependenten Persönlichkeitsstruktur leiden.

Selbstbewusste Vertreter der Spezies XY können dem retardierenden Moment dagegen nur wenig abgewinnen. Für sie muss der Zug möglichst ohne Halt und Rückwärtsgang in Richtung Partnerschaft fahren. Wohl ein Grund, warum »echte Kerle« keine Liebesfilme mögen. »Die Braut, die sich nicht traut«, wird ihnen erst wieder sympathisch, wenn sie schlussendlich doch den Bund der Ehe eingeht. Auf ihre Zicken bis dahin könnten sie gut verzichten. Andererseits möchte die Herrenwelt auch nicht, dass ihnen der Jagderfolg in den Schoß gelegt wird, sprich, die Herausforderung zu gering ist. Das tote Mammut vor ihrer Höhle hat keinen Reiz für sie, ebenso wenig die Frau, die schon den Rock hebt, noch bevor sie überhaupt ihre Witterung aufgenommen hat. Sich förmlich feilzubieten wie Nastassjas Freundin, bringt Eva leicht in den Ruch, ein »leichtes Mädchen« zu sein, und somit aus dem Rennen um eine feste Partnerschaft. Aber wie lange sind ichstarke Männer bereit, ihren Balztanz aufzuführen, nachdem zwei Monate als erheblich zu lang eingestuft wurden? Sofern ein Galan spürt, dass die Frau seines Herzens aus »seriösen« Gründen zögert, seinen Minnegesang zu erhören, etwa weil sie grundsätzlich nicht von der schnellen Truppe ist, zeigt er sich durchaus bereit, mehrere Wochen um sie zu werben. Danach zieht die Karawane im Internet-Zeitalter mit seinen vielfältigen zwischengeschlechtlichen Kontaktmöglichkeiten »leider« meist weiter. Hier trifft dann der Spruch zu: »Wer sich zu lange ziert, verliert.«

Von Anfang an einen Tanz auf Messers Schneide stellen dagegen infantile taktische Spielchen dar, wie sie Kiara, Desiree und Nastassja treiben und Judith schon getrieben hat. Ein Mann, der nur ein wenig auf sich hält, wird den Rückzug antreten, sobald er ihrer gewahr wird.

Wenn Judith damit Schiffbruch erlitt, auf ihr Herz zu hören und sich gleich auf eine Partnerschaft einzulassen, dann lag es bestimmt nicht daran, dass sie den geraden Weg gegangen ist, sondern hatte andere Ursachen. Meiner Erfahrung nach führt nämlich nur beidseitige (!) Klarheit, gepaart mit Stringenz, zu einer dauerhaften Verbindung. Sobald strategische Überlegungen und somit das Bedürfnis, den anderen zu manipulieren, die Szenerie zu beherrschen beginnen, ist die Zweisamkeit unwiderruflich zum Scheitern verurteilt.

DIE ZEHN GRÖSSTEN STRATEGISCHEN LIEBESVERDERBER:

1. Manipulative Date-Absagen
2. Nähe-Distanz-Spielchen
3. Temporäre Rückzüge
4. Gezielte Eifersuchtsprovokationen
5. Bewusste Kontaktausdünnung
6. Wiederausladungen nach Einladungen
7. Mangelnde Beachtung und Zurücksetzen
8. Brüskierung
9. Androhung von Kontaktabbruch
10. Emotionale Wechselbäder

Laufen Sie niemals einem Mann hinterher

Beim Gassigehen mit ihrem Hund hatte Katja, 46, der knapp zehn Jahre jüngere Rene angesprochen, der allerdings noch in einer unglücklichen Ehe lebte. Seitdem trafen sich die beiden regelmäßig, um gemeinsam eine Runde zu machen und zu reden. Eines Tages erzählte Rene Katja, dass die Lage zu Hause eskaliert sei und seine Frau ihm eine Frist gesetzt habe, in der er ausziehen solle. Fast im gleichen Atemzug gestand er ihr seine Liebe und fragte sie, ob er nicht vorübergehend bei ihr einziehen könnte. Er konnte, weil Katja seine Gefühle aufs heftigste erwiderte. Eine Woche voller Leidenschaft folgte, dann aber zog Rene von einem Tag auf den anderen zu einem Kumpel, angeblich nur, um näher an seinem Arbeitsplatz zu sein. Beim Abschied versprach er Katja noch, dass sich dadurch nichts ändern würde zwischen ihnen. Sie glaubte ihm und rief ihn mehrmals täglich an oder schickte ihm SMS. Anfangs ging er noch ans Telefon und beantwortete ihre Kurznachrichten, doch schon bald wurden Katjas Kontaktversuche mehr oder weniger zu einer Einbahnstraße. Auf Vorschläge, sich zu treffen, ging Rene überhaupt nicht mehr ein. Doch Katja wollte nicht so schnell aufgeben. Sie sprach ihm weiterhin tapfer auf die Mailbox und schrieb sich die Hände wund. Versuche, ihn bei seinem Kumpel zu erwischen, schlugen fehl. Entweder stand sie komplett vor verschlossenen Türen oder bekam die Rückmeldung, dass er gerade nicht da sei. Als Katja Rene auf dem Parkplatz seiner Firma stellte, schrie er sie nur an, sie solle ihn endlich in Ruhe lassen; er sei wieder mit seiner Frau zusammen.

Wenn Sie sich in einer ähnlichen Situation wie Katja befinden, rate ich Ihnen dringend, sofort alle Kontaktbemühungen einzustellen. Hat ein Mann (noch) Interesse an Ihnen, wird er besonders in der Kennenlernphase nicht nur auf jede Ihrer SMS antworten, sondern Sie von sich aus mit kleinen Liebesbotschaften überschütten. Meist ist es nämlich am Anfang gerade das starke Geschlecht, das in einen regelrechten Jagdrausch verfällt, wenn es erst einmal die Beute gewittert hat. Reagiert es indes nur noch auf die »Avancen« der anderen Seite oder lässt gar nichts mehr von sich hören, so hat es seine Pirsch unwiderruflich eingestellt. Die Wahrscheinlichkeit, das Herz des Objekts Ihrer Begierde durch Beharrlichkeit, wie sie Katja praktiziert, zu gewinnen oder wieder zu entflammen, ist um ein Tausendfaches geringer, als dass Sie sich damit zum Affen machen. In nunmehr über 16 Jahren Berufspraxis habe ich allenfalls zehn Fälle erlebt, in denen aus einseitigen Lieben nach ewig langer Werbungsphase Partnerschaften wurden. Und selbst die hielten meist nicht ewig, weil bei dem mehr oder weniger zu seinem Glück gezwungenen Teil der Verbindung irgendwann wieder Zweifel aufkamen. Im Krieg wie in der Liebe gilt der Grundsatz: Belagerung ist die Unfähigkeit zur Eroberung.

Lassen Sie sich auch niemals von einem Mann in Warteposition versetzen, indem er Sie bittet, »ihm Zeit zu geben«. Sie werden dabei immer das Nachsehen haben. Das Geheimrezept für eine glückliche Partnerschaft lautet: »den richtigen Partner zum richtigen Zeitpunkt aus der richtigen Motivation kennenzulernen«. Und Sie haben den vermeintlichen Prinzen unwiderruflich zum falschen Zeitpunkt kennengelernt. Sobald er (wieder) bereit ist für die Liebe, wird eine andere Prinzessin genau zum richtigen Zeitpunkt auf der Bildfläche erscheinen und Ihnen die »reife Frucht« vor der Nase wegschnappen.

Erziehen Sie den zukünftigen Herzbuben zur Eigeninitiative

Helena, 42, kümmert sich um alles und jeden, weil sie hofft, dadurch von ihren Mitmenschen gemocht zu werden. Dieses Verhaltensmuster hat sie schon in ihrem Elternhaus erlernt, wo Anerkennung immer mit Leistung verknüpft war. Wenn sie über Internet oder Anzeige, ihre bevorzugten Medien der Kontaktanbahnung, einen Mann kennenlernt und das erste persönliche Beschnuppern ansteht, setzt sie alle Hebel in Bewegung, um das perfekte Date zu organisieren. Tagelang tüftelt sie an einem »Programm«, liest im Internet Restaurantkritiken und sucht für die andere Seite die günstigsten Anfahrtsmöglichkeiten heraus. Dazu nimmt sie gewöhnlich noch den längeren Weg zum Treffpunkt in Kauf. Schließlich möchte sie ihrem Prinzen das Date so angenehm wie möglich gestalten.

Am Tag X erscheint sie fast nie ohne ein kleines Geschenk als Mitbringsel. Das kann vielleicht eine Lieblingssüßigkeit sein, die ihre neue Bekanntschaft in den »Vorgesprächen« erwähnt hatte, oder ein selbstgebasteltes Stofftierchen. Kommt die Bedienung in der Lokalität mit der Speisekarte, kann Helena aufgrund ihrer ausgiebigen Recherchen immer eine besondere Spezialität des Hauses empfehlen. Nach dem Prinzip »Wer empfiehlt, bezahlt« lädt sie ihr Gegenüber dann auch sogleich zum Essen ein. Bei den »Tischgesprächen« übernimmt Helena die Führung und wacht mit Argusaugen darüber, dass keine allzu langen Pausen ihren Fluss unterbrechen.

Wird etwas aus ihrem Rendezvous, steigt nach einiger Zeit regelmäßig Unzufriedenheit in ihr hoch, weil sie ständig als Alleinunterhalterin fungieren muss, während die andere Seite geflissentlich ihre Hände in den Schoss legt.

»Wie man sich bettet, so liegt man«, lautet ein Sprichwort, und Helena bettet sich partnerschaftlich denkbar schlecht, indem sie ihre Eroberungen schon in der Balzphase zu Paschas verzieht. Wenn Sie nicht solch einen »Ballaststoff« von Mann an Ihrer Seite dulden möchten, sollten Sie tunlichst darauf achten, dem Herzblatt-Kandidaten ein Höchstmaß an Initiative beim Paarungstanz zuzuschanzen. Ansonsten wird er ähnlich wie Helenas »Prinzen« kaum je wieder Bereitschaft zeigen, die Komfortzone der »erlernten Hilflosigkeit« zu verlassen, in der er sich bereits so wohlig eingerichtet hat. Dass das starke Geschlecht den Hauptteil der Liebeswerbung übernimmt, liegt ja auch buchstäblich in der »Natur der Sache«, oder haben Sie schon einmal ein Pfauenweibchen gesehen, das für ihren Auserwählten ein Rad schlägt?

Aus dieser Beobachtung ergeben sich für Sie beim Dating **zehn goldene Regeln des heterosexuellen Beziehungs-Initiations-Prozesses:**

1. Vorschläge für den Treffpunkt und die Lokalität des ersten persönlichen Kennenlernens zu machen obliegt in erster Linie der Herrenwelt.

2. Geben Sie dem Prinzenkandidaten die Möglichkeit, im wahrsten Sinne des Wortes entgegenkommend zu sein, indem er die größere Wegstrecke zum Stelldichein übernimmt.

3. Mit Paarungsgeschenken sollte Mann versuchen, Ihr Herz zu gewinnen, und nicht umgekehrt Sie seines. Zumindest gebührt ihm das Recht der ersten Gabe.

4. Mit einer Essenseinladung möchte sich Ihr Romeo als erfolgreicher Jäger präsentieren, der Sie und die potenziell zu gründende Familie gut versorgen kann. Geben Sie ihm die Gelegenheit dazu.

5. Überlassen Sie dem Mann weitgehend die Gesprächsführung. Dadurch schlagen Sie zwei Fliegen mit einer Klappe. Erstens wird er sich potent fühlen, weil er glaubt, das Zepter in der Hand zu halten, und zweitens geraten Sie nicht in Gefahr, als dominante Quasselstrippe in seine Date-Geschichte einzugehen.

6. Die Essensempfehlung eines Vertreters der holden Männlichkeit verrät Wohlwollen gegenüber Ihrem Gaumen und Fachkompetenz auf dem Gebiet der kulinarischen Genüsse. Interpretieren Sie sie bitte nicht als Bevormundungsversuch.

7. Schweigen ist Gift, Reden ist Gold. Unterstützen Sie die verbalen Kommunikationsbemühungen Ihres männlichen Gegenübers, selbst wenn sie nicht gleich mitten ins Herz treffen. Damit ist im Gegensatz zu notorischer Maulfaulheit zumindest Aktivität verbunden.

8. Wenn er nach dem Sitz-Date noch einen Abstecher zu einer Ausstellung oder einen Spaziergang in der Stadt vorschlägt, so betrachten Sie es nicht als »netten« Versuch, ein zweites Date zu simulieren, um schneller zur Intimität übergehen zu können, sondern als einen Ausdruck seiner Kreativität.

9. Signalisieren Sie dem Herzbuben in spe bei der Verabschiedung, etwa durch Schmachtblick, dass Sie sich nach einem wundervoll romantisch verlaufenen Rendezvous einen Abschiedskuss wünschen, überlassen Sie aber ihm die körperliche Annäherung.

10. Warten Sie in aller Ruhe, dass Mister Right sich wieder bei Ihnen meldet. Dass er es überhaupt nicht abwarten kann, wieder Ihre Stimme zu hören und Sie zu sehen, wenn er Feuer gefangen hat, ist so sicher wie Vogelgesang an einem wunderschönen Sommermorgen.

Lassen Sie Ihrer neuen Eroberung Luft zum Atmen

Als Henriette, 43, Gemeindereferentin, den 48-jährigen selbständigen Vermessungsingenieur Paul zufällig während einer Zugfahrt kennenlernte, befand er sich in einer Single-Phase von über sechs Jahren, in der seine Kontakte zum weiblichen Geschlecht fast völlig eingeschlafen waren. Henriette dagegen kam gerade aus einer intensiven Beziehung und wollte sich gar nicht erst an ihr Alleinsein gewöhnen. Daher drückte sie bei Paul ziemlich aufs Tempo.

Schon nach dem ersten Date nahm sie ihn mit zu sich nach Hause, um ihn zu verführen. Die erste intime Annäherung endete aber in einem Fiasko, weil Paul einfach keine Erektion bekommen wollte. Henriette reagierte verständnisvoll, indem sie die Sache herunterspielte. Das half Paul sehr, über seine »Ladehemmung« hinwegzukommen, und so wurden aus den Geschlechtsakten der beiden schon bald beglückende Begegnungen. Das Kuscheln danach aber verursachte in Paul Beklemmungsgefühle, weil es ihm viel zu lange dauerte. Am liebsten wäre er manchmal einfach aufgesprungen, um panisch die Flucht zu ergreifen, doch er zwang sich zu bleiben.

Fast noch größere Probleme bereitete Paul Henriettes Anhänglichkeit im Alltag. Ständig tätschelte sie an ihm herum, und es verging eigentlich kein Tag mehr, den sie nicht gemeinsam verbrachten. Darunter begann zunehmend auch Pauls Arbeit zu leiden. Angebote an mögliche Kunden schrieb er nur noch unter größtem Druck, so dass sich Fehler einschlichen, Rechnungen blieben liegen, Aufträge wurden verspätet fertiggestellt. Nichtsdestoweniger ließ sich Paul etwa drei Monate nach dem Beginn der Beziehung noch von Henriette zu einer zweiwöchigen Mittelamerika-Rundreise breitschlagen. Die brachte dann das Fass zum Überlaufen. Henriette quälte nämlich Paul von morgens bis abends mit den Themen Zusammenziehen und Familiengründung. Paul, für den das, wenn überhaupt, in weiter Ferne lag, war innerlich maximal genervt, ließ sich aber zunächst nichts anmerken. Erst nach der Heimkehr ließ er die Bombe platzen und beendete die Beziehung im »Eilverfahren«.

Henriette und Paul bringen ziemlich unterschiedliche Voraussetzungen in ihre gemeinsame Partnerschaft mit. Henriette, die gerade eine intensive Zweisamkeit hinter sich hat, ist noch voll in Übung, was das Beziehungsleben betrifft, während Paul nach sechsjähriger Liebesabstinenz gezwungen ist, einen Kaltstart hinzulegen. Dem trägt Henriette mit ihrem Verhalten keinerlei Rechnung und versucht, den Motor gleich auf Hochtouren laufen zu lassen. Das findet seinen Anfang, indem sie Paul schon nach dem ersten Date ins Bett »zerrt«. Während Pauls langer sexueller Trockenzeit haben sich bei ihm offensichtlich intime Versagensängste aufgebaut. Henriette konfrontiert Paul überfallartig, also in Form einer Rosskur mit seinen Ängsten. Das erweist sich bei ihm als die falsche Methode, so dass er beischlaftechnisch eine Nullnummer hinlegt. Henriettes verständnisvolle Reaktion darauf wiederum hilft Paul, sein psychisch bedingtes Erektionsproblem zu überwinden. Alleine Henriettes enormes Kuschelbedürfnis nach dem Liebesakt überfordert Paul noch ein wenig und erweckt Fluchtimpulse in ihm.

Leider begeht Henriette aber nach ihrem sexuellen Überfall noch einen weiteren gravierenden Fehler. Sie verwehrt Paul die Möglichkeit, sukzessive vom Single-Modus auf den Partnerschaftsmodus umzuswitchen. Anstatt ihm noch ein gutes Stück weit den Freiraum zu lassen, den er als Alleinlebender gewohnt ist, nimmt sie ihn gleich völlig in Beschlag. Das geht sogar so weit, dass seine Arbeit darunter leidet. Da sich Paul als Mann stark über seine Berufstätigkeit definiert, gerät er dadurch innerlich in einen Gewissenskonflikt. Der gemeinsame Urlaub, den ihm Henriette abringt, treibt sein Dilemma auf die Spitze. Paul kann ihn gewiss nicht unbeschwert genießen, während in seinem Büro die Probleme immer dringlicher werden. Zudem vermiest ihm Henriette die schönste Zeit des Jahres, indem sie auf Themen herumreitet, die ihm in dieser frühen Phase der Beziehung förmlich die Luft abschnüren müssen: Zusammenziehen und Familiengründung. Fraglos tickt bei Henriette die biologische Uhr schon ziemlich laut, aber mit ihrem überhasteten Vorstoß in Richtung gemeinsamer Nachwuchs überfordert sie Paul, soeben noch »Hardcore-Single«, maßlos. Paul möchte auf der Reise keinen Skandal provozieren. Daher macht er gute Miene zum bösen Spiel. Erst wieder zu Hause angekommen, schüttet er das Kind mit dem Bade aus und gibt Henriette den Laufpass.

Damit Sie nicht ähnlich wie Henriette in Gefahr geraten, schon zu Beginn Ihrer neuen Zweisamkeit das zarte Pflänzchen Liebe zu zertreten, möchte ich Ihnen gerne dafür **zehn goldene Pflegetipps** an die Hand geben.

1. Geben Sie Ihrem neuen Herzbuben umso mehr Zeit, bis er mit Ihnen schläft, je länger seine sexuelle Abstinenz zuvor andauerte.

2. Respektieren Sie unbedingt den Wunsch Ihres neuen Herzbuben nach besuchsfreien Tagen. Treffen an diesen Tagen würden sich für Sie im Nachhinein als Pyrrhussiege erweisen.

3. Entscheiden Sie immer mit Ihrem neuen Herzbuben, wann Sie sich wiedersehen, niemals im Alleingang.

4. Achten Sie auf die Signale Ihres neuen Herzbuben. Überstürzte, fast schon panische Abgänge können bedeuten, dass ihm die Geschichte zu eng geworden ist.

5. Machen Sie Ihren neuen Herzbuben möglichst erst auf seinen ausdrücklichen Wunsch hin mit Ihrem sozialen Umfeld bekannt, oder warten Sie damit zumindest, bis ein gewisses Maß an Vertrautheit erreicht ist. Ein Zeitraum von unter zwei Monaten dürfte für die »Vorstellungsrunde« gewöhnlich noch zu kurz sein.

6. Genießen Sie in der Verliebtheitsphase nur den Augenblick mit Ihrem neuen Herzbuben. Gemeinsame Zukunftspläne können Sie später noch lange genug schmieden.

7. Lassen Sie Ihrem neuen Herzbuben seine Steckenpferde. Bevor er für Sie seine Modelleisenbahn entsorgt, wird er Sie entsorgen.

8. Arrangieren Sie sich mit den Freunden und Bekannten Ihres neuen Herzbuben. Ihm »unliebsame« Kontakte madigzumachen kann zu einem Bumerang werden, indem die »geschmähten« Spezis zurückschlagen, wenn die Beziehung nicht mehr rundläuft und ihr Einfluss wieder wächst.

9. Geben Sie Ihrem neuen Herzbuben die Möglichkeit zu agieren, anstatt zu reagieren. »Erzwungene« Liebesgeständnisse oder Streicheleinheiten etwa laufen diesem »Spontaneitätsprinzip« diametral entgegen.

10. Unternehmen Sie gemeinsame Reisen erst, wenn Sie davon überzeugt sind, dass Ihr neuer Herzbube so viel Nähe am Stück nicht nur aushalten, sondern auch genießen kann.

Jenny, 31, studiert nach einer Ausbildung zur MTA und einigen Jahren Berufstätigkeit im neunten Semester Zahnmedizin. Den 58-jährigen Jürgen, einen Kieferchirurgen, hatte sie gleich zu Beginn ihrer Unizeit auf einer Fachbereichsfete kennengelernt. Anfangs sträubte sich Jenny wegen des großen Altersunterschieds ziemlich heftig gegen die Beziehung, aber Jürgen ließ nicht locker. Er wartete mit immer neuen Liebesbeweisen auf. Einmal fuhr er, um sie abzuholen, in einer feudalen Kutsche bei ihr vor, die sechs schneeweiße Pferde zogen. Ein anderes Mal veranstaltete er eine Art Gunther-Sachs-Remake und ließ bei einem gemeinsamen Picknick aus einem Helikopter hundert rote Rosen über Jenny abwerfen. Das imponierte ihr so sehr, dass sie schließlich seinem Werben nachgab.

Anfangs hing der Himmel voller Geigen, nicht zuletzt weil Jürgen Jenny materiell einiges bieten konnte: prickelnde Wochenendtrips in die Metropolen der Welt, teure Geschenke und exklusive kulinarische Genüsse. Aber schon nach einigen Monaten tauchten die ersten dunklen Wolken am Horizont auf. Jenny konnte es sich als Studentin auch werktags öfter erlauben, die Nacht zum Tage zu machen, was für Jürgen aufgrund seines anstrengenden Jobs quasi unmöglich war. Bei ihm klingelte gnadenlos um sechs Uhr morgens der Wecker, und einfach blaumachen ging gar nicht.

Infolgedessen begann Jenny regelmäßig Alleingänge zu unternehmen, während Jürgen sich abends beizeiten schlafen legte. Dabei leistete sie sich auch den einen oder anderen sexuellen Fehltritt, weil Jürgen – im Bett schon längst über seinem Zenit – ihrer überbordenden Libido in keiner Weise Herr wurde. Um ihn nicht noch mehr zu demütigen, verschwieg sie ihm ihre Eskapaden natürlich tunlichst. Neben dem unterschiedlichen Lebensrhythmus und den Problemen im Schlafzimmer traten aber schnell auch noch weitere Diskrepanzen zutage. Jürgen stand auf deutschen Schlager, Jenny liebte es noch, auf Techno abzutanzen. Jürgen erzählte gerne Anekdoten aus seiner Jugend; die empfand Jenny als Geschichten aus dem Krieg. Jürgen, dessen erste Ehe ungewollt kinderlos geblieben war, hatte das Thema Nachwuchs längst ad acta gelegt. Jenny wünschte sich später ganz selbstverständlich Nachwuchs.

Die Kluften, die sich zwischen den beiden in verschiedenen Bereichen auftaten, führten zunehmend zu Spannungen, so dass kaum noch ein Tag ohne kleinere Scharmützel oder heftige Auseinandersetzungen verging. Besonders die intimen Probleme schienen ein unüberwindliches Hindernis darzustellen. Die erste kurze Trennung erfolgte bereits nach knapp einem Jahr. Ihr sollten noch unzählige folgen. Momentan befindet sich das Paar gerade in einer On-Phase, aber die Beziehung droht nun endgültig zu scheitern, weil Jürgen ein heimliches Verhältnis zu einer anderen Frau pflegt, die nur zwei Jahre jünger ist als er. Jennys Mutter.

Die Partnerschaft zwischen Jenny und Jürgen offenbart einige typische Stolpersteine von »Gespannen« mit einem eklatanten Altersunterschied. Als Erstes fällt ins Auge, dass sich die beiden in unterschiedlichen Lebensphasen befinden. Jenny absolviert gerade ihr Studium, wohingegen für Jürgen fast schon das Ende seiner Berufstätigkeit naht. Jedenfalls ist er längst in seinem Job etabliert. Denken wir die Geschichte ein paar Jahre weiter, würden sich die Vorzeichen vermutlich in eine andere Richtung verschieben. Dann wäre Jenny, bliebe sie wider Willen kinderlos, vermutlich voll berufstätig und Jürgen Pensionär. Privat hat

Jürgen sich altersbedingt aus dem generativen »Geschäft« zurückgezogen, Jenny steht noch davor.

Sowohl die berufliche als auch die private Asynchronizität der Lebensphasen bieten alleine schon genügend Konfliktstoff, um jede Zweisamkeit zu sprengen. Genießt ein Teil relativ große zeitliche Freiheiten, weil er noch Schüler, Azubi, Student oder bereits Pensionär ist, während der andere diesbezüglich durch seinen Fulltime-Job starken Einschränkungen unterliegt, braucht es enorme Kompromissbereitschaft, die bei weitem nicht jedes Paar aufbringt. Im Falle von Jenny und Jürgen müsste Jenny ihre nächtlichen Aktivitäten einschränken und Jürgen seine Bettruhe ein wenig mehr nach hinten verlagern, um einen gemeinsamen Tagesrhythmus zu erreichen. Für beide sicher keine allzu verlockende Option. Bei der Kinderfrage einen Mittelweg zu finden dürfte gar eine Mission impossible darstellen. Angenommen, die Frau wäre in Jürgens Alter und der Mann in Jennys, hieße es schon biologisch »rien ne va plus«.

Einen weiteren Knackpunkt zwischen massiv altersunterschiedlichen Paaren stellt häufig das Thema Sexualität dar. Jürgen als Mann befindet sich von seiner Potenz her seit etwa seinem 20. Lebensjahr, dem Zeitpunkt seiner größten Manneskraft, auf dem absteigenden Ast. Jenny indes wird ihn erst mit Ende 30, wenn die tickende biologische Uhr noch einmal zu erhöhter intimer Aktivität antreibt, erreichen. Das Problem wird sich bei Jürgen jenseits der 60 erheblich verschärfen. Aus vielen Gesprächen mit Jungsenioren beziehungsweise ihren Herzdamen weiß ich, dass der Geist der »betagteren« Männer zwar oft noch hochgradig willig, aber ihr Fleisch schon hochgradig schwach ist. Regelmäßig spielen sich wahre Dramen mit oder ohne technische respektive medikamentöse Hilfsmittel in ihren Schlafzimmern ab. Mitunter kranken besagte Beziehungen nicht nur an der differierenden intimen Leistungsfähigkeit, sondern auch an »praktischen« Fragen. So findet es etwa der ältere Part »shocking«, wie selbstverständlich der jüngere Methodiken der Luststeigerung zum Einsatz bringt, die in seiner Generation gemeinhin als pervers und tabu gelten. Zudem dürften viele reifere Herren bass erstaunt sein über die sexuelle Offensivität ihrer »jugendlichen« Gefährtinnen; ein Habitus, den Frauen ihrer Alterskohorte eher selten an den Tag legen.

Folge dauerhafter geschlechtlicher Inkompatibilität sind gewöhnlich entweder Beischlafverweigerung oder Flucht in eine Außenbeziehung. Jenny wählt die Methode HWG (häufig wechselnde Geschlechtspartner), Jürgen sucht sein Heil in einer Affäre; degoutanterweise in Person von Jennys Mutter. Indem er die geschmackloseste und bei Entdeckung für Jenny verletzendste Variante einer Außenbeziehung wählt, nimmt er womöglich unbewusst Rache für seine Demütigungsgefühle im Bett mit ihr.

Dass sich generationsverschiedene Paare hinsichtlich ihres Sozialisationshintergrundes völlig fremd sind, ist dabei fast schon marginal. Jenny etwa empfindet Jürgens Erzählungen von früher als altbacken. Wenn Jürgen Jenny berichtet, dass er beim Fall der Berliner Mauer 1990 zu den Mauerspechten gehörte, kann sie nur wenig damit anfangen, weil sie zu dieser Zeit noch ihren Puppenwagen spazieren fuhr. An Boris Beckers Wimbledonsieg 1985, der Jürgen Anlass zu einem spontanen Trip nach England gab, dürfte sie sich gar überhaupt nicht mehr bewusst erinnern können. Ebenso aus einer anderen Welt erscheinen Jenny Jürgens Prügel in der Schule mittels eines Rohrstocks. Vergleichsweise harmlos in diesem explosiven Gemisch wirkt auch die Diametralität »altersferner« Paare in bestimmten Vorlieben. Bei Jenny und Jürgen etwa sind es die jeweiligen Musikgeschmäcker, zwischen denen Welten liegen. Jenny verursachen Jürgens »Gassenhauer« Pickel, während Jürgen Techno »krank«

findet. Schwieriger wird es schon wieder bezüglich der gemeinsamen Urlaubsplanung, wenn der »Juniorpartner« mehr Action wünscht als der »Seniorpartner«. Sieht der Kompromiss so aus, dass es das Duo abwechselnd einmal ruhig angehen und einmal richtig krachen lässt, wird immer eine Seite leidlich unzufrieden sein. Urlaubsintern getrennte Wege zu gehen oder gleich ganz getrennt zu verreisen, damit sich jeder selbstverwirklichen kann, markiert gewiss auch nicht gerade die glücklichste Alternative. Denn welcher Liebende möchte schon die schönste Zeit des Jahres völlig oder zumindest weitgehend ohne sein Herzblatt verbringen?

Viel Sprengstoff verbirgt sich zudem im sozialen Umfeld des Paares. Eltern mutieren möglicherweise zum »Paarungskonkurrenten« für ihre eigenen Kinder, wie das Beispiel von Jennys Mutter zeigt. Umgekehrt könnten aber auch erwachsene Söhne ihrem Vater gefährlich werden, indem sie versuchen, ihm seine junge Frau auszuspannen.

Beim Zusammentreffen der Freundeskreise droht Funkstille, indem generationsspezifisches Sprachverhalten Kommunikation auf einer Wellenlänge unmöglich macht. Vorausgesetzt natürlich, die »Spezis« gehören der jeweils selben Altersgruppe an wie die Partner, was speziell bei reiferen Männern und Frauen, die geradezu zwanghaft einen auf jugendlich machen, durchaus nicht selbstverständlich ist. Dass die Eltern und andere Anverwandte besonders des »Juniorpartners« nicht gerade begeistert von der »Joopie-Heesters-Gedenk-Kombi« sein dürften, mag zwar unangenehm sein, doch sollte das Paar hier versuchen, »heiter darüberzustehen«.

Gesellschaftlich gesehen, gerät das »Küken« einer solchen Verbindung schnell in den Verdacht, an einem Ödipuskomplex zu leiden oder nur auf die Karrierevorteile und materiellen Annehmlichkeiten zu schielen, die ein beruflich bereits gesetteltes

Herzblatt zu bieten vermag. Beides ist auch häufig nicht ganz von der Hand zu weisen. Bei Jenny spielte zumindest der zweite Aspekt teilweise eine Rolle.

Bisher stand – zumindest explizit – nur der Sachverhalt im Fokus der Betrachtung, dass der Mann erheblich älter war als die Frau. Zwar handelt es sich dabei immer noch um den Regelfall, doch kommen inzwischen immer mehr Liaisons in Mode, in denen die Rollenverteilung diesbezüglich umgekehrt ist. Nicht wenige weibliche Prominente halten sich einen Toy-Boy oder sind fest mit einem Jüngling verbandelt, wodurch sie eine Trendsetter-Funktion für ihre Normalo-Geschlechtsgenossinnen übernehmen.

Welche besonderen Fallstricke weist eine solche Beziehung auf? Natürlich sind hier die gesellschaftlichen Ressentiments noch größer. Betrachten wir nur die Kontaktanzeigen in einer beliebigen Tageszeitung. Hier suchen ganz selbstverständlich zahlreiche betagte Herren um zehn bis zwanzig Jahre jüngere intime Gespielinnen oder Lebensgefährtinnen. Und umgekehrt: Fehlanzeige. Vermutlich würden sich die reiferen Damen schon schämen, ihre »Partnergesuche« fernmündlich aufzugeben. Jedenfalls wird hier fraglos noch mit zweierlei Maß gemessen. Graue Schläfen bei Männern gelten als interessant, graue Haare bei Frauen einfach nur als alt. Und damit sind wir beim nächsten Problem der Verbindung Silver-Agerin – Jungspund. Da Frauen viel stärker über ihre Optik definiert werden als Männer, fällt es ihnen ungleich schwerer, in Würde zu altern. Und schon gar nicht »darf« sie das an der Seite eines erheblich jüngeren Partners. Betrachten Sie nur Demi Moores geradezu grotesken Kampf gegen die sichtbaren Zeichen des körperlichen Verfalls, um gegenüber ihrem gut 15 Jahre »nachgeborenen« Ex-Ehemann Ashton Kutcher bestehen zu können. Diesen Kampf wird sie irgendwann ebenso verlieren, wie sie bereits ihren jugendlichen Rivalinnen unterlegen war, mit denen sie ihr Göttergatte betrog.

Laut Umfragen in meinen Single-Gruppen ist der Widerwille gegen diese ewigen Kämpfe der Hauptgrund, warum sich Frauen nicht auf Männer im Alter ihrer Söhne einlassen möchten.

Last, but not least schwebt über solchen Partnerschaften stets das Damoklesschwert des aufkommenden Kinderwunsches seitens des Grünschnabels. Wird er zur unabdingbaren Voraussetzung, gibt es für die reifere Dame eigentlich nur die Möglichkeit, ihn ziehen zu lassen.

Obwohl ich persönlich Zweierbeziehungen mit allzu großen Altersunterschieden zwischen den Partnern äußerst skeptisch gegenüberstehe, möchte ich aus Fairnessgründen nicht versäumen, auch ihre Vorzüge aufzuzeigen. Schließlich fühlen sich viele Paare in dieser Konstellation pudelwohl, und es stellte eine höchst unzulässige Diskriminierung dar, sie grundsätzlich als pathologisch oder rein auf den Nutzen bedacht zu bezeichnen:

1. Der jüngere Partner fungiert für den älteren als Jungbrunnen und profitiert dafür von der Erfahrung, dem Wissen und der Reife des »Seniors«. Hinsichtlich des zweiten Teils dieses »Tauschgeschäfts« spricht der Psychologe und Autor Nossrat Peseschkian von einer »Partnerschaft als Ausbildungsstätte«. Und zu Teil eins bemerkte Goethe: »Einem bejahrten Mann verdachte man, dass er sich noch um junge Frauenzimmer bemühte. Es ist das einzige Mittel, versetzte er, sich zu verjüngen, und das will doch jedermann.«

2. Nach einer Zweisamkeit mit einem jugendlichen Heißsporn, die möglicherweise von Gewalt, Exzessivität und Seitensprüngen geprägt war, kann die Abgeklärtheit eines reiferen Partners den sicheren Hafen bedeuten.

3. Da zumindest die »betagtere« Seite in materieller Hinsicht

gewöhnlich bereits ruhiges Fahrwasser erreicht hat, ist die Gefahr geringer, dass Spannungen durch eine schwierige Finanzlage entstehen. Die Paarforschung begründet damit die weltweit zu beobachtende Präferenz des weiblichen Geschlechts für ältere Lebensgefährten. Wie heißt es so schön: »Geld macht nicht glücklich, aber es beruhigt doch ungemein.« Das gilt auch für Beziehungen.

4. Befindet sich der »Seniorpartner« bereits im Ruhestand, verfügt er gemeinhin über genügend zeitliche und emotionale Ressourcen, um dem noch berufstätigen »Junior« den Rücken für seine Arbeit frei zu halten.

5. Reifere Männer oder Frauen in beruflichen Toppositionen vermögen ihren jüngeren Gefährten als Türöffner oder Trittbrett für die eigene Karriere zu dienen. Speziell im Promibereich findet sich häufig die Kombination alternder Star und Starlet.

Über all die Erläuterungen der Pros und Kontras für beziehungsweise gegen »generationenübergreifende« Paarbeziehungen ist die Frage offengeblieben, in welcher Spanne sich der ideale Altersunterschied zwischen den Partnern bewegen sollte. Ich habe hierfür eine plastische Einteilung entwickelt:

0 – 3   Jahre: ein weiser
4 – 6   Jahre: ein kluger
7 – 10   Jahre: ein wagemutiger
11 – X   Jahre: ein abenteuerlicher

Laut Statistik sind – abgesehen von anderen Faktoren – die Bindungen am haltbarsten, in denen die Liebenden altersmäßig nicht mehr als sechs Jahre auseinanderliegen. Wenn ich meinen Singles Dates vermittle, messe ich drei Jahren nach oben oder nach unten keinerlei Bedeutung zu, weil dieser Altersunterschied im praktischen Beziehungsleben kaum je zu Problemen oder Spannungen führen wird. Auch vier bis sechs Jahre Altersunterschied dürfte ein Paar noch gut überwinden können. Liegt er beim halben Dutzend, könnte sich der jüngere Mann in der Lebensmitte an den sich manifestierenden »Lackschäden« seiner etwas reiferen Herzdame stoßen, während umgekehrt der jüngeren Frau das beginnende Phlegma ihres Herzbuben die ersten grauen Haare der Unzufriedenheit sprießen lässt.

Ist ein Partner sieben bis zehn Jahre früher aus dem Ei gekrochen als der andere, sind dagegen bereits Schwierigkeiten vorprogrammiert. In der »Frühzeit« des Paares lassen sich zehn Jahre Altersdifferenz gewiss noch recht gut »kaschieren«, doch dürfte besonders der Mann als der ältere Teil der Verbindung ab dem sechsten Lebensjahrzehnt deutliche Aktivitätsdefizite gegenüber seiner Gefährtin aufweisen. Zu ihrem 60. Geburtstag hat die Frau vermutlich in ihrem 70-jährigen Mann mehr oder weniger einen Greis an ihrer Seite. Spätestens dann muss auch ihre Sexualität häufig Federn lassen, weil sich die Potenz ihres Göttergatten peu à peu in den Ruhestand verabschiedet. Einem Rolf Eden oder Hugh Hefner dürfen Sie davon allerdings nichts erzählen. Die beiden Playboys kennen Viagra allenfalls aus dem Fernsehen.

Weit jenseits der zehn Jahre Altersunterschied treffen das Paar all die Schwernisse, die oben hinsichtlich der Verbindung Jenny – Jürgen beschrieben wurden. Mit dem kompletten Jahrzehnt ist für mich bei der Kontaktanbahnung der Rubikon erreicht, den ich nur noch nolens volens auf ausdrücklichen Wunsch beider (!) Betroffenen überschreite. Spontan käme mir das gewiss nicht in den Sinn. Auch Ihnen würde ich als »rationale« Grenze hinsichtlich des Altersunterschieds beim Suchen und Finden der Liebe die Schwelle zur Zweistelligkeit empfehlen. »Emotional« können Sie dann immer noch heiter über Ihrem »Geschwätz« von gestern stehen, wenn Amors Pfeil Sie aus dem »Seniorenheim« oder »Jungbrunnen« trifft.

Wählen Sie einen Prinzen mit ähnlichen sexuellen Vorlieben

Petra, 44, Chefsekretärin:
»Nach langer Suche glaubte ich, in Thilo den Seelenpartner gefunden zu haben. Unsere Gemeinsamkeiten waren schon fast gespenstisch. Wir lagen so sehr auf einer Wellenlänge, dass wir manchmal im Gespräch denselben Satz begannen und dann herzhaft darüber lachen konnten. Das dritte Date endete im Bett und leider in einer Katastrophe. Thilo erwartete gleich Dinge von mir, die eigentlich meine Schamgrenzen überschreiten. Zum Beispiel sollte ich mich vor seinen Augen mit einem Dildo selbst befriedigen. Ich fand auch die Vorstellung ziemlich widerlich, dass dieses Teil womöglich schon Dutzende Frauen vor mir in sich hatten. Jedenfalls suchte Thilo ziemlich bald das Weite, weil ich ihm sexuell wohl nicht genügte.«

Inga, 37, Fotografin:
»Beim Vögeln kenne ich echt keine Tabus. Ich treibe es, wann immer und wo immer ich gerade Lust dazu verspüre. Neulich habe ich einen Typen namens Fred kennengelernt. Der kannte ungelogen nur die Missionarstellung und Schlafzimmersex. Wenn ich über den im Fahrstuhl hergefallen wäre, was mich voll aufgeilt, hätte ich vor Lust und er wahrscheinlich nach seiner Mama geschrien.«

Heike, 54, Sonderschulpädagogin:
»Anfangs lief es zwischen mir und Stefan echt gut in der Kiste, aber dann wollte er mich ständig dazu überreden, einen Swinger-Club zu besuchen oder andere Pärchen zum Rudelbumsen einzuladen. Meinem Partner beim Sex mit anderen Frauen zuzugucken geht für mich gar nicht. Ich würde vor Eifersucht sterben. Irgendwann ging mir Stefans Gequengel so sehr auf den Senkel, dass ich ihn vor die Tür setzte.«

Annett, 33, Immobilienmaklerin:
»Matthias, der mir auf meine Kontaktanzeige geschrieben hatte, gehörte einer evangelikalen Freikirche an. Sex kam für ihn erst nach der Hochzeit in Frage. Obwohl ich ihn ganz schnuckelig fand, wollte ich mich darauf keinesfalls einlassen. Ich kaufe doch nicht die Katze im Sack. Man stelle sich nur einmal vor, es herrscht dann tote Hose im Bett, weil der gemeinsame Nenner fehlt. Drama, Baby! Matthias meinte zwar, Liebende würden intim immer zusammenfinden, aber mir selbst ist schon einmal genau das Gegenteil passiert. Okay, woher sollte er es auch wissen?«

»Drama, Baby« ist tatsächlich der richtige Ausdruck, wenn Paare bezüglich ihrer sexuellen Vorstellungen, Neigungen und Wünsche Galaxien voneinander entfernt liegen. Kleine Unterschiede können sicher noch kompensiert werden. So wird eine Beziehung wohl kaum an der Frage scheitern, ob »ehelicher« Vollzug zwei- oder dreimal pro Woche stattfinden sollte. Ziemlich hoffnungslos dürfte währenddessen die Lage sein, wenn bezüglich intimer Leidenschaft Feuer und Eis aufeinandertreffen. Hier gibt sich entweder die lustlose Seite um des lieben Friedens willen regelmäßig der triebhaften hin, oder die triebhafte scharrt ständig vergeblich an der Schlafzimmertür der lustlosen. Einer von beiden leidet jedenfalls immer.

Kaum Chancen auf Beständigkeit haben auch Beziehungen, in denen die Partner diametrale Sexualpraktiken oder Modalitäten bevorzugen wie bei dem Dreigestirn Petra/Inga/Heike. Voyeuristische Tendenzen und ein relativ ausgeprägtes Schamgefühl lassen sich nur schwerlich miteinander vereinbaren, ebenso wenig überbordende sexuelle Phantasien und ein minimalistisches horizontales Repertoire. Ganz zu schweigen von »orgiastischen« geschlechtlichen Bedürfnissen versus Exklusivitätsanspruch.

Wenn Sie die Auffassung vertreten, dass Sex nicht alles ist, so pflichte ich Ihnen uneingeschränkt bei, allerdings muss ich dem hinzufügen, dass ohne Sex alles nichts ist. Denn leider wird das erotische Problem mit Ihrem Herzbuben keineswegs nur auf das Schlafzimmer beschränkt bleiben, sondern alle Bereiche Ihrer Zweisamkeit infizieren. Angestaute intime Frustrationen werden Spannungen in Ihre Alltagskommunikation bringen und Ihre Bereitschaft vermindern, anderweitig kooperativ mit Ihrem Partner zu interagieren. Das wiederum versetzt der Fleischeslust weitere Messerstiche, womit ein Teufelskreis in Gang kommt. Meine These in diesem Zusammenhang lautet: Stimmt die Nacht nicht, stimmt der Tag nicht. Und stimmt der Tag nicht, stimmt die Nacht nicht. Weder vermag (Versöhnungs-) Sex dauerhaft die Wunden des Alltags zu heilen, noch vermag Harmonie im Alltag sexuelle Inkompatibilität zu übertünchen, wie die Geschichte von Petra zeigt.

Erreicht die Beziehung einen dauerhaft platonischen Status, so steigt mit großer Wahrscheinlichkeit Ihre Krankheitsanfälligkeit, weil fehlende Zärtlichkeit und Intimität Ihr Immunsystem schwächen, wie viele, besonders US-amerikanische und skandinavische, Studien zeigen. Womöglich suchen Sie aber auch Ihr Heil in einer Außenbeziehung, um die geschlechtlichen Defizite Ihrer Kernbeziehung auszugleichen. Wenn Sie und Ihr Herzbube sich gegenseitig aus voller Überzeugung »grünes Licht« dafür gegeben haben, kann sie mitunter sogar Ihre Kernbeziehung stabilisieren. Läuft sie heimlich, stellt sie hingegen einen Vertrauensbruch dar und raubt Ihrer Partnerschaft weitere Substanz.

Einer Paartherapie, um Ihre sexuellen Probleme zu überwinden, räume ich nur gute Chancen ein, sofern Ihre Inkompatibilität diesbezüglich nicht allzu gravierend ist. Ansonsten bleibt Ihnen nur die Alternative, sich mit der Situation zu arrangieren oder bei zu großem Leidensdruck eine Trennung ins Auge zu fassen. Das Motto lautet also: »Accept or quit.«

Prüfen Sie, ob es in Ihrem Herzen einen Platz für Tiere gibt

Patricia, 45, Unternehmensberaterin:

»Eigentlich wollte ich mich mit Volker, 47, einer Kontaktanzeigen-Bekanntschaft, überhaupt nicht treffen, weil er mir schon am Telefon erzählt hatte, dass auf einer Weide hinter seiner Hofreite 13 Pferde herumhoppelten. Volker war Tierarzt in einem kleinen südhessischen Dorf und züchtete in seiner Freizeit Hannoveraner. Nicht nur dass ich vor den Viechern einen Riesenrespekt habe, ich hasse auch ihren Geruch. Zudem ist mir das Landleben ungefähr so fremd wie einem Regenwurm die Pelerine. Nichtsdestotrotz ließ ich mich doch auf ein Date mit Volker ein, indem ich mir den Rat einer guten Freundin zu Herzen nahm, bei der Pirsch nach Mister Right alle meine Vorurteile über Bord zu werfen. Nun saß er mir also in einem Café gegenüber, der hippophile Volker, und es dauerte nicht lange, da zog er Bilder von seinen edlen Vierbeinern aus der Brieftasche. Die forsche

Art, wie er sie mir nacheinander auf den Tisch legte, erinnerte mich ein wenig an die einstige Sparkassenwerbung ›Mein Haus, mein Auto, mein Boot‹ in der Variante ›Mein Pferd, mein Pferd, mein Pferd‹. Diese Fotoshow fand ich schon ziemlich nervig, aber andererseits faszinierte mich Volkers Begeisterungsfähigkeit, und seine animalische Ausstrahlung erweckte in mir nie gekannte Lustgefühle. Tatsächlich landeten wir noch am selben Abend in seinem Bett. Der Sex war gigantisch. In Gestalt Volkers brach förmlich eine Naturgewalt über mich herein. Als ich nach Stunden fröhlichen Vögelns neben ihm einschlief, wünschte ich mir, dass das Liebesspiel gleich am nächsten Morgen seine Fortsetzung finden möge. Doch als ich frühmorgens im Halbschlaf meine Hand nach Volker ausstreckte, bekam ich nur seine Bettdecke zu fassen. Auf dem Küchentisch lag eine Nachricht von ihm, dass er gerade die Pferde versorge, und ich solle ruhig schon frühstücken, weil er danach noch kurz wegfahren müsse, um einen Weidezaun zu reparieren. Trotz meiner Enttäuschung beschloss ich, auf ihn zu warten. Aus dem ›kurz‹ wurden über zwei Stunden. Als Volker bei seiner Rückkehr den von mir liebevoll gedeckten Frühstückstisch erblickte, wirkte er fast ein wenig beschämt, was leider seinen Grund hatte. Er teilte mir mit, dass er durch die ›Zaunaktion‹ zeitlich total in Verzug geraten sei und nun einen Kaufinteressenten für eines seiner Hannoveraner-Fohlen erwartete. Ich fühlte innerlich eine Wut in mir aufsteigen, gab mich aber äußerlich verständnisvoll. Als ich fuhr, versprach er mir hoch und heilig, sich schon am Nachmittag wieder bei mir zu melden. Zu Hause brachte ich mich emotional schnell wieder herunter. Schließlich konnte Volker nicht gleich wegen der ungeplanten ersten gemeinsamen Nacht sein komplettes Leben umkrempeln. Doch wie ich später bald erfahren sollte, war er in keiner Weise bereit, mir Zugeständnisse bezüglich seines tierischen Hobbys zu machen. Seine Wochenenden gehörten ganz den Gäulen. Er besuchte Zuchtausstellungen, beritt seine Jungpferde, holte Heu ein, und was sonst noch so alles

dazugehörte. Werktags blieb ihm ohnehin kaum Muße. Glücklicher-
weise bin ich nicht der Typ Frau, der den lieben langen Tag nur auf
den Mann wartet, sondern weiß mich sehr wohl selbst zu beschäfti-
gen. Dennoch wünschte ich mir schon einen Hauch mehr Zweisam-
keit. Da mir die Perspektive, mich an Volkers Aktivitäten rund um
die Pferde zu beteiligen, wenig verlockend erschien, klopfte ich nach
einigen Monaten vorsichtig mit der Frage bei ihm an, ob er Möglich-
keiten sehe, unserer Beziehung zusätzlichen Raum zu verschaffen.
Volker verstand sofort, worauf ich hinauswollte, nämlich auf die
Einschränkung seiner Passion, aber auf diesem Ohr war er schlicht-
weg taub. Im Gegenteil, sei es, weil die erste wilde Leidenschaft
langsam abflaute, oder sei es wegen des gefühlten Angriffs in Rich-
tung seiner Pferde, gab sich Volker zukünftig noch seltener die Ehre.
Stattdessen kam es immer häufiger zu offenen Auseinandersetzun-
gen, was schließlich darin gipfelte, dass ich Volker vor die Wahl stell-
te: entweder die Pferde oder ich. Und raten Sie mal, wofür sich Vol-
ker entschied. Natürlich zog ich keine sichtbaren Konsequenzen aus
seiner Entscheidung; alleine gefühlsmäßig schaltete ich um mindes-
tens einen Gang zurück. Inzwischen treffen wir uns – nüchtern be-
trachtet – fast nur noch zur Befriedigung unserer geschlechtlichen
Bedürfnisse. Solange nicht der echte Prinz an die Tür klopft, ist das
auch ganz okay für mich.«

Dass Patricia, die keinerlei Affinität zu Pferden hat, gemäß dem
Freundinnenrat über ihren Schatten springt, indem sie sich mit
einem Pferdenarren einlässt, ist einerseits aller Ehren wert und
andererseits hochgradig naiv. Aber woher will das überzeugte
Stadtkind auch wissen, welche Konsequenzen Volkers Pferdehaltung im etwas größeren Stil hat: täglich stundenlanges Engagement und eine enorme räumliche Gebundenheit durch die
Vierbeiner, sofern sich, wie offenbar in Volkers Fall, nicht fest-
angestelltes Personal um sie kümmert. Und selbst dann sind län-

gere Reisen oder spontane Kurztrips nur bedingt möglich. In Krisensituation muss und will der Besitzer gewöhnlich vor Ort sein. Das könnten eine lebensbedrohliche Erkrankung der Tiere, eine problematische Fohlengeburt oder ein Ausbruch von der Weide sein. Zudem verursachen besonders Pferde hohe Haltungskosten, die der Partner unter Umständen bereit sein sollte mitzutragen. Zumindest aber schränkt er mitunter den finanziellen Handlungsspielraum der Rossliebhaber stark ein, wodurch die bessere Hälfte indirekt betroffen ist. Ein Pärchen, das sich seinerzeit in meinem Single-Kreis kennengelernt hatte, kann zum Beispiel schon seit Jahren nicht mehr gemeinsam in Urlaub fahren, weil dem Mann seine »Klepper«, wie die Frau seine Pferde abwertend nennt, die Haare vom Kopf fressen. Regelmäßig beschwert sie sich bei mir darüber, aber da er seine »Herde« keinesfalls verkleinern möchte und für sie eine Trennung jenseits aller Überlegungen liegt, ist guter Rat teuer. Eigentlich kann er nur lauten, entweder den Status quo zu akzeptieren oder zu gehen.

Hautnah zu spüren bekommt Patricia, dass pflegeintensive Haustiere auch den Tagesablauf ihrer Halter prägen. Pferd, Hund, Katze und Co. brauchen zu mehr oder weniger festgelegten Zeiten ihren »Auslauf«, ihr Futter sowie ihre Pflegemaßnahmen und Streicheleinheiten. Für die junge Unternehmensberaterin mag es befremdlich wirken, dass Volker sich bereits am ersten »gemeinsamen« Morgen still und leise aus dem Schlafzimmer »geschlichen« hat, um seine Pferde zu versorgen, während es für ihn eine Selbstverständlichkeit bedeutet.

Blauäugig ist Patricias Glaube, sie könnte Volker dazu bringen, seine Pferdehaltung zugunsten der gemeinsamen Beziehung zu reduzieren. Wer auch immer ein Hobby fanatisch oder zumindest passioniert betreibt, bezieht aus ihm Glücksgefühle, vielleicht sogar die einzigen in seinem Leben. Wird es zum universellen Heilsbringer, ist eindeutig die Grenze zur Sucht überschritten. Spätestens dann handelt es sich bei dem Versuch, von außen »einschränkenden« Einfluss darauf zu nehmen, um eine Mission impossible. Eher entreißen Sie einem hungrigen Tiger sein Fleisch aus den Klauen. Speziell leidenschaftliche Tierhalter empfinden den gefühlten Angriff auf ihre Lieblinge als Angriff gegen sich selbst und reagieren entsprechend abweisend, trotzig oder aggressiv. Einen Pferdefreak wie Volker gar vor die Wahl zu stellen, »entweder die Haustiere oder ich«, mutet in seiner Hoffnungslosigkeit geradezu schon grotesk an.

Als unüberwindlichstes Hindernis für Patricia in der Zweisamkeit mit Volker erweist sich ihre fehlende emotionale Beziehung zu Pferden. Daher zeigt sie wenig bis überhaupt kein Interesse, an seinem tierischen Hobby teilzuhaben. Das aber wäre die unabdingbare Voraussetzung, um mehr Zeit mit ihm zu verbringen. Stattdessen begibt sie sich in eine unheilvolle Aufmerksamkeitskonkurrenz zu Volkers Pferden.

Auf der anderen Seite erwartet auch der engagierte Haustierhalter emotionale Beteiligung seines Partners bezüglich seiner Pfleglinge. Sicher wäre sonst seine Enttäuschung groß, wenn die andere Seite etwa bei der Geburt von Nachwuchs die süßen Fohlen, Welpen oder Katzenbabys völlig kaltlassen würden. Genauso wenig erbaut dürfte der Besitzer von Fury, Bello oder Kitty sein, wenn ihn das Herzblatt bei der Versorgung seiner Lieblinge etwa im Falle eines Krankenhausaufenthaltes im Stich ließe. Ein (gefühls)neutrales Danebenstehen ginge indes nur mit einem ebenfalls relativ »sachlichen« Haustierhalter, dessen Privatzoo sich zudem in einer relativ überschaubaren quantitativen Größe hält und vielleicht sogar noch relativ pflegeleichte Insassen umfasst.

Sofern Sie selbst gerade vor der Frage stehen, **ob Sie sich auf einen Prinzen mit tierischem Anhang einlassen sollten, könnten folgende Leitfragen hilfreich bei der Entscheidungsfindung für Sie sein:**

- Habe ich Haustiere gerne um mich herum, oder empfinde ich sie eher als Störfaktor?
- Welches Verhältnis habe ich zu den vitalen Körperfunktionen der animalen Hausgenossen, wie Federn, Haaren, Koten oder Sabbern?
- Habe ich Furcht vor bestimmten Haustieren, oder bereiten sie mir gesundheitliche Probleme (Tierhaarallergie)?
- Bin ich bereit, gegebenenfalls vorübergehend, für meinen Partner die Pflege seiner Haustiere zu übernehmen, oder lehne ich das grundsätzlich ab?
- Kann ich die Haustiere meines Partners in meiner Wohnung akzeptieren?
- Bin ich bereit, auf längere Urlaube und spontane Wochenendtrips zugunsten der Haustiere zu verzichten?
- Kann ich damit umgehen, dass durch besondere Ereignisse im Leben der Haustiere meines Herzbuben gemeinsame Planungen plötzlich über den Haufen geworfen werden müssen?
- Reicht meine Haustierliebe so weit, finanzielle Einschränkungen für sie in Kauf zu nehmen?
- Inwieweit geht meine Bereitschaft, mich grundsätzlich an der Hege und Pflege der Haustiere meiner besseren Hälfte zu beteiligen?
- Empfinde ich die Haustiere meines Gefährten als Konkurrenz, oder betrachte ich sie als Bereicherung des partnerschaftlichen Lebens?
- Bereitet es mir Magenschmerzen, dass Tiere in ihrer Bewegungsfreiheit eingeschränkt oder vermenschlicht werden?

- Bin ich mir über die Konsequenzen der Haltung bestimmter Haustiere bewusst, oder muss ich mir darüber erst klarwerden?
- Könnten die Haustiere meines Prinzen eine Gefahr für Leib und Leben meiner Kinder darstellen?
- Gibt es in meiner Wohnung genügend Platz für die Haustiere meines Partners, oder lebe ich zu beengt, um sie als Besucher zu beherbergen?
- Bin ich in der Lage, eine emotionale Bindung zu den Haustieren von Mister Right aufzubauen?

Wählen Sie einen Prinzen mit ähnlichen finanziellen Möglichkeiten

Bella, 42, Streetworkerin:
»In seinem Antwortschreiben auf meine Kontaktanzeige hatte Elvis seine Verhältnisse als solide beschrieben. Entweder war das seine Masche, oder er litt an einer gestörten Selbstwahrnehmung. Wie auch immer, in seiner Kasse herrschte permanent Ebbe. Wegen einer Privatinsolvenz – Folge seiner Spielsucht – musste er jeden Monat einen beträchtlichen Teil seines Einkommens an seine Gläubiger abtreten. Seine Schulden lagen damals in etwa noch bei 85 000 Euro. Wenn wir zusammen ausgingen, wurde es sehr bald zur Selbstverständlichkeit, dass ich alle Kosten übernahm. Und da sich Elvis' Sozialwohnung in einem miserablen Zustand befand, verbrachten wir gemeinsame Zeit fast nur bei mir. So etwa ein halbes Jahr nach unserem Kennenlernen wohnte Elvis mehr oder weniger bei mir.
Natürlich konnte er finanziell kaum etwas zu meinen wöchentlichen Großeinkäufen beisteuern, geschweige denn sich an den Umlagen für mein kleines Häuschen beteiligen. Als Elvis auch noch zwischen-

*zeitlich wegen chronischer Unpünktlichkeit seinen Job verlor, hoffte
ich, er würde nun zumindest den Haushalt schmeißen. Doch Fehlanzeige, lieber lag er den ganzen Tag auf der faulen Haut und surfte
oder daddelte im Internet. Zudem durfte ich ihn ständig noch mit
dem Auto herumkutschieren, weil sein Schrotthaufen von Motorrad
herumzickte. Für die notwendigen Reparaturen lieh ich ihm über
2000 Euro, die ich trotz gegenteiliger Versprechungen nie mehr zu-
rückbekam.*

*Irgendwann stellte ich Elvis wütend zur Rede, weil ich die Situation
nicht mehr ertragen konnte. Er gab den sterbenden Schwan und
machte Selbstmordandeutungen. Das machte mir zunächst Angst, so
dass ich mich nicht traute, ihn vor die Tür zu setzen, doch meine
beste Freundin riet mir, mich nicht emotional von ihm erpressen zu
lassen. Also gab ich ihm einige Wochen später den Laufpass. Elvis
hatte mir nämlich inzwischen sogar Geld aus meinem Portemonnaie
gestohlen, vermutlich um eine seiner Sportwetten abzuschließen.«*

Wenn Singles behaupten, gravierende ökonomische Unterschiede spielten beim Suchen und Finden der Liebe und in der Zweisamkeit keine Rolle, muss ich ihnen vehement widersprechen.
Partnersuchende, die mit dem goldenen Löffel im Mund gebo-
ren wurden, und solche, die aus dem Blechnapf fressen, werden
sich auf der Piazza der einsamen Herzen vermutlich schon gar
nicht erst begegnen. Während der wohlhabende oder zumindest
finanziell abgesicherte Teil der Lonely Hearts vielleicht die angesagtesten Clubs der Stadt unsicher macht, kann sich die prekäre Fraktion unter ihnen bestenfalls noch die preisgünstige
Provinzkneipe leisten. Und bei der medialen Pirsch nach dem
Herzblatt etwa im Internet ist das Gros des »Geldadels« bei
Zahl-Plattformen wie ElitePartner angemeldet, wohingegen die
armen Kirchenmäuse dort eher die kostenlosen Partnerbörsen
nutzen. Kommt die Kombination »Rich and Poor« doch irgend-

wie zusammen, segelt sie ständig zwischen Skylla und Charybdis, das heißt, sie hat die Wahl zwischen mehreren Übeln. Gut deutlich wird das am Beispiel von gemeinsamen Freizeitunternehmungen.

Hier gibt es zwei Möglichkeiten: Entweder das Paar richtet sich nach den monetären Möglichkeiten des finanzschwachen Parts und schränkt seine Aktivitäten ein, oder der finanzstarke Part trägt dauerhaft Spendierhosen wie in der Verbindung Bella – Elvis. Beide Varianten sind gleichermaßen unbefriedigend, weil sie beim Hungerleider, sofern er noch ein Fünkchen Stolz besitzt, irgendwann ein schlechtes Gewissen verursachen und beim Krösus das Gefühl entsteht, durch den anderen in seiner Gestaltungsfreiheit beschnitten beziehungsweise wirtschaftlich nur ausgenutzt zu werden. Besonders heikel wird die Angelegenheit, wenn es um größere Anschaffungen oder die Urlaubsgestaltung des wirtschaftlich heterogenen Paares geht. Spätestens hier streckt die unterprivilegierte Seite alle viere von sich.

Die ökonomische Ungleichheit der Partner führt aber meist leider auch zu einer psychischen Ungleichheit, so dass Macht auf Ohnmacht, Selbstbewusstsein auf Minderwertigkeitsgefühle und Sicherheit auf Unsicherheit trifft, um nur einige Gegensatzpaare zu nennen.

Nicht zu vergessen die ständige Gefahr des Sozialneids beziehungsweise der sozialen Abwertung. Last, but not least kann sich die wohlhabende Hälfte nie ganz sicher sein, ob es ihr Herz oder ihr Geldbeutel ist, worauf es die mittellose Seite hauptsächlich abgesehen hat. Andererseits stellt womöglich bei dem Magnaten der Wunsch, den armen Schlucker über sein Geld zu manipulieren oder gar zu versklaven, die Motivation für die pekuniär unausgewogene Beziehung dar. Von wo das Misstrauen auch ausgeht, jedenfalls vergiftet es immer die Atmosphäre zwischen den Partnern.

Sofern Sie gerade vor der Entscheidung stehen, **ob Sie sich in wirtschaftlicher Hinsicht massiv nach oben beziehungsweise nach unten binden sollten oder nicht,** könnten Ihnen folgende Leitfragen als Zünglein an der Waage dienen:

- Bin ich dauerhaft bereit, meinen Herzbuben massiv finanziell zu unterstützen?
- Erlaubt es mein Stolz, dass mich die andere Seite bei bestimmten für mich unerschwinglichen Aktivitäten regelmäßig sponsert?
- Vermag ich »heiter darüberzustehen«, wenn ich von außen auf das wirtschaftliche Ungleichgewicht in meiner Partnerschaft angesprochen werde?
- Neige ich dazu, Geld als Druckmittel einzusetzen?
- Hege ich die Befürchtung, ein armer Schlucker könnte mich nur wegen meines Geldes »lieben«?
- Fällt mir teilen eher leicht, oder kostet es mich Überwindung?
- Stelle ich meinen Wohlstand gerne zur Schau, oder betreibe ich eher vornehmes Understatement?
- Welchen Stellenwert messe ich Geld und Gut grundsätzlich bei?
- Kenne ich bei mir Neidgefühle gegenüber Menschen, die materiell bessergestellt sind als ich?
- Bin ich bereit, auf Unternehmungen zu verzichten, die sich mein Partner nicht leisten kann?
- Fühle ich mich unwohl, wenn materiell die Bilanz von Geben und Nehmen in der Beziehung unausgeglichen ist?
- Könnte es für mich zum Problem werden, dass mein Liebster gegebenenfalls in anderen Kreisen verkehrt, als ich sie gewohnt bin?

GEHEN SIE SEHENDEN AUGES IN EINE INTERKULTURELLE PARTNERSCHAFT

Nathalie, 29, und Carlos, 31, lernten sich auf einem Musikfestival in Havanna kennen. Carlos arbeitete dort an der Rezeption eines Touristenhotels, Nathalie besuchte die Stadt im Rahmen einer Kuba-Rundreise. Es war die große Liebe. Gegenseitige Besuche folgten, und knapp anderthalb Jahre später wurde geheiratet. Carlos siedelte nach Deutschland über, wo ihm Nathalie inzwischen wieder einen Job im Hotel besorgt hatte. Damit begannen die Probleme.

Carlos fühlte sich an seinem neuen Arbeitsplatz todunglücklich, weil ihm die Kollegen nicht einmal den Bruchteil der Anerkennung entgegenbrachten, die er von seiner Heimat her kannte. Das verletzte seinen männlichen Stolz aufs Tiefste. Nathalie versuchte, so gut es ging, ihn aufzubauen, wusste aber ganz genau, dass Carlos seinen früheren Status als wohlhabender Mann und Versorger seiner ganzen Familie hierzulande niemals würde zurückgewinnen können. Noch im selben November erfasste Carlos eine depressive Verstimmung. Der ewige Regen und die beginnende Kälte taten zu seiner ohnedies schon gedrückten Stimmung noch ein Übriges. Fast jede Nacht weinte er vor Heimweh stundenlang in sein Kopfkissen. Hinzu kam, dass, je besser beide die Sprache des jeweils anderen erlernten, Nathalie umso mehr daran zu zweifeln begann, ob Carlos geistig auf Augenhöhe mit ihr lag. Zuvor hatten sie radebrechend »gedenglischt«. Kurz vor Weihnachten wurde die Lage so verzweifelt, dass Carlos einen Psychotherapeuten aufsuchen musste, der ihm zu einem stationären Krankenhausaufenthalt riet. Das verletzte Carlos' männlichen Stolz erneut zutiefst, weil er glaubte, alle hielten ihn nun für verrückt. Zu Hause fing er einen heftigen

Streit darüber mit Nathalie an. In dessen Folge packte er seine Koffer und nahm den nächsten Flug nach Kuba. Nathalie ließ ihn schweren Herzens ziehen. Ihr war inzwischen überdeutlich klargeworden, welch Vabanque-Spiel es bedeutet hatte, einen heißblütigen Kariben ins nicht nur klimatisch kalte Deutschland zu verpflanzen. Carlos in seine Heimat zu folgen lag für Nathalie jenseits aller Überlegungen.

Die Ehe zwischen Nathalie und Carlos zeigt einige typische Probleme interkultureller Partnerschaften auf, deren Sie sich bewusst sein sollten, bevor Sie eine Beziehung mit einem Ausländer eingehen.

Zunächst kommt Carlos überhaupt nicht damit zurecht, dass er in Deutschland einen eklatanten beruflichen Statusverlust erleidet. Gehörte er in Kuba als Mitarbeiter eines Touristenhotels zu einer privilegierten Klasse und verdiente für dortige Verhältnisse ein kleines Vermögen, so ist er hierzulande nur noch ein kleiner Angestellter. Bei anderen Migranten besteht das Dilemma häufig in der fehlenden Anerkennung ihrer Berufsabschlüsse, wodurch etwa aus einem Ingenieur leicht ein Techniker wird.

Ebenfalls hart trifft Carlos das mitteleuropäische Klima. Kalte Monate fast ohne Sonnenschein kennt der Karibe nicht. Der verregnete November treibt ihn, durch seine berufliche Situation eh schon angeschlagen, in eine Depression. Der Umgang damit offenbart einen weiteren möglichen Fallstrick interkultureller Paarbeziehungen, nämlich den Mentalitätsunterschied. Während für Nathalie in einem solchen Fall ganz selbstverständlich der Besuch eines Psychotherapeuten auf der Agenda steht, fühlt sich Carlos dadurch in seiner »südländischen« Macho-Ehre verletzt, weil er glaubt, ihm hafte nun der Ruch von Geistesgestörtheit an.

Aufgrund seiner Anpassungsschwierigkeiten wird schlussendlich Carlos' Heimweh – sicher einer der größten Dämonen von fremdländischen Ehepartnern – derart übermächtig, dass er schnellstmöglich die Heimreise antrat.

Inzwischen waren bei Nathalie bereits Zweifel aufgekommen, ob Carlos intellektuell in einer Liga mit ihr spielte, nachdem die gegenseitige Verständigung sich verbessert hatte. Tatsächlich erleben Paare verschiedener Nationalität nicht selten ihre Götterdämmerung, sobald sie potenziell dazu in der Lage sind, tiefergehende Gedanken in der Sprache des jeweils anderen zu artikulieren und hierbei keinen gemeinsamen Level mehr finden. Verfügen dagegen beide Partner nur über eine geringe Sprachbegabung, bleibt die Kommunikation vermutlich trotz geistiger »Waffengleichheit« ziemlich eingeschränkt. Dann verstehen sich die Geschlechter sowohl im übertragenen als auch im buchstäblichen Sinne des Wortes nicht.

Einen weiteren Knackpunkt, der in der Fallgeschichte unerwähnt bleibt, stellt die soziale Integration des ausländischen Partners in die neue Heimat dar. Sie gestaltet sich umso schwieriger, je weniger der einheimische Teil ihn dabei unterstützt und je größer der kulturelle Unterschied ist. Besonders eine fremde Religion sowie eine andere Hautfarbe können hier zu Ablehnung führen. In der Provinz dürften Sie noch heute scheel angesehen werden, wenn Sie die Dorfkneipe an der Seite eines Farbigen betreten. Und als Muslimin brauchen Sie Ihren traditionellen türkischen Eltern erst gar nicht mit einem christlichen deutschen Mann zu kommen. Der Romeo-und-Julia-Effekt mag Sie zwar anfangs noch fester zusammenschweißen, doch dauerhaft gegen den Strom zu schwimmen verschleißt gewöhnlich selbst die größte Liebe.

Zum Stolperstein für interkulturelle Paare, die in verschiedenen Ländern leben, kann auch werden, dass sie die Katze mehr oder weniger im Sack kaufen. Oft heiraten sie schon nach einigen gegenseitigen Besuchen oder wählen zumindest ein gemeinsames Domizil, um nicht mehr den Trennungsschmerz erleben zu müssen, Reisekosten zu sparen sowie gegebenenfalls dem nervigen Papierkram hinsichtlich der Visumbeantragung aus dem Weg zu gehen. Sie lernen sich eigentlich erst richtig kennen, wenn sie über einen etwas längeren Zeitraum zusammengelebt haben, denn der rosaroten Urlaubsbrille folgt keineswegs immer ein rosaroter Alltag.

Mitunter bedeutet aber überhaupt schon die Frage »zu dir oder zu mir« ein unüberwindliches Hindernis für binationale Fernbeziehungen. Wenn hier in absehbarer Zeit keine Lösung am Horizont erscheint, ist ein Scheitern vorprogrammiert. Zu guter Letzt können die obligatorischen Heimatbesuche des Migranten zum Konfliktfall in besagten Partnerschaften mutieren. Oftmals verengt sich nämlich dadurch die Urlaubsgestaltung stark auf sein Herkunftsland, während die andere Hälfte des Tandems irgendwann auch gerne wieder einmal den Rest der Welt erkunden würde.

Trotz all der genannten Fallstricke steigt die Zahl binationaler Ehen in Deutschland. Das liegt zum einen an vermehrten Kontaktmöglichkeiten zu potenziellen Partnern anderer Nationalität durch offene Grenzen, Urlaubs-, Arbeits-, Studienaufenthalte im Ausland, »heimische« Migranten und nicht zuletzt das World Wide Web. Gelegenheit macht sozusagen interkulturelle Liebe. Zum anderen verringern sich gemeinhin die Ressentiments gegenüber transnationalen Beziehungen, die hierzulande zunehmend zu einer Lebenswirklichkeit werden, so dass ihre Vorzüge inzwischen die Nachteile in den Schatten stellen. Ich selbst bin seit über 20 Jahren mit einer ungarischen Staatsbürgerin verheiratet und genieße die »Zuckerstückchen« dieser »gemischtnationalen« Ehe tagtäglich:

1. Erweiterung des Horizonts:

Auf keine andere Weise können Sie tiefer in eine fremde Kultur eintauchen als durch das Eingehen einer binationalen Partnerschaft. Land und Leute der Heimat Ihres Herzblatts lernen Sie nicht nur flüchtig und oberflächlich kennen wie ein Tourist, sondern längerfristiger und gründlicher, beinahe wie eine Einheimische, indem Sie etwa bei Geburtstagen, Hochzeiten, Taufen Gast sind, Krankenhausbesuche unternehmen, der Schwiegermutter in den Kochtopf schauen und die politischen Diskussionen Ihrer angeheirateten Verwandtschaft verfolgen. Die Motivation, die Landessprache zu erlernen, ist in Gestalt Ihres Liebsten gigantisch, zudem werden Sie ihrer durch den häufigen Kontakt damit beinahe beiläufig mächtig. Und wenn Sie das möchten, wächst der gemeinsame Nachwuchs bilingual auf, was unter anderem seine beruflichen Zukunftschancen enorm erhöht.

**2. Einübung von Toleranz, Geduld
und Investitionsbereitschaft:**

Hat Ihr Ehepartner gemäß dem Bibelwort 1. Mose 2,24 Vater und Mutter verlassen, um Ihnen anzuhängen, bieten sich Ihnen anfangs ständig großartige Chancen, ihm Ihre Liebe zu beweisen. Denn zunächst ist er in seiner neuen Heimat fast so sehr auf Ihre Hilfe angewiesen wie ein kleines Kind. Also werden Sie mit ihm von Pontius zu Pilatus laufen, um Erlaubnisse, Genehmigungen, Dokumente für ihn zu besorgen. Er selbst dürfte nämlich noch nicht über genügend Sprachkenntnisse und Selbstbewusstsein verfügen, sich bei den einheimischen Behörden durchzusetzen. Ferner fällt Ihnen die Aufgabe zu, Ihren fremdländischen Herzbuben geduldig in Ihr soziales Umfeld zu integrieren sowie ihm Möglichkeiten zu eröffnen, einen eigenen Freundes- und Bekanntenkreis aufzubauen, indem Sie ihn zu multikulturellen Begegnungsstätten begleiten. Und natürlich obliegt Ihnen die Hauptverantwortung bei seiner Jobsuche.

Ein ideales Versuchsfeld für Ihre Langmut und Toleranz werden die Fauxpas darstellen, die dem Neuling in Ihrem Land anfangs fast zwangsläufig unterlaufen, wenn er etwa einem »Ex-Knasti« in Ihrer Abwesenheit ein überteuertes Schuhpflegeset abkauft oder aus Unwissen gegen hiesige Sitten und Gebräuche verstößt.

3. »Automatisches« Reiseziel:

Nicht immer haben Sie unbedingt Lust und Zeit, großartig Ihre nächste Reise zu planen. Manchmal fehlt Ihnen auch schlicht das nötige Kleingeld dafür. Dann bietet sich immer das Heimatland Ihres Partners an. Das ist gewöhnlich die einfachste und preisgünstigste Lösung: Sie müssen sich weder um Kost noch um Logis kümmern; beides steht Ihnen immer zur Verfügung. Sie müssen vorab keine Reiserouten planen; den Weg zu den Schwiegereltern beherrschen Sie inzwischen aus dem Effeff. Und Sie müssen, abgesehen von den Fahrtkosten, wenig in Ihren Urlaub investieren; die weiteren Kosten übernehmen sozusagen die Empfänger. Darüber hinaus haben Sie stets Anlaufpunkte für Ausflüge, indem Sie die über sein Heimatland verstreute Verwandtschaft Ihres Herzbuben besuchen. Wenn Sie ein wenig Glück haben, wohnt sogar ein Teil der Sippe in Nachbarstaaten, und Sie können dadurch noch weitere Kulturen jenseits von Clubanlagen und Touristenstränden kennenlernen.

4. Insider-Informationen und -Wissen:

Woher wollen Sie als Touristin zuverlässig erfahren, welcher zur Zeit der beste Zahnarzt in der Stadt ist, wo Sie am besten Geld tauschen können und wie der Koch im Restaurant X die Fischsuppe zubereitet? Als »eingeheirateter« Gast bekommen

Sie diese Informationen brandaktuell von der Familie Ihres Ehemannes und Ihrem dortigen Freundeskreis. Und möchten Sie etwa in Ihrer »zweiten Heimat« ein Ferienhaus erwerben, wird Ihnen die Schwieger-Verwandtschaft vermutlich geeignete Objekte vorschlagen und Sie zu Besichtigungsterminen begleiten, damit der Verkäufer beziehungsweise Immobilienmakler Sie und Ihr Herzblatt nicht aufgrund (Ihrer) mangelnder Kenntnisse der aktuellen Landesgesetze über den Tisch ziehen kann. Nach einigen Jahren regelmäßiger Besuche dürften Sie selbst schon über genügend landesspezifisches Insider-Wissen verfügen, um ohne Hilfe der einheimischen Mentoren zurechtzukommen.

5. Schärfung des sozialen Gewissens:
Wenn Ihr Partner aus einem Entwicklungs- oder Schwellenland stammt, kann der direkte Kontakt mit der Armut zur Schärfung Ihres sozialen Gewissens beitragen und Ihr Engagement gegen die dortigen Missstände hervorrufen. Ich nenne das den »Karlheinz-Böhm-Effekt«. Nachdem ihm 1976 während eines Kenia-Aufenthalts ein Hotelangestellter die Kehrseite der touristischen Luxusfassade durch den gemeinsamen Besuch seines verelendeten Herkunftsdorfs gezeigt hatte, beschloss der Schauspieler, die Zustände in Afrika nicht mehr tatenlos hinzunehmen. Infolge seines legendären »Wetten dass …?«-Auftrittes 1981, bei dem er wettete, dass nicht einmal jeder dritte Zuschauer der Sendung einen Franken, eine Mark oder sieben Schilling für die Menschen in der Sahelzone spenden würde, gründete er noch im selben Jahr mit den eingespielten rund 1,7 Millionen Mark die Hilfsorganisation »Menschen für Menschen«.

Prüfen Sie Ihre Patchwork-Familieneignung

Sonja, 44, Landschaftsarchitektin, kinderlos:
»Eine Beziehung mit einem alleinerziehenden Vater kommt für mich definitiv nicht mehr in Frage, vor allem, wenn Töchter im Spiel sind. Da spielen sich dann wahre Eifersuchtsdramen ab. Bei allem Verständnis für die besondere Situation von Scheidungskindern, aber mobben lassen muss ich mich deshalb noch lange nicht. Mein Job ist viel zu anstrengend, als dass ich privat noch genügend Kraft hätte, einen zermürbenden Kleinkrieg gegen die Blagen anderer Leute zu führen. Damit jetzt kein falscher Eindruck entsteht: Ich bin bestimmt nicht der Typ, der schnell die Brocken hinwirft.«

Melinda, 37, Feinoptikerin:
»Ich möchte auf jeden Fall noch Mutter werden. Deshalb sind für mich Väter, die ihre Familienplanung bereits abgeschlossen haben, ein No-Go. Außerdem glaube ich, ehrlich gesagt, nicht, dass ich fremde Kinder genauso lieben könnte wie meine eigenen. Vermutlich würde ich sie benachteiligen.«

Annekathrin, 41, Konzertpianistin:
»Mit den Kindern meines Verflossenen wäre ich sicher gut zurechtgekommen, wenn sie nicht seine Ex ständig aus verletzter Eitelkeit gegen mich aufgehetzt hätte. An jedem Kinderwochenende musste ich versuchen, ihr durch die Zeit bei der Mutter beschädigtes Vertrauen zu mir wieder neu aufzubauen. Das war echt eine Sisyphusarbeit, und irgendwann konnte und wollte ich einfach nicht mehr.«

Kim, 27, Kosmetikerin:
»Warum sollte ich mir jetzt schon einen solchen Klotz ans Bein binden? Ich möchte mit meinem Freund noch jedes Wochenende Party

machen und mir die Welt anschauen. Das geht mit einem jungen Papa bestimmt nicht mehr, alleine schon aus zeitlichen Gründen, aber wahrscheinlich auch finanziell. Kinder kosten heute ein Heidengeld.«

Viola, 39, landwirtschaftlich-technische Assistentin:
»In Erziehungsfragen möchte ich ungern die zweite Geige spielen. Bei fremden Kindern würde ich mich gegenüber der leiblichen Mutter immer irgendwie als zahnlose Tigerin fühlen. Letztlich hat sie viel mehr Einfluss auf sie. Und wenn es um wichtige Entscheidungen über die Zukunft der Sprösslinge geht, bin ich außen vor. Die treffen nämlich immer noch die Eltern. Zwar kann ich Einfluss auf meinen Partner nehmen, aber machen wir uns doch nichts vor, meistens setzt sich doch die Mutter durch, weil sie bezüglich der Kids mehr Macht hat. Die einzige Alternative für mich wäre ein junger Witwer mit Nachwuchs.«

Die Statements der fünf Frauen zeigen typische Probleme in Patchwork-Familien auf. Sonja ist bezüglich Partnerschaften mit alleinerziehenden Vätern von Töchtern ein gebranntes Kind, weil sie hautnah ihre Eifersucht zu spüren bekam. Dieses Thema wird häufig virulent, indem besonders ältere Kinder in die Rolle eines Art Ersatzpartners für ihr gegengeschlechtliches Elternteil schlüpfen und dann nicht mehr bereit sind, ihren Platz zu räumen, wenn Konkurrenz von außen auftaucht. Bei kleinen Kindern steht anfangs eher die Furcht im Vordergrund, das verbliebene Elternteil durch den neuen Partner auch noch zu verlieren. Die verflüchtigt sich aber meist von selbst wieder, sobald die Sprösslinge merken, dass sie in seiner Gestalt sogar noch eine wichtige Bezugsperson dazugewonnen haben.
Viel mehr Geduld und Fingerspitzengefühl bedarf es indes, den gefühlten Königgemahlinnen beziehungsweise Königinnenge-

mahlen wieder ihren Platz im Kinderzimmer zuzuweisen. Das funktioniert nur über eine starke Integration der Sprösslinge in gemeinsame Aktivitäten, während Versuche, sie auszugrenzen oder in Konkurrenz zu ihnen zu treten, nicht selten in einem offenen Krieg enden. Als Faustregel kann hier gelten, anfangs (fast) genauso viel gemeinsame Zeit mit den »Stiefkindern« zu verbringen wie mit dem Partner alleine.

Melinda lässt sich von vorneherein nicht auf einen »Papa« ein, der seine Familienplanung bereits abgeschlossen hat, weil sie sich ganz klar »noch« eigene Kinder wünscht. Bei Frauen, die diesbezüglich unentschlossener sind und das »Wagnis« eingehen, dürfte die finale Entscheidung für Nachwuchs die Beziehung vor eine Zerreißprobe stellen. Entweder der Mann lässt sich – sofern nicht bereits sterilisiert – doch noch zu weiteren Sprösslingen breitschlagen oder das Liebes-Aus wird unvermeidlich. Adoption oder die Annahme eines Pflegekindes dürfte ja sowohl für die gebärfähige junge Frau als auch für den prinzipiell zeugungsfähigen Familienvater, also ohne (medizinische) Not, keine Alternative darstellen. Melinda verfügt zudem über genügend Selbstreflexion, einen weiteren Stolperstein in einer möglichen Patchwork-Familie bereits zu antizipieren, indem sie sich bei der Frage, ob sie »angenommene« Kinder genauso lieben könnte wie ihre leiblichen, nicht recht über den Weg traut. Diese Überlegung verrät viel Verantwortungsgefühl, weil Melinda dadurch der Tragödie des benachteiligten Stiefkindes einen Riegel vorschiebt. Aus Märchen kennen wir sie nur zu gut und vermutlich auch aus unserem sozialen Umfeld, als dass wir sehenden Auges in sie hineinstolpern sollten.

Mit einem Rachefeldzug der leiblichen Mutter ihrer Stiefkinder sieht sich Annekathrin konfrontiert. Aus verletzter Eitelkeit, weil ihr Ex sie wegen der jungen Pianistin verließ, diskreditiert sie ihre Rivalin vor den Sprösslingen und setzt sie dadurch in ein schlechtes Licht. Infolgedessen muss Annekathrin an jedem Vaterwochenende aufs Neue versuchen, ihr Negativimage wieder abzubauen. Dabei führt sie natürlich einen Kampf gegen Windmühlen. Zum einen darf sie die leibliche Mutter nicht offen der »Lüge« bezichtigen, sonst bringt sie die Kinder gegen sich in Stellung, und zum anderen sind ihre Einflussmöglichkeiten auf den Nachwuchs alleine schon durch die relativ kurze Betreuungszeit eingeschränkt. Dass zudem Blut dicker ist als Wasser, stellt zwar keine absolute, aber dennoch eine unumstößliche Wahrheit dar. Will sagen, im Zweifelsfall »gewinnt« fast immer die biologische Mutter gegen die Stiefmutter.

Kompetenzprobleme eher »juristischer« als emotionaler Art sieht Viola in einer Verbindung mit einem »Teilzeitpapa« auf sich zukommen. In dieser Hinsicht wird sie immer den leiblichen Eltern nachstehen. Wichtige Weichenstellungen für die Zukunft der Sprösslinge, zum Beispiel die Entscheidung über die besuchte Schulform oder einen längeren Auslandsaufenthalt, werden immer Vater und Mutter gemeinsam treffen. Wie Viola richtig erkennt, kommt ihr dabei bestenfalls beratende Funktion zu; eine Ausgangsposition, die ein hohes Maß an Toleranz, Gelassenheit und Zurücknahme erfordert. Bei einem Scheitern der Beziehung steht ihr zudem trotz vielleicht vieler gemeinsamer Jahre mit den Stiefkindern de jure noch nicht ein mal ein Besuchsrecht zu. Verbietet der Vater nach einer strittigen Trennung den Kontakt, so ist sie definitiv außen vor.

Das Küken in der Damenriege, Kim, verweist auf das Verantwortungsthema. Sie möchte ihr genussorientiertes Leben noch nicht zugunsten »angenommener« Sprösslinge einschränken. Das umfasst nicht nur den zeitlichen Aspekt, sondern auch die finanziellen Einbußen, die Kinder mit sich bringen. Ein keineswegs unbeträchtlicher Teil unterhaltspflichtiger Väter krebst am Selbstbehalt von unter 1000 Euro herum. Einer neuen Partnerin können sie da kaum noch etwas bieten. Im Gegenteil, sie muss in der Regel den Löwenanteil der gemeinsamen monetären Ressourcen in die Beziehung einbringen. Die Bildung einer zweiten Familie liegt für diese Männer meist fernab aller wirtschaftlichen Möglichkeiten. Weiterhin dürfte Kim sich ähnlich wie Melinda ernsthaft die Frage stellen, warum jetzt Stiefkinder, wenn später locker noch eigene möglich sind.

Ein wesentliches Problem im Zusammenhang mit Patchwork-Familien blieb in den Statements der jungen Frauen unerwähnt, nämlich das der fehlenden Affinität zu Kindern. Es gibt einfach Zeitgenossen, sowohl Männer als auch Frauen, die keinen Vertrag mit den lieben Kleinen haben. Ihnen ist von Vermehrung dringend abzuraten, geschweige denn, den Versuch zu unternehmen, eine Stiefelternrolle zu übernehmen. Stellt Elternschaft schon eine komplexe Aufgabe dar, so ist die Stiefelternschaft eine höchstkomplexe, deren zusätzliche Herausforderungen, etwa Ablehnung durch den »angenommenen« Nachwuchs, nur mit einem geschickten Händchen für Kinder und viel Liebe ihnen gegenüber gemeistert werden können. Die Sprösslinge indes nach dem potenziellen Scheitern der Stiefelternmission von der Beziehung auszuklammern, ist praktisch ein No-Go. Kein alleinerziehendes Elternteil möchte zumindest dauerhaft zwei Leben parallel nebeneinanderher führen. Diesbezügliche Versuche in meinem Single-Kreis sind allesamt krachend gescheitert, indem es letztendlich zu einem völligen Kontaktabbruch der Paare kam.

Das unwiderrufliche Aus von Patchwork-Familien bedeuten auch Antipathien zwischen Stiefelter und Stiefkind(ern). Wenn ein großer und ein kleiner Mensch eine herzliche Abneigung füreinander empfinden, hilft auch das Laufen von Pontius zu Pilatus an Familienberatungsstellen wenig. Das ist leider dasselbe wie zwischen zwei großen Menschen, die sich absolut nicht riechen können. In diesem Fall hilft eigentlich nur, einen großen Bogen um den jeweils anderen zu machen.

FOLGENDE FRAGEN SOLLTEN SIE FÜR SICH KLÄREN, BEVOR SIE DAS ABENTEUER PATCHWORK-FAMILIE IN ANGRIFF NEHMEN:

- Bin ich bereit, mich mit den besonderen Problemen, die eine Patchwork-Familie aufwirft, auseinanderzusetzen?
- Verfüge ich über die (emotionale) Souveränität, Stiefkinder ebenso zu lieben und zu behandeln wie eigene Kinder?
- Stellt es für mich eine Option dar, zugunsten der Stiefkinder gegebenenfalls auf eigene Kinder zu verzichten?
- Bin ich ausreichend flexibel, die Kompromisse zwischen meinem Partner und seiner Ex mitzutragen?
- Stört es mich grundsätzlich, dass mein Herzbube über die Kinder noch Kontakt mit seiner Verflossenen hat?
- Möchte ich emotionale, zeitliche und finanzielle Ressourcen für das Großziehen der Kinder meines Partners einsetzen?
- Kann ich akzeptieren, dass ich keine rechtliche Entscheidungshoheit über meine »Stiefkinder« habe?
- Fühle ich mich innerlich stabil genug, den möglichen Verlust der »Stiefkinder« nach dem Zerbrechen der Patchwork-Familie zu verkraften?
- Komme ich grundsätzlich mit Kindern und speziell mit »fremden« Kindern zurecht?
- Bringe ich das Standing auf, mögliche Konflikte mit der Ex meines Partners und den »Stiefkindern« durchzustehen?
- Habe ich die Geduld, mir peu à peu meinen Platz in der Patchwork-Familie zu »erkämpfen«?
- Ist es für mich hinnehmbar, dass ich in der Regel keinen Einfluss auf den Erziehungsstil der Ex meines Partners habe?
- Besitze ich genügend persönliche Reife, um mich ins »kalte Wasser« der Gründung einer Patchwork-Familie zu stürzen?

- Habe ich mögliche frühere Negativerfahrungen als Stiefelter verarbeitet, so dass ich wieder bedingungslos offen bin für diese Rolle?

SETZEN SIE AUF PRINZEN MIT ÄHNLICHEM BEZIEHUNGSMODELL

Ulrike, 51, Gymnasiallehrerin aus Frankfurt, pflegt seit über zwei Jahren eine Wochenendbeziehung zu dem Oldenburger Christian, 47, Inhaber eines Software-Büros. Kennengelernt hatten sich die beiden auf einer Rundreise durch Kleinasien. Ulrike besucht überwiegend Christian, weil er manchmal noch Projekte am Samstag beenden muss. Die hektische Packerei am Freitagnachmittag und die anschließenden Staus auf der Autobahn nerven Ulrike inzwischen zunehmend. Außerdem sehnt sie sich häufig werktags nach einer starken Schulter zum Anlehnen, wenn die Probleme in ihrer Schule überhandnehmen. Skypen und telefonieren reicht ihr dann nicht, wofür der recht nüchterne Technik-Freak Christian nur wenig Verständnis zeigt. Ungefähr jedes zweite Wochenende spricht Ulrike das Thema Zusammenziehen an, weil sie ihr Nomadenleben, wie sie es selbst bezeichnet, beenden möchte. Damit beißt sie bei Christian auf Granit. Wenn ihm Ulrike in hitzigen Diskussionen deshalb vorwirft, er sei unflexibel, betont er gebetsmühlenartig, dass er einen gemeinsamen Hausstand von vornherein kategorisch ausgeschlossen habe. Diesem Totschlagargument vermag die sonst so wortgewandte Berufskommunikatorin regelmäßig nichts mehr entgegenzusetzen.
Ihre »Frankfurter« Freundinnen haben Ulrike fast schon abge-

schrieben, weil sie an den Wochenenden fast nie verfügbar und in der Woche meist zu platt ist, um mit ihnen großartig noch etwas zu unternehmen. In Oldenburg geht Ulrike wegen der für sie ungeklärten Wohnsituation nur halbherzig auf Kontaktsuche. Ihre »Hängepartie« zwischen den zwei Welten verstärkt den Druck auf sie, eine Entscheidung über ihre Zukunft zu treffen. Momentan fährt der Zug eher in Richtung Trennung, da Ulrikes anfängliche Hoffnung, Christian bezüglich seiner Beziehungsvorstellung doch noch zu bekehren, immer mehr schwindet. Ulrike besucht Christian höchstens noch einmal im Monat, Christian Ulrike überhaupt nicht mehr. An den restlichen Wochenenden versucht Ulrike, ihre heimischen Freundschaften zu reaktivieren.

Das mehr oder weniger allgemeingültige Beziehungsmodell noch vor zwei Generationen bestand darin, sich zu verloben, zu heiraten und anschließend Kinder in die Welt zu setzen. Alle anderen Formen von Zweisamkeit galten als anrüchig oder zumindest exotisch. Heute ist das klassische Beziehungsmodell nur noch eines unter vielen gängigen. Durch das Internet und zunehmende Mobilität sind Fernbeziehungen in Mode gekommen, die meist am Wochenende kultiviert werden. Wochenendbeziehungen können aber auch ihren Hintergrund in starker beruflicher oder privater Beanspruchung werktags haben beziehungsweise Ergebnis einer freien Entscheidung sein wie im Falle von Christian. »Offene Beziehungen« oder Affären führen kein Schattendasein mehr, sondern spielen sich häufig im Lichte der Öffentlichkeit ab. Andere Paare beherzigen das Prinzip der seriellen Monogamie, also einer verbindlichen Partnerschaft auf Zeit. Wenn der Kick des Anfangs verfliegt oder die Probleme überhandnehmen, trennt man sich wieder. Die kürzeste Form von Beziehung stellt der One-Night-Stand dar, der etwa durch

Seitensprungagenturen im World Wide Web nur einen Maus-klick weit entfernt und jederzeit verfügbar ist. Daneben finden sich noch verschiedene Ausformungen der Haremsbildung und »kommunale« Ansätze.

Auf Ihrer Pirsch nach Mister Right können Sie also heute nicht mehr selbstverständlich davon ausgehen, dass Ihrem Gegenüber ein ähnliches oder gar einigermaßen gleiches Beziehungsmodell wie Ihnen vorschwebt. Hören Sie daher ganz genau zu, wenn der potenzielle Herzbube seine Vorstellungen von Zweisam-keit äußert. Möchte er etwa nicht mehr als eine Affäre, während Sie das volle Partnerschaftsprogramm inklusive Familiengrün-dung im Visier haben, dann sollten Sie beide wieder Ihrer Wege gehen. Ulrike versucht etwas, das nicht passt, passend zu ma-chen.

Diese Anstrengungen sind meist mit viel Herzeleid und Tränen verbunden. Kompromisse bedeuten einen Scheinsieg, der beide Seiten nur unzulänglich befriedigt. Setzt indes eine Seite ihr Konzept gnadenlos durch, wird nicht selten als Konsequenz daraus der Wille des anderen gebrochen.

Als Faustregel kann gelten: Nichts geht dort, wo Verbindlich-keit und Unverbindlichkeit sich begegnen.

ZEHN GEGENSÄTZLICHE BEZIEHUNGSWÜNSCHE,
DIE SICH IMMER ABSTOSSEN WERDEN:

1. Höchstmaß an Nähe und Intimität – größtmöglicher Frei-raum

2. Gemeinsame Wohnung – strikte Bewahrung getrennter Hausstände

3. Gründung einer Großfamilie – bewusst gewählte Kinderlo-sigkeit

4. Leben in der Kernfamilie – Mehrgenerationen-Wohnmo-dell

5. Sexuelle Exklusivität – Promiskuität
6. »My home is my castle« – offenes Haus
7. Tiefe Verwurzelung in der Heimat – Wunsch nach Nomadenleben
8. Häuslichkeit – Aushäusigkeit
9. Friede, Freude, Eierkuchen – ausgeprägte Streitkultur
10. Asketische Lebensweise – Hedonismus

Gleich zu Gleich gesellt sich gern

Nina, 32, und Marc, 28, hatten sich an einem Nacktbadestrand kennengelernt. Noch am selben Abend landeten sie gemeinsam im Bett und tanzten »den letzten Tango in Paris«. Der heißen Liebesnacht folgten viele weitere. Manchmal kamen die beiden ganze Tage nicht aus der Wohnung, weil sie sich dem Rausch der Sinne hingaben. Nach einigen Wochen aber überschritt die Phase der zügellosen Leidenschaft ihren Höhepunkt, und es kam zu den ersten Spannungen. Nina wollte in der Woche früher schlafen gehen, um morgens zum Dienstantritt ausgeschlafen zu sein. Bei Marc spielte das keine Rolle. Er konnte sich als Maler seine Zeit so einteilen, wie er wollte. Man fand einen Kompromiss, der eigentlich keine Seite wirklich befriedigte: Mitternacht wurde zur sexuellen Sperrstunde erklärt. Das war der Nachteule Marc eigentlich viel zu früh und der Lerche Nina erheblich zu spät. Wenig später äußerte Nina auch den Wunsch, wieder etwas gemeinsam mit ihren Freundinnen zu unternehmen. Dafür brachte Marc nur wenig Verständnis auf, zumal er selbst ziemlich eigenbrötlerisch lebte. Nina lenkte ein, versuchte aber krampfhaft, gemeinsame Interessen mit Marc jenseits der Geschlechtlichkeit zu finden. Dass es sich dabei um eine Mission impossible handelte, wurde ihr recht schnell klar. Nina trieb gerne Sport, für Marc war Sport Mord. Nina verreiste mindestens zweimal im Jahr ausgiebig, Marc glaubte, die Welt in sich zu tragen und deshalb nicht verreisen zu müssen. Nina liebte die Natur, Marc hatte dazu nur sehr wenig Bezug. Nina hörte eingängige Musik, Marc stand auf Downtown-Jazz. Nina mochte gepflegte Fernsehabende. Marc hielt das Fernsehen für kollektive Volksverdummung. Nina durchforstete ständig irgendwelche Kochbücher nach neuen Rezepten, Marc »frönte« dem kulinarischen Minimalismus.

Marc sah in den fehlenden Übereinstimmungen kein gravierendes Problem, weil für ihn die Unterschiedlichkeiten das Salz in der Suppe darstellten. Nina dagegen schwor eher auf das Prinzip »Gleich zu Gleich gesellt sich gern«. Sie sollte recht behalten. Die Beziehung kam nie über ihren sexuellen Status hinaus und nahm schon bald die Gestalt von gelegentlichen Treffs an, um letztendlich vollkommen im Sande zu verlaufen.

Der Begriff Partnerschaft leitet sich vom lateinischen »partiri« ab, was so viel wie »teilhaben« bedeutet. Wie aber wollen Sie am Leben Ihres Herzbuben umfassend teilhaben, wenn es in Ihrem Freizeitverhalten keine wesentlichen Übereinstimmungen gibt? Dann macht jeder sein Ding, und Sie wissen um die Aktivitäten ihres Herzbuben bestenfalls aus seinen Erzählungen. Allein die sexuelle Anziehungskraft wird kaum je als Basis für eine dauerhafte Verbindung reichen, wie das Beispiel von Nina und Marc zeigt. Meiner Überzeugung nach sollten Sie besonders in der unbeschwerten Phase der Verliebtheit Speck für schlechte Zeiten Ihrer Beziehung anlegen, bestehend aus beglückenden gemeinsamen Erlebnissen in den Mußestunden.

Fraglos liegt aber auch Marc nicht ganz verkehrt, wenn er Unterschiedlichkeiten als das Salz in der Suppe einer Zweisamkeit bezeichnet. Die totale Übereinstimmung zwischen Ihnen und Ihrem Partner würde die totale Langeweile bedeuten, weil kein frischer Wind durch Individualität mehr Ihre Liebe befruchtete. Das erinnerte dann fatal an das bedauernswerte Paar in Loriots »Pappa ante portas«, Hedwig und Hellmuth, das in totaler Symbiose gefangen immer das Gleiche denkt, meint und tut.

Insgesamt vertritt die Partnerschaftspsychologie heute fast einhellig die Auffassung, dass es eher die Gemeinsamkeiten als die Gegensätze sind, die die Liebe tragen. Umfangreiche Studien haben ergeben, dass Partner in stabilen Beziehungen sich in einer Vielzahl an Gewohnheiten und Merkmalen ähneln. Damit bestätigt die Wissenschaft, was schon Shakespeare wusste, der die »Ehe gleicher Seelen pries«. Im Fachjargon sprechen wir diesbezüglich vom Konzept der Homogamie, der Gleichheitspartnerwahl.

Quantitativ halte ich ein Zweidrittel-Eindrittel-Modell an Übereinstimmungen und Unterschiedlichkeiten in der Freizeitgestaltung für ideal. Also hätten wir eine gemeinsame Schnittmenge von 66,66 Prozent und einen 33,33-Prozent-Anteil außerhalb von ihr. Wäre die Verteilung bei Ihnen umgekehrt, bewegten Sie sich langsam auf ein Nina-Marc-Verhältnis zu und würden wohl auf Dauer mehr oder weniger neben Ihrem Partner herleben. In Richtung Hedwig – Hellmuth führe indes der Zug, wenn Sie und Ihre bessere Hälfte wesentlich mehr als die zwei Drittel Gemeinsamkeiten aufwiesen. Da ginge dann peu à peu die erotische Spannung, die durch Gegensätzlichkeit entsteht, verloren.

Wie können Sie erkennen, ob Ihres und das Freizeitverhalten Ihrer neuen männlichen Bekanntschaften kompatibel sind? Ich unterscheide in diesem Bereich grob 13 Typen. Ordnen Sie sich denjenigen zu, die Ihrem Freizeitverhalten am nächsten kommen, und versuchen Sie das auch hinsichtlich Ihres Gegenübers. Gehören Sie beide gleichen Typen an oder solchen, die recht nahe beieinanderliegen, wie der Natur- und der Haustiertyp, so ist die Wahrscheinlichkeit hoch, dass Sie in der Gestaltung Ihrer Mußestunden miteinander harmonieren werden. Liegen Sie hier aber meilenweit auseinander, werden Sie kaum Anknüpfungspunkte für gemeinsames Tun in der Freizeit finden. Der Sport- und der Relaxtyp zum Beispiel leben in total verschiedenen Welten. Eine Beziehung im Sinne von Teilhaben dürfte dann zumindest unter diesem Aspekt nur schwerlich entstehen können.

Je mehr Typen Sie in sich vereinen, das heißt also, je vielseitiger Sie sind, desto größer sind natürlich Ihre Chancen, Anknüpfungspunkte für Unternehmungen mit anderen Freizeittypen zu finden. Insgesamt steigt Ihre Bindungschance.

1. Der Relaxtyp:

Verbringt seine freie Zeit am liebsten mit Faulenzen, Dösen und Schlafen. Sein bevorzugter Aufenthaltsort ist die heimische Couch, auf der er über »Extremcouching« hinaus bestenfalls noch liest, Radio hört oder fernsieht. »Draußen« ist es ihm zu ungemütlich, zu hektisch, zu laut oder auch alles zusammen. Der klassische Phlegmatiker.

2. Der Nesttyp:

Hält sich gerne zu Hause auf wie der Relaxtyp, ist aber quirliger. Er werkelt und bastelt, verschönert die Wohnung, backt und kocht leidenschaftlich gerne, arbeitet im Garten oder ist mit sonstigen Tätigkeiten in und um die eigenen vier Wände herum beschäftigt. Zur Familie der »Heimchen« gehören auch die Sammler, die den größten Teil ihrer Mußestunden im Modellbaukeller oder in der »Puppenstube« verbringen.

3. Der Screentyp:

In seinem Haushalt flirrt und flimmert es fast rund um die Uhr. Der Computer deckt quasi das gesamte Spektrum an Freizeitaktivitäten ab. Mittels PC wird Kontaktpflege betrieben, gespielt, ferngesehen, Musik gehört, gelesen und geshoppt. Andere Medien, wie TV, Radio, Telefon und Zeitung, sind praktisch überflüssig geworden. Nicht selten stellt das Internet das einzige noch verbliebene Tor zur Außenwelt dar.

4. Der Spieltyp:

»Homo ludens« ist Mitglied im heimischen Boule- oder Schachclub, trifft sich freitags zur gemütlichen Doko-Runde, und auch in seiner Familie sind Gesellschaftsspiele an der Tagesordnung. In seinem Hobbyraum steht eine gigantische Carrera-Rennbahn oder Märklin H0 in höchster Ausbaustufe. Zeigt beim Zocken enorme Ausdauer und schlägt sich damit bisweilen ganze Nächte um die Ohren.

5. Der (Haus-)Tiertyp:

Sein Schwerpunkt liegt eindeutig auf Hege, Pflege, Zucht von Bello, Kitty und Hansi. Auswärtige Unternehmungen finden häufig im Zusammenhang mit dem »tierischen« Hobby statt, etwa die Teilnahme an Ausstellungen, Turnieren oder der Besuch einer Hundeschule. Unterstützt häufig auch Tierschutz-organisationen oder arbeitet ehrenamtlich in einem Tierheim.

6. Der Naturtyp:

Streift stundenlang durch Feld, Wald und Wiese oder sitzt auf einem Hochsitz, um das heimische Wild zu beobachten. Er ist einem Wanderverein angeschlossen und leitet die örtliche Amphibiengruppe des Naturschutzbundes. Seine Urlaube verbringt der »Waldschrat« an den Fjorden Norwegens oder mit Trekkingtouren durch nahezu unberührte Landstriche. Eine kleine Untergruppe bilden hier die Abenteurer.

7. Der Geselligkeitstyp:

Braucht ständig andere Menschen um sich herum, kann ganz schlecht allein sein. Überall dort anzutreffen, wo etwas los ist, wie auf Volksfesten, Märkten, in Kneipen und Tanzbars. Zu dieser Spezies gehören beispielsweise die Discomaus und der Partylöwe, aber auch der Vereinsmeier. Sein Motto lautet: »Daheim sterben die Leut.« Als Stimmungskanone wird diese Spezies überall gerne gesehen.

8. Der Reisetyp:

Macht mehrmals im Jahr größere Reisen und unternimmt fast jedes Wochenende irgendwelche Kurztrips. Hat in seinem Arbeitszimmer eine Weltkarte hängen, auf die er in jedes bereits von ihm besuchte Land ein Fähnchen steckt. Spätestens zu seinem 50. Geburtstag ist seine »Sammlung« komplett. Die Wohnung des Globetrotters stellt nur das »Basislager« dar, von dem aus er weitere Touren plant.

9. Der Sporttyp:

Seine Freizeitinteressen haben fast allesamt mit Leibesertüchtigung zu tun. Er fährt Rad, joggt und besucht regelmäßig das Fitnessstudio. Bisweilen so ehrgeizig, dass annähernd professionelle Dimensionen erreicht werden. Oftmals erstreckt sich sein Interesse an Sport auch auf dessen Konsum etwa in Form von Stadionbesuchen oder Public Viewing.

10. Der Wellnesstyp:

Der allwöchentliche Saunagang mit Massage und diversen Peelinganwendungen ist Standard. Darüber hinaus steht regelmäßig der Besuch bei der Kosmetikerin und von Beauty-Farmen auf dem Programm. Der Wohlfühltyp versucht sich zwar grundsätzlich vernünftig zu ernähren, ist aber durchaus auch ein Genießer auf kulinarischem Gebiet und lässt hier fünfe gerne einmal gerade sein.

11. Der Konsumtyp:

Shopping im wahrsten Sinne des Wortes um jeden Preis ist seine Lebensmaxime. Verbringt ganze Samstage in Geschäften, nur unterbrochen von Kaffeepausen und kleinen Imbissen. Wenn das nötige Kleingeld vorhanden ist, darf es zwecks Einkaufsbummel ruhig auch Mailand, London oder New York sein. Nach Ladenschluss wird eifrig auf eBay ersteigert und versteigert.

12. Der Kulturtyp:

Oper, Konzerthalle, Museum sind sein zweites Wohnzimmer. Um ein Spitzen-Musical oder seinen Lieblingspopstar live zu erleben, gondelt er anstandslos durchs halbe Land. Natürlich hat er ein Theater-Abo, und mindestens einmal im Jahr unternimmt er eine ausgedehnte Kulturreise. Meist selbst von der Muse geküsst, musiziert er, gehört einer Laienschauspielgruppe an, malt oder töpfert.

13. Der Geisttyp:

Die spirituelle Subspezies verbringt ihre Wochenenden mit Lektüre, Meditation und dem Besuch von Seminaren oder Vorträgen aus den Bereichen Religion, Esoterik, Medizin, Psychologie. Hat starkes Interesse an alternativen Heilmethoden und Entspannungstechniken wie Homöopathie, Shiatsu oder Reiki. Übt sie teilweise auch selbst aus. Der zweiten Unterart, dem nüchtern pragmatischen Denker, geht es dagegen allein um harte Fakten und um Erkenntnisgewinn.

TRAU, SCHAU, WEM

Elke, 44, Hauswirtschafterin aus der Nähe von Wiesbaden, hatte etwa anderthalb Jahre lang eine Beziehung mit dem Düsseldorfer Versicherungsaußendienstler Detlev, 46. Als sich die beiden im Internet kennenlernten, gab Detlev an, er lebe getrennt von seiner Frau. Schon nach kurzer Zeit gestand er Elke aber, dass er den gemeinsamen Kindern zuliebe noch mit ihr zusammenwohne und sie ihn deshalb nicht besuchen könne. Da sie sich Hals über Kopf in Detlev verliebt hatte und er glaubwürdig auf sie wirkte, nahm sie ihm die Erklärung ab. Elke wunderte sich nur ein wenig darüber, dass Detlev niemals am Wochenende, sondern immer nur wochentags bei ihr erschien. Sie wollte aber daraus kein Problem machen. Im Laufe der Monate wurden Detlevs Besuche immer seltener und kürzer.

Als Elke erstmals ihren Unmut darüber äußerte, schob er neben der zunehmenden zeitlichen Belastung durch die anstehende

Scheidung die enorme emotionale Bedürftigkeit der Kinder in der Trennungssituation vor. Das schien Elke plausibel, und sie hoffte, mit dem rechtlichen Ende von Detlevs Ehe würde alles besser werden. Leider trat in den folgenden Monaten genau das Gegenteil ein: Der Kontakt zwischen den beiden dünnte noch mehr aus. Der anberaumte Scheidungstermin war laut Detlev verschoben worden, weil seine Noch-Frau mehr Unterhalt forderte. Elke beschlich so langsam das ungute Gefühl, Detlev sehe in ihr kaum mehr als ein Betthäschen. Es fehlte nur noch, dass er bei seinen Kurzbesuchen Geld für ihre Liebesdienste auf das Nachtschränkchen legte.

Eines Tages erhielt Elke einen Anruf von Detlevs Frau Sonja. Sie fragte Elke in ruhigem, aber verbittertem Tonfall, in welchem Verhältnis sie zu Detlev stehe. Elke erzählte ihr die ganze Geschichte. Da brach Sonja in ein zynisches Gelächter aus. Sie versicherte Elke, dass sie beileibe nicht die Erste sei, der ihr Mann diese Story aufgetischt habe. Jedenfalls sei alles von vorne bis hinten erstunken und erlogen. Eine Scheidung käme für Detlev schon grundsätzlich niemals in Frage, weil ihn sonst seine schwerreichen, streng katholischen Eltern hundertprozentig enterben würden.

Nach dem Telefonat brach Elke zunächst hemmungslos in Tränen aus, begann aber bald hinter der Aktion die Intrige einer verlassenen Ehefrau zu vermuten. Dieser Zahn wurde ihr schnell gezogen, denn alle ihre Versuche, Detlev für ein klärendes Gespräch zu erreichen, blieben erfolglos. Das Letzte, was sie jemals von ihm hörte, war die Ansage auf der Mailbox seines Handys. In ihrer Wut spielte Elke mit dem Gedanken, Detlev zu Hause aufzusuchen, um ihn zur Rede zu stellen. Ihre beste Freundin riet ihr jedoch dringend davon ab, sich auch noch diese Demütigung anzutun.

Elke erleidet mit ihrer Internet-Bekanntschaft Detlev schweren Schiffbruch. Allerdings ist ihr Fiasko hausgemacht. Würde sie nicht ihr gesundes Misstrauen völlig auf dem Altar der Liebe opfern, bliebe ihr der emotionale Super-GAU erspart.

Anzeichen für Detlevs Doppelleben gibt es genug: Zunächst einmal befindet er sich noch im heiligen Stand der Ehe. Das muss noch keinesfalls etwas bedeuten, weil viele Männer, die »nur« getrennt von ihrer Frau leben, schon wieder Ausschau nach einer neuen Partnerin halten. Aber fraglos sind geklärte Verhältnisse in Form einer vollzogenen Scheidung vertrauenerweckender.

Hellhörig müsste Elke hingegen werden, als Detlev ihr erzählt, dass er noch mit seiner Frau zusammenwohnt. Das klingt schon brandgefährlich nach Beziehungskiste, und das Kindswohl zur Begründung dafür anzuführen hanebüchen. Für die Sprösslinge aus zerrütteten Ehen ist fraglos konsequentes Elternverhalten, welches eine räumliche Trennung bedeutet, gesünder. Das weiß heute so ziemlich jeder Erziehungsberechtigte. Elke aber glaubt Detlevs Erklärung.

Endgültig alle Warnsirenen sollten bei Elke schrillen angesichts von Detlevs »Besuchszeiten«, die nur werktags stattfinden. Das legt sehr die Vermutung nah, dass er an den Wochenenden bei seiner Frau strammstehen muss. Zwar beginnt Elke so langsam den Braten zu riechen, doch verdrängt sie ihre Skepsis komplett, um die Beziehung nicht zu gefährden. Erst als der Kontakt mit Detlev immer rarer wird, äußert sie erstmals ihren Unmut. Wieder setzt Detlev neben der angeblichen Belastung durch die Regelung der Scheidungsfolgesachen das Totschlagargument Kinder ein, die aufgrund der emotionalen Belastung durch die Trennungssituation mehr Zuwendung von ihm bräuchten. Stellte sich Elke in Konkurrenz zu Detlevs Nachwuchs, geriete sie sofort in den Verdacht, herzlos zu sein. Zudem sind Detlevs

Rechtfertigungen nachvollziehbar, aber nicht unbedingt zwingend. Trotz seiner prinzipiellen Präsenzpflicht zu Hause an den Wochenenden müsste doch zumindest ab und zu ein Samstag und/oder Sonntag bei Elke möglich sein. Elke hofft auf ein Happy End nach Detlevs Scheidung, doch aufgrund des vermeintlich verschobenen Scheidungstermins wird die Situation für sie noch unerträglicher. Detlevs seltene Kurzbesuche dienen fast nur noch der Befriedigung seiner geschlechtlichen Bedürfnisse, so dass sich Elke langsam wie eine Prostituierte fühlt. Den Rettungsanker wirft sie schließlich nicht selbst, denn sie könnte Detlev einfach in die Wüste schicken, sondern Detlevs Frau Sonja, die ihm den Kontakt mit Elke verbietet, nachdem sie Wind von der Affäre bekommen hat.

Damit Ihnen Falschspieler der Liebe nicht unnötig lange den Weg zu Mister Right versperren, gebe ich Ihnen bei Verdacht **einige bewährte Kniffe zu ihrer Entlarvung** an die Hand. Vorausgesetzt natürlich, Sie möchten die Wahrheit überhaupt wissen:

- Um den vermeintlichen Beziehungsstatus »getrennt lebend« Ihrer neuen Bekanntschaft zu überprüfen, rufen Sie bei seiner Frau an und verlangen Sie ihren »Noch-Mann«. Wenn das »Noch« nicht stimmt, wird sie stutzen, es hinterfragen oder korrigieren. Spätestens beim nächsten Treffen wird Baron Münchhausen vermutlich auch reserviert reagieren, weil ihn seine Frau auf den Anruf angesprochen hat und er Sie oder eine andere Geliebte dahinter vermutet.
- Ob tatsächlich eine Scheidung im Raum steht, können Sie verifizieren, indem Sie Ihren Herzbuben darum bitten, Ihnen Anwalts- und Gerichtsschreiben zu zeigen. Als Begründung dafür führen sie »reine Neugierde, wie solche Briefe geschrie-

ben sind«, ins Feld. Eine kategorische Weigerung Ihres Gegenübers sollte Sie hellhörig machen.

• Benutzen Sie ein starkes Parfüm, dessen Geruch auf Ihren Partner übergeht, und sorgen Sie regelmäßig für einige Ihrer Haare an seiner Kleidung. Wenn er »sauber« ist, stellt das kein Problem dar. Fährt er aber zwei- oder mehrgleisig, wird er deshalb in absehbarer Zeit Probleme bekommen. Entweder er bittet Sie dann aus fadenscheinigen Gründen, ein diskreteres Duftwässerchen aufzulegen, oder er lässt sich plötzlich nicht mehr bei Ihnen blicken. Checken Sie ihn auch umgekehrt hinsichtlich weiblicher Haar- und Parfümrückstände.

• Bitten Sie bereits Ihre Herzblatt-Kandidaten »aus Kostengründen« um eine Telefon-Festnetznummer, sei es privat oder an ihrem Arbeitsplatz. Für einen Mann gibt es eigentlich keinen nachvollziehbaren Grund, sie Ihnen vorzuenthalten. Selbst die Gefahr von späterem Stalking Ihrerseits ist zu gering, um dies zu rechtfertigen. Notorische Fremdgänger befürchten, dass sich »stationär« jemand verplappern könnte oder die »falsche Person« abnimmt.

• Versuchen Sie, nach dem Kennenlernen recht bald öfter einige Tage am Stück mit Ihrem Prinzen zu verbringen. Ist ihm das nicht möglich oder verhält er sich in der gemeinsamen Zeit nach dem Motto »Heimlich und Co.«, hegt er ziemlich sicher ein dunkles Geheimnis.

• Suchen Sie Kontakt zum sozialen Umfeld Ihres Allerliebsten. Sofern er nichts zu verbergen hat, wird er Ihre Bemühungen unterstützen. Andernfalls dürfte er mit allen Mitteln versuchen, Sie davon auszuschließen.

• Übernachten Sie regelmäßig in seiner Wohnung. Als Womanizer könnte er das kaum je zulassen, weil jederzeit einer seiner intimen Gespielinnen überraschend auftauchen könnte.

- Beobachten Sie die Körpersprache Ihres Auserwählten. Wirkt er oft fahrig, nervös, angespannt und getrieben, kontrolliert er ständig die Uhrzeit, schwitzt oder zittert er häufig, sitzt er wie ein Tiger vor dem Sprung? Dann herrscht bei ihm wegen der Angst vor der Entdeckung seines falschen Spiels »Alarmstufe rot«, und auch Sie sollten dringend in diesen Modus übergehen.

MACHEN SIE ES NICHT UNTER LIEBE

Nadine, 31, Werbegestalterin:
»Ich erwarte schon, dass mir mein zukünftiger Partner einen gewissen Luxus bieten kann. Ein nettes Eigenheim, hübsche Klamotten, ab und zu ein hochwertiges Schmuckstück, Fünf-Sterne-Reisen und regelmäßig chic Ausgehen sollten drin sein. Wenn ich bei einem Mann vor die Wahl Geld oder Liebe gestellt werde, entscheide ich mich, ehrlich gesagt, fürs Geld.
Vielleicht klingt das völlig unromantisch, aber Fakt ist doch, dass die Liebe sowieso irgendwann vergeht, während meine materiellen Ansprüche sicher nicht weniger werden. Dafür kenne ich mich zu gut.«

Silvana, 45, Partnervermittlerin:
»Mein Traumtyp muss auf jeden Fall optisch etwas hergeben. Schließlich ist er auch gewissermaßen das Aushängeschild für meine Arbeit. Was könnten denn meine Kundinnen von mir erwarten, wenn ich selbst mit einem unattraktiven Zwulch durch die Gegend laufen würde? Das Prinzip ›Der Schuster hat die schlechtesten Schuhe‹ geht für mich überhaupt nicht.«

Anita, 41, Berufsberaterin:
»*Als alleinerziehende Mutter lege ich großen Wert darauf, dass sich mein Zukünftiger gut mit meinen Kindern versteht. Wenn dort einfach die Chemie nicht stimmt, was nützen mir dann alle Leidenschaft und Liebe?*«

Zoe, 28, Röntgenassistentin und Sängerin:
»*Am liebsten wäre mir ein Mann aus der Musikbranche, der meine Gesangskarriere fördert, damit ich endlich meinen öden Klinikjob an den Nagel hängen kann. Dafür bin ich auch bereit, so manche andere Kröte zu schlucken, wie zum Beispiel einen erheblich älteren oder etwas weniger attraktiven Partner.*«

Allen vier Frauen ist gemeinsam, dass sie eine utilitäre Beziehung suchen, also eine Beziehung, die auf Nützlichkeitsüberlegungen beruht. Im Vordergrund steht hier nicht das Konzept der romantischen Liebe, sondern das eines Partners als Funktionsträger.

Bei Nadine hat Mister Right die Aufgabe, all ihre materiellen Wünsche zu erfüllen. Dafür sollte er am besten Rockefeller junior und Goldesel in Personalunion sein. Um ihre Einstellung zu rechtfertigen, verwechselt sie auch gerne einmal Liebe mit Verliebtheit. Fraglos geht Verliebtheit vorüber, aber Liebe bleibt im Idealfall bis zum Ende. Silvana »braucht« einen Prinzen zum Repräsentieren. Ihre Gefühle stellt sie offensichtlich zugunsten des beruflichen Erfolges zurück. Ob ihre einseitige optische Fixierung überhaupt noch Raum für tiefe Verbundenheit lässt, muss stark bezweifelt werden. Jedenfalls erschwert sie den Blick auf andere Werte. Anita sucht in erster Linie einen geeigneten Stiefvater für ihre Kinder anstatt eines Lebensgefährten für sich selbst. Fraglos stimmt ihre Aussage, dass das Abenteuer Patchwork-Familie niemals gelingen kann, wenn das Stiefelternteil und seine »angenommenen« Kinder nicht miteinander harmonieren. Warum aber deshalb Leidenschaft und Liebe bei Anita ins zweite Glied rücken müssen, bleibt letztendlich ihr Geheimnis, können doch beide Aspekte gleichberechtigt nebeneinander existieren. Vielleicht möchte sie durch ihre »Sachlichkeit« den möglichen destruktiven Auswüchsen von Liebe und Leidenschaft vorbeugen. Nach einem Mentor und womöglich Mäzen für ihre musikalischen Ambitionen hält die Hobbysängerin Zoe Ausschau. Um ihre Kunst zu »professionalisieren«, nimmt sie wenig Rücksicht auf Verluste. Sie scheint sogar dafür bereit zu sein, ihre »Ekelgrenzen« zu überschreiten, indem sie in Kauf nimmt, mit einem wenig attraktiven Lebensgefährten geschlechtlich zu verkehren. Was sie betreibt, ist im Prinzip ähnlich wie bei Nadine partnerschaftliche Prostitution. Nur wird ihr der Lohn für ihre horizontalen Dienste im Gegensatz zu einer Professionellen nicht direkt bezahlt, sondern in Form von materieller Versorgung und Protektion.

Partnerschaftliche Zweckgemeinschaften gab es im Laufe der Geschichte schon immer. Meist ging es um die Mehrung von Macht und Land oder um ökonomische Absicherung, besonders in neuerer Zeit spielte nicht selten auch der Aspekt »Flucht aus dem Elternhaus« eine tragende Rolle. Stand er bewusst oder unbewusst im Vordergrund, waren die Verbindungen gewöhnlich schon von vornherein zum Scheitern verurteilt beziehungsweise trugen in sich den Keim zum Unglücklichsein wie all die anderen utilitären Lebensgemeinschaften zwischen Mann und Frau. Zweifellos ist aus so mancher ehelichen Kopfgeschichte auch eine Liebesgeschichte geworden, doch die Regel war das allemal nicht. Einige der aus rationalen Gründen geschlossenen oder arrangierten Allianzen endeten dagegen sogar tragisch mit dem Selbstmord eines oder beider Beteiligten. Infolge von

Zwangsheiraten begegnen uns solche Ausgänge heute noch immer.

Obwohl die moderne Soziologie der Liebe als Beziehungsgrundlage wegen der Gefahr ihrer Vergänglichkeit nicht traut und stattdessen wieder andere verbindende Aspekte wie gemeinsame wirtschaftliche Interessen oder übereinstimmende Lebensentwürfe hervorhebt, halte ich in Partnerschaftsangelegenheiten immer noch den Satz des kleinen Prinzen hoch: »Man sieht nur mit dem Herzen gut.«

Die Gefahr bei Zweckgemeinschaften besteht darin, dass sie ihren Sinn verlieren, sobald der Zweck wegfällt. Was sollte beispielsweise Zoe noch mit einem Musikproduzenten verbinden, wenn er sie entweder schon an die Spitze der Hitparade geführt hat oder plötzlich sämtlichen Einfluss verliert, weil seine Schützlinge einfach nicht mehr ankommen? Und welchen Sinn würde für Nadine noch eine Partnerschaft an der Seite eines Bankrotteurs machen?

Als weiteres Risiko bergen utilitäre Beziehungen ein enormes Verletzungspotenzial. Zumindest im tiefsten Innern seines Herzens möchte nämlich jeder Mensch um seiner selbst willen geliebt werden. Letztens erzählte mir eine junge Reiseverkehrskauffrau, ihr Ex habe ihr bei der Trennung eröffnet, dass er nur mit ihr zusammen gewesen sei, weil er durch sie günstig an Reisen kam. Sie war traumatisiert, weil sie sich verständlicherweise missbraucht und um Jahre ihres Lebens betrogen fühlte. Bis es zu dem Outing meist in Situationen blinder Wut kommt, beherrschen Lüge und Selbstlüge das Szenario. Der reiche Tattergreis gibt sich der Illusion hin, seine junge, mittellose Gespielin sei bis über beide Ohren in ihn verschossen. Die wiederum nährt seinen alterstörichten Irrglauben, indem sie ihn mit Liebesbekundungen überschüttet.

Bei diesem Thema muss ich an die Geschichte eines damals

78-jährigen früheren Klienten namens Anton denken. Eines Morgens, nachdem ich Anton schon über ein halbes Jahr nicht mehr gesehen hatte, klingelte er an unserer Haustür Sturm. Ich ging an ein Fenster im ersten Stock, um zu schauen, wer sich da »lautstark« ankündigte. Als Anton mich erblickte, bat er von unten eindringlich um Einlass. Nachdem ich ihn in meine Praxis geleitet hatte, begann er sofort aufgeregt über seine Reise in die Ukraine zu berichten. Dort hatte er sein Herz an die 24-jährige Oksana verloren. Er zeigte mir ein Foto, auf dem er und seine Eroberung sich Nase an Nase »verliebt« in die Augen schauten. Mir vermittelte die junge Dame den Eindruck einer Mischung aus Schlampe und Prostituierter. Da ich den unseligen Ausgang vieler solcher Liaisons kannte, warnte ich Anton davor, sich finanziell ausnutzen zu lassen. Diesen gefühlten Angriff auf Oksanas Integrität wies er empört zurück und beteuerte mit dem Brustton der Überzeugung, bei ihr sei die einzige Motivation für den Kontakt mit ihm Liebe, reine Liebe. Fast noch im selben Atemzug berichtete Anton stolz, was er Oksana schon alles geschenkt habe, angefangen von Designer-Schuhen bis hin zu einem hochwertigen Brillantring. Ich dachte in diesem Moment nur: »Liebe, reine Liebe«, und flehte insgeheim den Himmel an, dass er im Alter keinen solchen Narren aus mir machen möge. Natürlich brannte Oksana, nachdem sie erst einige Jahre in Deutschland bei Anton gelebt hatte, mit einem wohlhabenden jüngeren Geschäftsmann durch.

Bleibt zum Schluss noch das wahrscheinlich wichtigste Argument gegen partnerschaftliche Zweckgemeinschaften: Ohne tiefe Zuneigung ist oder zumindest wird alsbald jede Zweisamkeit schal, trist und leer.

Nachteile utilitärer Verbindungen wurden nun einige genannt, aber **warum dürfen wir den Glauben an die romantische Liebe nicht verlieren?**

- Verliebtheit und Liebe wecken im Menschen die schönsten Eigenschaften: Fürsorglichkeit, Rücksichtnahme, Großzügigkeit, Altruismus, Hingabe, Verständnis, Toleranz, Hilfsbereitschaft, Verantwortungsbewusstsein, Respekt, Loyalität, Vertrauen …
- Verliebtheit und Liebe verschaffen dem Menschen wichtige Grenzerfahrungen, indem sie ihn emotional zu den höchsten Höhen und den tiefsten Tiefen führen.
- Verliebtheit und Liebe bilden das Fettpolster, von dem das Paar in schlechten Zeiten zehren kann.
- Verliebtheit und Liebe machen aus jedem Tag einen besonderen Tag.
- Verliebtheit und Liebe tragen wesentlich zur physischen und psychischen Gesundheit eines jeden Menschen bei.
- Verliebtheit und Liebe bringen Fröhlichkeit, Lachen und Optimismus in die Welt.
- Verliebtheit und Liebe überwinden unüberwindbar erscheinende Vorurteile, Grenzen und Widerstände.
- Verliebtheit und Liebe schaffen die größte Nähe und Vertrautheit, die zwischen zwei Menschen entstehen kann.
- Verliebtheit und Liebe dienen als Hoffnung für alle, die noch auf der Suche danach sind.
- Verliebtheit und Liebe sind das Beste, was Mensch je passieren kann.

SEIEN SIE BEDINGUNGSLOS GROSSZÜGIG

Jan, 38, Physiotherapeut:
»*Ich kannte Michaela seit etwa fünf Wochen. Bisher hatte immer ich alles bezahlt: gemeinsame Essen, Kneipenbesuche, Kino, Therme und so weiter. Zum Valentinstag schenkte ich ihr ein selbstgebackenes Herz. Kurz darauf kam mein Geburtstag. Ich bin kein berechnender Mensch, und daher hegte ich keine großen Erwartungen. Aber ich muss sagen, dass ich letztendlich doch ein wenig enttäuscht war, als es von Michaelas Seite aus zu nicht mehr als einem warmen Händedruck reichte.*
Irgendwie zog ich danach gefühlsmäßig die Bremse an, und so geriet unsere Beziehung recht bald in die Sackgasse.«

Hans-Joachim, 55, Diplom-Pädagoge:
»*Meine etwas jüngere Kollegin Sandra und ich arbeiteten zusammen in einer therapeutischen Gruppe für verhaltensauffällige Jugendliche. Dass es zwischen uns knisterte, spürten wir schon länger. Die Sache hatte nur einen Haken: Sandra war verheiratet, allerdings grottenunglücklich. Eines Morgens fragte sie mich zu meiner Überraschung, ob ich ihr beim Umzug helfen könnte, weil sie plante, von zu Hause auszuziehen. Natürlich half ich ihr dabei und zuvor auch bei der kompletten Renovierung ihrer neuen Wohnung. Alles für lau, versteht sich. Als ich ihr dann so ziemlich gegen Ende noch einige Lampen anschloss, bat ich sie, mir aus der Stadt eine Pizza mitzubringen. Kurze Zeit später stand dann tatsächlich eine Pizza auf dem Küchentisch. Daneben gut sichtbar lag eine Rechnung über sieben Euro fünfzig.*
Ich vermutete keine Absicht dahinter. Trotzdem zückte ich mein Portemonnaie in der sicheren Erwartung, Sandra würde sofort ›empört‹ abwinken. Doch sie winkte nicht ab, sondern nahm wie selbstverständlich die sieben Euro fünfzig entgegen und steckte sie in ihre

Hosentasche. Privat war die Sache damit für mich gegessen. Beruf-
lich versuchte ich trotz der menschlichen Enttäuschung, Business as
usual zu praktizieren. Ich glaube, Sandra ist bis heute nicht wirklich
bewusst, welchen Bock sie da geschossen hat.«

Sicher handelt es sich bei den beiden Geschichten, besonders bei
der von Hans-Joachim und Sandra, um echten Hardcore.
Nichtsdestoweniger ist auf dem Single-Markt, vielleicht auch
gesamtgesellschaftlich, tatsächlich ein Trend zur Nehmerkultur
zu beobachten.

Das mag einerseits daran liegen, dass immer mehr Einzelkinder,
die nie geschwisterlich teilen mussten, ins bindungsfähige Alter
kommen, und andererseits, dass uns die Werbeindustrie die Pa-
role »Geiz ist geil« eingehämmert hat. Was beim Kauf von
Elektrogeräten noch durchaus vorteilhaft sein kann, macht aber
weder Männlein noch Weiblein auf der Pirsch nach dem passenden Pendant sexy, sondern turnt die jeweils andere Seite massiv
ab. Hier gilt nämlich eher das Motto: »Kleine Geschenke erhalten die Freundschaft.« »Klein« impliziert aber auch schon, dass
Sie für Ihre Investition ins partnerschaftliche Glück beileibe
nicht tief in die Tasche greifen müssen. Den Beweis liefert das
selbstgebackene Herz von Jan als wundervoll romantische Lie-
besbekundung zum Valentinstag. Dagegen wirkt ein riesiger so
mal im Vorbeigehen gekaufter Blumenstrauß geradezu arm-
selig.

Nicht der Preis macht den Wert eines Geschenks aus, sondern
die Aufmerksamkeit, die sich dahinter verbirgt. Was können Sie
zum Beispiel damit bezwecken, Ihrem Prinzen in spe teure Bay-
ern-München-Bettwäsche darzubringen, wenn er irgendwann
im Gespräch schon einmal hat verlautbaren lassen, dass er Bo-
russia-Dortmund-Fan ist. Und wie wird er indes dahinschmel-
zen, wenn Sie ihm bei der Schilderung seiner Essensvorlieben

zugehört haben und ihm infolgedessen bei seinem ersten Besuch in Ihrem Heim sein Leibgericht kredenzen.

KLEINE GESCHENKE, DIE BEI MÄNNERN
ALLGEMEIN GUT ANKOMMEN:

- Massagegutschein
- Schicker Kugelschreiber
- T-Shirt mit individuellem Aufdruck
- Witzige Kaffeetasse
- Grillschürze
- Fan-Artikel des Lieblings-Fußballclubs
- Konzertkarte
- Saunaaufgussmittel
- Flauschiges Strandtuch
- Selbstgebackener Kuchen
- Cartoonbuch zum Beruf
- Portemonnaie
- Lieblingslieder auf CD
- Spaß-Bierglas
- Multifunktionstaschenmesser
- Reiseführer
- Glücksbringer
- Schlüsselanhänger
- Hübsches Foto
- Überraschungsabend
- Tretbootfahrt
- Liebesbrief
- Schaumbad
- Sprüchebüchlein
- Wohnaccessoire
- Kartenspiel oder Brettspiel
- Magnetpin

- Flirtschokolade
- Lustige Socken
- Handschuhe mit Eiskratzer
- Sparschwein
- Fahrt ins Blaue
- Kirschkernkissen gegen Verspannungen

BESTEHEN SIE AUF DIE ACHT SÄULEN GLÜCKLICHER BEZIEHUNGEN

Carina, 39, ein Mitglied meines Single-Kreises, kann nicht alleine sein, weshalb sie keine hohen Ansprüche an ihre Partner stellt. Ihr Motto lautet fast schon: »Mann genügt.« Hauptsache, im Schlafzimmer geht der Punk ab, und der Herzbube verfügt über ausreichende handwerkliche Fähigkeiten, um ihr bei ihren häufigen Umzügen zu helfen. Länger als ein paar Monate halten ihre Liaisons nie, weil sie dann doch merkt, dass zu einer glücklichen Partnerschaft mehr als nur vier nackte Beine im Bett gehören, wie einst Kurt Tucholsky nur allzu richtig feststellte.

Neben den vier nackten Beinen im Bett, die sinnbildlich für die Intimität stehen, beruht die Tragfähigkeit einer Zweierbeziehung meiner Erfahrung nach auf sieben weiteren Säulen, ergibt zusammen acht.

1. Liebe
2. Intimität
3. Ehrlichkeit und Treue
4. Vertrauen

5. Akzeptanz
6. Loyalität und Solidarität
7. Gleiche Wellenlänge (Kommunikation, Humor, Lebensziele, Werte, Einstellungen, Hobbys, Freundeskreis)
8. Freiräume

Legen Sie schon bei der Partnerwahl größtes Augenmerk darauf, dass alle diese Grundpfeiler zumindest angelegt sind. Wenn nur einer davon völlig fehlt, wird Ihre zukünftige Zweisamkeit unwiderruflich scheitern. Beschleicht Sie zum Beispiel das Gefühl, Sie könnten mit einer neuen Bekanntschaft nie wirklich Spaß haben, einen gemeinsamen Freundeskreis aufbauen oder ihr Vertrauen schenken, so lassen Sie besser gleich die Finger von ihr. Zudem zieht die völlige Absenz eines der Basics fast immer auch andere in Mitleidenschaft. Ohne Liebe etwa verringert sich die Bereitschaft, die andere Seite so zu akzeptieren, wie sie ist, und sicher nehmen auch das Intimleben sowie die Abteilung Loyalität Schaden.

Andererseits werden in einer Beziehung immer wieder stärkere Säulen schwächere oder brüchig gewordene Säulen stützen müssen. Grundsätzlich gilt aber, dass dafür erst eine Stütze da sein muss. Zu erwarten, dass alle acht Säulen bis in alle Ewigkeit wie eine Eins stehen, wäre eine Illusion. Aber gerade die immer wieder notwendigen Ausbesserungsarbeiten sind doch das Salz in der Suppe jeder Partnerschaft.

SCHLUSSWORT

Nach dem Erscheinen meiner beiden ersten Bücher fragte mich eine alleinstehende Journalistin im Interview hinter vorgehaltener Hand, ob ich ihr das Geheimrezept verraten könne, um Mister Right an den Haken zu bekommen. Nach kurzem Überlegen nannte ich Ihr **die zehn Zutaten für die erfolgreiche Partnersuche:**

1. Lassen Sie die Vergangenheit hinter sich.
2. Lieben Sie sich selbst.
3. Werden Sie aktiv.
4. Gehen Sie mit realistischen Erwartungen auf die Prinzenjagd.
5. Begegnen Sie Ihren neuen Bekanntschaften grundsätzlich wohlwollend.
6. Hinterlassen Sie überall einen guten Eindruck.
7. Tun Sie alle Schritte zur Entsingelung aus Überzeugung und Liebe.
8. Legen Sie Geduld und Ausdauer an den Tag.
9. Seien Sie selbstkritisch.
10. Entwickeln Sie Ihre Flirt- und Date-Kompetenz ständig weiter.

Sofern Sie diese Ingredienzen benutzen, können sogar kleine Wunder wahr werden. Das beweist die Geschichte von Franziska und Jonathan. Sie treibt mir noch heute Tränen der Rührung in die Augen.

Jonathan, der seit seiner Geburt fast blind ist, rief mich vor einigen Jahren ziemlich regelmäßig an und klagte über seine Einsamkeit. Bei jedem unserer Gespräche betonte er, wie sehr er sich nach einer Lebensgefährtin sehnte. Ich nahm mir viel Zeit für ihn, musste ihm aber gleichzeitig zu verstehen geben, dass ich ihm nicht konkret weiterhelfen konnte, da ich selbst ungeachtet seines Handicaps keine Frau kannte, die nur ansatzweise zu ihm passte.

Doch dann trat eine schier unglaubliche Wendung ein. Franziska, eine gehbehinderte Dame, wandte sich auf Empfehlung einer Freundin an mich. Als sie mir ihre Erwartungen an eine Partnerschaft und an einen Partner schilderte, schoss mir sofort Jonathan in den Kopf. Von einigen meiner Single-Events her kannte ich ihn inzwischen auch persönlich. Ich erzählte Franziska von Jonathan, und sie erklärte sich freudig dazu bereit, ein Date mit ihm zu verabreden. Schon bei ihrem ersten Treffen schlug es ein wie eine Bombe.

Einige Wochen später beendete ein Klingeln an der Haustür meine Mittagsruhe. Es waren Franziska und Jonathan. Sie kamen vorbei, um sich bei mir für den zielgenauen Amorpfeil zu bedanken. Zudem überreichten sie mir feierlich das Porzellanfigürchen, das ich mir von jedem Paar als Andenken erbitte. In diesem Moment wurde mir wieder einmal deutlich bewusst, welch wundervollen Beruf ich ausüben darf.

Ich wünsche Ihnen von ganzem Herzen, dass das Wunder der Liebe auch Sie trifft.

Reiskirchen, am 30. 09. 2012,
Clemens Beöthy

CLEMENS BEÖTHY

SCHNACKSEL NIE MIT EINEM AXEL

Das Liebeslexikon der Vornamen

Auf den Vornamen sollte man achten, wenn man den Partner fürs Leben sucht! Wer eignet sich besser für eine harmonische Beziehung? Jan oder Lukas, Tina oder Laura?
Beziehungscoach Clemens Beöthy hat hundert neue männliche und weibliche Namen analysiert und verrät, wen man sich angeln und von wem man lieber die Finger lassen sollte.

Der Nachfolger des Erfolgsbuchs
Heirate niemals einen Udo

Knaur Taschenbuch Verlag